新文科建设教材
物流与供应链系列

SUPPLY CHAIN MANAGEMENT

供应链管理

马林 李琰 吴楠楠 江志娟 ◎ 编著

清华大学出版社
北京

本书封面贴有清华大学出版社防伪标签，无标签者不得销售。
版权所有，侵权必究。举报：010-62782989，beiqinquan@tup.tsinghua.edu.cn

图书在版编目（CIP）数据

供应链管理 / 马林等编著. -- 北京：清华大学出版社, 2025.1.
(新文科建设教材). -- ISBN 978-7-302-67949-3

Ⅰ. F252.1

中国国家版本馆 CIP 数据核字第 2025RV2264 号

责任编辑：贺　岩
封面设计：李召霞
责任校对：王荣静
责任印制：刘　菲
出版发行：清华大学出版社
　　　　　网　　址：https://www.tup.com.cn，https://www.wqxuetang.com
　　　　　地　　址：北京清华大学学研大厦 A 座　　　邮　编：100084
　　　　　社 总 机：010-83470000　　　　　　　　　　邮　购：010-62786544
　　　　　投稿与读者服务：010-62776969，c-service@tup.tsinghua.edu.cn
　　　　　质 量 反 馈：010-62772015，zhiliang@tup.tsinghua.edu.cn
　　　　　课 件 下 载：https://www.tup.com.cn，010-83470332
印 装 者：河北鹏润印刷有限公司
经　　销：全国新华书店
开　　本：185mm×260mm　　　　印　张：11.25　　　　字　数：257 千字
版　　次：2025 年 1 月第 1 版　　　　　　　　　　　　印　次：2025 年 1 月第 1 次印刷
定　　价：39.00 元

产品编号：095599-01

前 言

随着全球经济一体化进程的加速和信息技术的飞速发展,供应链管理已成为现代企业竞争的核心要素之一。它不仅关乎企业内部的资源整合与流程优化,更涉及企业与其上下游合作伙伴之间的协同与共赢。作者精心策划并推出这本《供应链管理》教材,旨在通过系统的知识体系与深度的思想引领,培养具有全球视野、创新思维和社会责任感的高素质供应链管理人才。

本书共分为九章,每章内容均经过精心设计与编排,由马林教授策划统筹教材编写工作,力求全面覆盖供应链管理的各个领域与关键环节。在编写过程中,我们特别注重理论与实践的结合,不仅深入剖析了供应链管理的理论基础与前沿动态,还通过丰富的案例分析与实操演练,帮助读者更好地掌握供应链管理的实际应用技能。

本书的章节安排与作者贡献如下:

第一章与第二章:由马林教授负责编写。这两章主要阐述了供应链管理的基本概念、发展历程及其在现代企业运营中的重要性。马林教授凭借多年的教学科研积累和丰富的实践经验,为读者构建了一个清晰、系统的知识框架,为后续章节的学习奠定了坚实的基础。

第三章与第四章:由吴楠楠副教授负责编写。这两章聚焦于供应链的构建与优化,以及供应链合作伙伴选择,包括供应链结构模型、供应链构建策略优化、供应链合作伙伴关系的评价与选择等内容。吴楠楠副教授通过大量实际案例的剖析,展示了供应链管理的复杂性与挑战性,并提供了切实可行的解决方案与策略。

第五章与第六章:由李琰副教授编写。这两章重点介绍了供应链绩效评价与激励、供应链生产计划与控制等核心内容。李琰副教授紧跟时代步伐,立足本土现状,有效引导读者在理论知识基础上探讨新时代全球供应链绩效激励战略,以及从"中国制造"到"中国创造"的生产控制技术发展战略,强调了变动环境下的问题分析的多角度和高起点。

第七章与第八章:由江志娟博士编写。这两章主要关注了供应链管理环境下的库存管理、采购管理等议题。在当前全球经济不确定性增加、环境保护意识日益增强的背景下,这些议题显得尤为重要。江志娟博士以其敏锐的洞察力和深刻的思考,为读者提供了应对供应链风险、推动绿色发展的新思路与新路径。

第九章:由马林教授负责编写。本章关注可持续发展、供应链韧性与安全、数字化供应链等议题,对供应链管理的未来发展趋势进行了展望。鼓励读者在掌握现有知识的基础上,不断探索与创新,为供应链管理的发展贡献自己的力量。

希望通过这本书的出版，能够激发读者对供应链管理的浓厚兴趣与深入思考，培养他们在实践中发现问题、解决问题的能力，以及面对挑战时的勇气与担当。

最后，要感谢所有参与本书编写工作的作者与编辑人员，是他们的辛勤付出与无私奉献，才使得这本书能够顺利面世。同时，也期待广大读者能够给予本书宝贵的意见与建议，共同推动我国供应链管理教育与实践的不断发展与进步。

编 者

2024 年 10 月

目 录

第一章 供应链管理导论 ·· 1
    第一节 供应链管理的产生与发展 ······································ 1
    第二节 供应链与供应链管理 ·· 15
    即测即练 ·· 25

第二章 供应链管理的战略问题 ·· 26
    第一节 以供应链为主体的战略分析与选择 ································ 26
    第二节 供应链管理的战略匹配 ·· 37
    第三节 供应链的战略定位与战略类型 ···································· 44
    即测即练 ·· 46

第三章 供应链的构建与优化 ·· 47
    第一节 供应链构建概述 ··· 47
    第二节 供应链网络模型 ··· 55
    第三节 供应链网络优化 ··· 61
    即测即练 ·· 66

第四章 供应链合作伙伴选择 ·· 67
    第一节 供应链合作伙伴关系概述 ······································ 67
    第二节 供应链合作伙伴的选择标准与原则 ································ 73
    即测即练 ·· 83

第五章 供应链绩效评价与激励 ·· 84
    第一节 供应链绩效评价概述 ·· 84
    第二节 供应链绩效评价的内容 ·· 86
    第三节 供应链绩效评价的一般方法 ····································· 89
    第四节 供应链企业的激励 ··· 101
    即测即练 ·· 107

第六章 供应链的生产计划与控制 ·· 108
    第一节 生产计划与控制基本理论 ······································ 108
    第二节 供应链环境下的生产计划与控制 ·································· 112

第三节　供应链集约生产计划模型 …………………………………………… 117
　　第四节　供应链生产计划与控制模拟 ………………………………………… 120
　　即测即练 ……………………………………………………………………………… 125

第七章　供应链管理环境下的库存管理 …………………………………………… 126
　　第一节　供应链库存作用与问题 ……………………………………………… 126
　　第二节　供应链环境下的库存控制策略 ……………………………………… 130
　　第三节　供应商库存管理 ……………………………………………………… 134
　　第四节　联合库存管理策略 …………………………………………………… 137
　　即测即练 ……………………………………………………………………………… 141

第八章　供应链管理环境下的采购管理 …………………………………………… 142
　　第一节　采购管理概述 ………………………………………………………… 142
　　第二节　供应链管理环境下的采购模式 ……………………………………… 145
　　第三节　供应链管理环境下的全球采购 ……………………………………… 155
　　即测即练 ……………………………………………………………………………… 167

第九章　供应链的未来趋势 ………………………………………………………… 168
　　即测即练 ……………………………………………………………………………… 171

参考文献 ……………………………………………………………………………… 172

第一章

供应链管理导论

◆ 学习重点

（1）21世纪企业竞争特点；
（2）供应链管理的演变与发展；
（3）供应链的核心理念；
（4）供应链的特征；
（5）供应链管理的新特征。

第一节 供应链管理的产生与发展

21世纪中国企业的发展面临经营环境的重大变化。当前中国经济的运行，其主要特征有：①国际竞争国内化与国内竞争国际化；②中国将逐步成为跨国公司全球化战略中的一部分或一个节点；③中国经济运行的规则将由跨国公司所主导；④中国经济将面临全球化和信息化的双重压力。在经济全球化的过程中，中国经济发展的最大优势在于相对高素质的劳动力和巨大的民间投资潜力。我们应高度重视国际跨国公司的全球产业整合行为，以及由此形成新的供应链体系。积极努力地加入这种供应链体系，是企业通过"边干边学效应"逐步形成竞争优势的重要途径。

一、21世纪企业面临的经营环境

21世纪中国企业的发展面临太多的变数，可以这样说，唯一不变的是企业经营环境经常快速地变化。这种经营环境变化的趋势和方向主要由经济全球化、高度信息化、知识经济、过剩经济等因素决定。

（一）在经济全球化条件下企业如何更有效地利用全球资源和市场

目前全球正经历一场数智化转型剧变，这一转变将重组下一世纪的政治和经济，从某种意义上来说将会没有任何一个国家的产品和技术、公司、工业可以独自独立发展。经济全球化、无边界化和数字化，正成为世界经济不可逆转的现实发展趋势。进一步鉴于信息网络的无孔不入，跨国公司的全球网络化战略，以及区域经济一体化的不断发展，已将世界经济引向一体化的潮流趋势。经济全球化的实质是全球范围内的市场经济，国际化有强烈的国境意识，意味着必须跨过国境的边界，去开拓外界空间。全球化必须通过某种界限的意识消失，国境的经济壁垒消失，生产要素和经济活动才能自由地穿越国境。[①]

经济全球化将带来全球性的战略协作和全球竞争，国家间的协作和依赖进一步强化，同时这种依赖体系中的任何一个节点的突发事件和运行故障，都将产生类似亚洲金融风暴的"多米诺骨牌效应"，一损俱损、一荣俱荣。

（二）在高度信息化条件下企业如何利用国际网络创造财富

美国1993年9月提出信息高速公路计划，即建立迈向21世纪全球信息网络，成为划时代的转折点。新经济时代即网络时代为区域提供新契机。当今世界科技的惊人能力，能够储存信息并能马上以各种不同形式展示给任何人，信息网络像植物根系一样渗透到国际社会的每一个角落。在高度信息化的社会环境中，企业要把信息活用到企业业务和企业决策中去，要依靠信息创造财富。在全球规模的经济活动中，企业要灵活运用网络型劳动分工和市场需求变化的信息，从根本上改变企业传统的运营体系和运营方式。

信息经济时代的发展给我们的深刻启示是：我们要加强信息基础设施的建设；要及时彻底地从网络消费型向网络经营型转变；通过信息网络及时捕捉和反馈市场需求信息，提高决策的敏捷度和准确度；要改革企业流程，使企业的一切业务活动均以顾客为导向，一切部门均能直接与市场进行双向的信息交流。

（三）在知识经济条件下如何获得、创造、利用知识并提高知识质量

工业社会的动力是金钱，但在资讯社会却是知识。人们将会看到一个拥有资讯且不为无知所挟的新阶段出现，这些人将会有权力，但这权力并非来自金钱和土地，而是来自知识。知识经济的到来，必然改变经济结构和社会的生产方式，专门知识及其掌握专门知识的人将成为企业发展的核心资源。这种专门知识是指组织化、实用化、能够用于解决消费者的种种问题、创造顾客所愿意且能够支付的价值，从而为企业带来利润的知识，而不是目前我们的教育系统给学生强行灌输的死记硬背的知识。

美国在新经济条件下，企业对高科技产业所取得的高投资回报的事实证明，在知识经济时代里，利润不是靠生产规模和产量，而是靠不断地发掘需要及找到解决办法之间的联系。当今世界上能够称之为杰出的企业，其之所以杰出，往往是因为其所获得的超额利润大多来自于专业化的生产者服务，即解决问题所需要的专业研究、工程和设计服务，识别问题所需要的专业销售和咨询服务，以及把上述两方面连接起来的专门化战略、金融和管理服务。

在知识经济时代，企业经营最重要的战略或焦点，必然是获得创造利用和积蓄高质量的知识的能力。所以必须进行企业组织结构的再造，必须改革企业的用人制度和臃肿的官僚制的组织结构，在企业内成立若干由少数人组成的创造知识的小组，让这些人自

[①] 刘延建，彭纪生. 战略管理：21世纪初中国大企业发展面临的新挑战[J]. 江南论坛，2000(10)：2.

由地发挥个人创造力，进行创造性思维。

对发展中国家来说，知识的创造和经营还是其赶超先进国家的最有效手段和途径，因为创新可以产生极高的附加价值，促使产品价值链的连续突变和飞跃，使国家经济呈加速度的几何递增。为达到这一目标，从宏观上来说，我们要千方百计地利用人力资源丰富的优势，建立能够充分发挥千百万知识分子创造性和积极性的体制；同时，企业要充分利用外部人力资源，具体来说就是：要和其他行业的企业共同进行研究开发，实现知识共享和学科交叉；要和大学、科研单位加强合作，走产学研一体化道路，加快独创性设想和新技术向商品的转化；要有风险投资意识，要利用高科技成果进行改造和创新；要善于利用专门性的服务和咨询公司；等等。

（四）在过剩经济条件下，企业如何以市场为导向，更有效地为顾客创造价值

与国际潮流一致的是，自 20 世纪 80 年代起，无论是美国还是其他发达国家，市场中的买卖双方间关系，发生了根本性的变革。卖方或制造商不再是处处占据上风，顾客和消费者才拥有真正的支配权和决定权。他们会告诉供应商自己对商品的需求、交货的时间、交货的条件、以及支付的方式。这一切对那些长期习惯于"我只能生产什么"和"重量不重质"的生产者来说，无疑充满了太多的被市场无情淘汰的变数。

过去，大多数企业习惯于在"大众市场"中活动。认为顾客的需求偏好都是大同小异的，是差别性极小的群体。因此，只要能够提供价廉物美的标准化商品，便能满足绝大多数消费者的需要。的确，在民众收入水平比较低、商品比较短缺的经济发展阶段，消费者的购买力比较弱，消费的选择性比较低，消费的门类比较窄。在这种市场态势下，以量取胜的标准的大规模生产方式才得以生存，甚至打遍天下无敌手。

如今，发达国家及新型工业化国家和地区，甚至在一些成长中的国家，消费者拥有越来越多的消费选择权，消费结构已经提升为"追求多样化、多元化、个性化、差别化"的阶段，消费不再是为了满足生存和温饱，而是为了追求功能的享受和个性的发展。在这种情况下，他们不能也不必再忍受一成不变的均质性商品和服务，他们会向卖方主动地提出自己的特殊消费需求，期望供应者对自己另眼相待并提供心满意足的商品和服务。

市场取向的改革积极成果之一，便是把长期短缺的"卖方市场"扫进了历史的垃圾堆。自 20 世纪 80 年代中后期起，市场商品供应丰富的同时，也出现了供给结构老化的难题，直接造成了大量商品的积压。从需求的角度看，民众消费心理日益成熟，储蓄倾向和持币待购的倾向很强，在消费结构上迫切呼唤新一轮消费品和消费热点的出现。同时，随着中国经济的进一步国际化，国际贸易和国际直接投资的发展，发达国家的制造商大举进军中国市场，给国内消费者提供物美价廉的"洋货"，使国内消费者不断感受到新产品的刺激。国内消费者在领略国外消费时尚的同时，还迅速地接收了外国直接投资企业提供的"附加价值"，即商品的品质、功能、外观、品种、等级、规格、花色、选择、销售服务等。可以这样说，在短短的十几年中，消费者迅速地觉醒，控制市场的力量也由供给者逐步地转向消费者，大众化市场逐渐呈现出个性化市场特征，均质性商品逐步让位于差别化商品。谁不顺应这种潮流，谁就要在激烈的市场竞争中被淘汰。

二、21世纪企业竞争特点

自20世纪80年代起，在全球经济、网络经济、信息经济和知识经济日益明显的超强竞争作用下，企业的经营环境正从过去相对稳定、可预测的静态环境转向日益复杂多变和充满不确定性的动态环境，企业的竞争势态出现了如下特点。

（一）从静态竞争转向动态竞争

在传统的静态竞争中，实现可持续性仅仅意味着在目标环境和可用资源既定的情况下，企业为维持竞争优势而针对竞争对手的模仿异化和替代等行动进行决策和实施一系列行动方案。也就是说，竞争的主要目标是保持既有优势，而不是创造新的竞争优势，但竞争优势并不能通过这种方式长久保持下去，激烈的竞争和动荡的环境早晚会把所有的竞争优势侵蚀殆尽。

而动态竞争是以高强度和高速度的竞争为特点，每一个竞争对手不断地建立自己的竞争优势和削弱对手的竞争优势。竞争对手之间的战略互动明显加快。竞争优势都是暂时的，不能长期保持。竞争的有效性不仅仅取决于时间的先后，更主要的是评估竞争对手反应和改变需求或竞争规则的能力。因此，从动态的角度来看，动态环境中企业竞争优势的核心问题是更快地培养或寻找可以持续更新的竞争优势源泉。

任何产品推出时都是难以完美的，所以要迅速了解用户需求，从而一刻不停地升级进化、推陈出新，这才是保持领先的唯一方式。为了在市场上占有一席之地，很多制造商选择不断推出新产品来满足细分市场上的各种不同消费者。往往是一个产品投放市场不久，企业就又推出新的产品，有时一个产品刚进入市场，另一个新产品的宣传就紧随而至。

例如，国内一线手机厂商通常一年要推出多款手机，以保持销售势头和市场份额。在20世纪90年代初期，日本汽车制造商平均两年可向市场推出一个新车型，而同期的美国汽车制造商推出相同档次的车型却要5～7年。可以想象，美国的汽车制造商在市场中该有多么被动，这也是日本的汽车在20世纪八九十年代占据美国市场的原因。

（二）从产品导向转向客户导向

在传统的竞争中，企业的唯一行动就是选择一个产品市场竞争战略，围绕市场份额展开竞争。在这样的战略指导下，企业不会去顾及客户潜在的个性化需求，而是以产品生产为导向组织自身的各项活动，采取产品（production）、价格（price）、地点和渠道（place）、促销（promotion）的4P营销策略及推动（push）生产模式。企业将已生产好的产品推向市场，以求将同样的商品卖给尽可能多的客户。

在新的竞争形式下，社会商品极其丰富，出现了市场饱和与商品过剩的现象，任何一个企业想要在现有市场中扩大自己的份额都会招致竞争对手强烈报复从而付出高昂代价；另外，客户基本需求完全可以得到满足，进而推动客户需求层次的提升并朝个性化方向不断发展。

因此，企业竞争战略应从扩大市场份额转向扩大客户价值。在这种竞争战略指导下，企业注重更快地把握客户不断变化和个性化的需求并加以满足，为客户提供更高质量和价值的产品和服务，发展与客户牢固的伙伴关系，进而寻求客户关系的长期性和客户价值的最大化。

企业应以客户需求为导向组织企业的各项活动。采取应用消费者的欲望和需求（consumer wants and needs）、消费者的费用（cost to satisfy）、购买的便利性（convenience to buy）和与客户交流（communication）的4C营销策略及客户需求拉动（pull）生产模式，根据客户个性化的需求来组织生产、递送和服务。

例如，戴尔公司有30名代表长期驻扎在波音公司，这30名代表不但负责波音公司PC机（个人计算机）的日常管理工作，还负责波音公司PC机的库存管理工作，同时还负责预测波音公司PC机的需求。通过对波音公司计算机部门的日常管理和库存管理，戴尔公司的30名代表能够并且易于了解波音公司的经营环境，从而有利于提高其对波音公司PC机需求的预测准确率，因此戴尔公司能够按个性化需求向波音公司提供PC机。

小米公司倡导"让用户参与、让用户爽"，这是用户参与开放创新的一个重要体现。以客户为中心，打造客户超凡的体验，并通过多种互联网营销手段聚集人气与客户互动是小米开放式创新的最大特点。

做到产品的快速发布只是第一步，其根本目的就是让用户尽快能享受到产品的新功能，尽快得到用户反馈信息，以便及时地对产品开发做调整。因此一个产品团队是否能够快速获取用户反馈、是否真正重视反馈并及时做出响应非常重要。开放创新模式下，一方面必须非常重视来自用户的反馈意见以不断进行产品创新；另一方面通过互联网与客户进行的互动，实则是市场营销必不可少的活动，并且可以积累与客户互动的经验，同时获得客户的黏性。

也就是说，智能手机的开放创新必须强调产品创新与市场营销的紧密融合与互相促进。全民客服体系则是小米公司粉丝文化中最重要的升级版沟通机制，这甚至影响了小米公司的产品成败，小米公司通过互联网上的论坛、微博等社交工具直接接触用户，并推出了"全民客服"计划。

（三）从单一市场基于价格的竞争转向多点和多因素的综合竞争

在传统的静态竞争中，企业的竞争往往最终会归结到单一市场的基于价格的竞争，即降低价格是企业获得更大市场份额的主要手段。随着客户需求的多样化和个性化，仅仅靠降低标准化产品的价格已无法对客户产生吸引力。

另外，市场在不断地细分，每个单一市场的总额在缩小，降低价格不仅无法使企业获得更大的市场份额，反而可能引发价格大战，导致企业和竞争对手两败俱伤。

在这种不断变化和细分市场的环境中，企业必须采用多点竞争和多因素竞争战略，即针对多个细分市场（多点），在多样性、时间、价格、质量和服务等因素上达到综合最优，再根据客户需求的基本情况选择基于客户最敏感因素的竞争战略，从而提高累积的市场份额。

例如，在20世纪80年代中期，克莱斯勒是美国三大汽车公司中规模最小、经营状况最差的一家。面对失控局面，克莱斯勒采取了一项基本改革：大幅度减少其内部技术与零部件的研发活动，从而转向设计、组装营销领域。于是供应商以最新的技术装备克莱斯勒汽车，同时克莱斯勒也进入了一个设计小车型的复兴期，通过及时推出备受欢迎且有利可图的小型货车、皮卡货车、运动型多用途汽车（suburban utility vehicle，SUV），从而超越了竞争对手。

我国家电市场竞争激烈。海尔公司在面对家电的价格竞争时另辟蹊径，采取即需即供模式，优质服务和产品多样化等策略赢得了竞争优势。为了做到零库存下的即需即供，海尔的供应链将以前的按月下单改为了按周下单，从面向库存的生产转向按订单的生产。2010年海尔的库存周转天数为5天，而同行业平均是50天，全国企业平均周转天数是78天。在服务方面，早在1993年海尔空调就在全国率先推出"三免服务"，接着又相继推出更多服务措施，如24小时服务到位、星级服务、社区服务站等9次服务升级，全国星级服务网格覆盖率先通过ISO9002国际质量认证等。在服务理念上，海尔奉行客户至上，提出"只要客户一个电话，剩余工作都由海尔来做"以及"用户的难题就是我们的难题"。这样，海尔在成功推出了海尔冰箱之后，利用品牌的延伸性，又成功地推出了海尔空调、洗衣机、电视机等新产品。海尔还针对不同地区的生活习惯和文化特点设计出适应当地要求的个性化产品。

（四）从国内和区域竞争转向国际和全球竞争

在经济全球化以前，企业的竞争主要发生在一个国家或地区内。随着世界经济的发展及信息技术的应用，整个世界成为日益紧密的经济体，国家、地区之间的经济壁垒逐步消除，任何一个地区成为局部的市场都会面临国际竞争。

信息与网络技术的发展打破了实践和空间对经济活动的限制，这使各种信息能够很快超越国家和地域的界限，在世界范围内有效地传递和共享，为国家、企业的经济发展提供新的手段和条件，企业能够在更大的范围内建立跨国、跨地域甚至全球化的市场。不仅国内的企业、产品和服务要走出国门，而且外国的企业、产品和服务也会进入本国境内。

在这种情况下企业不仅要在国内彼此相互竞争，还要与国外企业展开竞争，国际竞争力成为企业生死存亡的关键，经济竞争从国内和区域竞争演变成国际和全球竞争。

通用汽车公司的庞蒂亚克汽车已经不能简单定义为美国制造的产品，它的组装生产是在韩国完成的，发动机、车轴、电路是由日本提供的，设计工作在德国，其他一些零部件来自中国台湾地区、新加坡和日本，西班牙提供广告和市场营销服务，数据处理在爱尔兰和巴巴多斯完成。其他一些服务如战略研究、律师、银行、保险等，分别由底特律、纽约、华盛顿等地提供，只有大约总成本的40%发生在美国本土。

三、21世纪企业面临的挑战

21世纪，世界的政治和经济环境都发生了巨大变化，中国生产企业面临更严峻的挑战。主要表现在：在全球经济一体化的趋势下，跨国公司纷纷进入中国，用他们雄厚的资金、先进的管理模式、技术方法及品牌优势，参与竞争，抢占市场；因生产力发展和科技进步，国际市场商品极度饱和，销售竞争异常激烈；资源紧俏，能源涨价，环保要求严格，企业生产成本升高，销售难度增加，风险扩大，利润减少；在国际贸易摩擦多发期，中国企业扩大出口，遇到重重壁垒，步履维艰；企业改革、转轨变型、股份制改造中，遗留问题处理、人员安排等牵扯大量精力；体制和机制不适应、管理落后、耗能比例高、劳动生产率低、工艺水平差、产品质量无保证，信誉不佳；高科技含量、自主开发产品少，民族品牌商品不足；跟着外国企业的后面跑，人海战术、低端产品、低价格自相恶性竞争；等等。具体面临着时间、成本、质量和多样性等多方面的挑战。

（一）时间

由于消费者需求的不断变化和竞争型产品的不断推出，产品的生命周期变得越来越短。例如，消费类电子产品的生命周期，20世纪70年代平均为八年，20世纪80年代缩短为不足两年，现在则缩短为一年甚至更短。智能手机的飞速发展，使消费者的手机两年一换成为普遍现象。由于细分市场规模越来越小且不断变化，企业只有以更快的速度生产出更多品种的产品才能不断地吸引消费者的目光。产品技术变化的速度日益加快，因此必须以同样的速度缩短产品开发周期。

多变的市场和不稳定的客户需求使企业采用面向订单的生产方式以避免高库存和滞销产品。但是，从接到客户订单到生产出满足客户需求的定制产品总是需要时间的，而大多数客户没有耐心长时间地等待。在价格和质量相当的情况下，人们往往会把订单下达给能够最快提供满足其需求产品的企业。因此，企业要想获得客户订单，就必须尽可能缩短交货提前期，以便在接到客户订单后，能够以最短时间生产和递送满足客户需求的产品。

（二）成本

激烈的市场竞争和众多的替代产品迫使企业在快速提供满足客户需求的产品和服务的同时，还必须保持低成本和低价格。由于贸易壁垒的撤除，更多的竞争者涌入市场参与竞争，特别是来自发展中国家的制造商，其生产成本更低。

全球竞争的加剧已经使价格达到有史以来的最低点。市场自由度的增加使新的竞争者更加易于进入市场，这一现象使许多行业的产能过剩，从而导致供给过剩，增加了降价的压力。另外，互联网的广泛应用使价格信息的对比十分便捷，这也助长了降价的趋势。

为了缓解不断的降价压力，保证一定的利润水平，企业必须寻求降低成本的方法，以渡过降价的危机。企业已经实施了许多降低成本的方法和策略，所以寻找新的成本降低方法将是一个很大的挑战。

（三）质量

客户对质量的高期望值进一步推动了企业竞争。随着产品供应越来越丰富，客户对质量的认识也在发生变化，由以前强调性能、可靠性和耐久性拓展到安全性、美学性、附加功能、售后服务、客户价值和响应速度等方面。重视物的质量，也十分重视服务质量，如客户期望准时、反应快速、更精准地提货和送货服务。因此，物流配送应成为全面质量管理的关注点。

另外，产品的质量不仅取决于产品制造商的能力和水平，也受到零部件和原材料供应商的影响。因此，企业质量管理的领域不仅仅包含制造过程，还包括销售与配送渠道，以及售前和售后服务等。这使质量控制变得更加复杂和困难。

（四）多样性

20 世纪 70 年代以前，统一的大市场不复存在，市场随着客户需求的变化不断细分，企业为了满足不同细分市场的客户需求而推出种类繁多的产品和服务。

例如，20 世纪 80 年代以前，制造商只生产一种一次性尿布。20 世纪 90 年代，宝洁公司（Procter & Gamble；P&G）推出了系列产品，包括 13 种设计各异的一次性尿布，是根据婴儿从出生到学会走路这一成长阶段的变化而精心设计的。另外，全球化也促进了产品的多样化，企业需要为不同国家和地区的客户提供符合他们要求和习惯的产品。

又如，创立于 1984 年的海尔集团，从单一生产冰箱起步，拓展到家电、通信、IT 数码产品、家居、物流、金融、房地产、生物制药等多个领域，成为全球领先的美好生活解决方案提供商。2017 年 1 月 10 日世界权威市场调查机构欧睿国际（Euromonitor）正式签署发布的 2016 年全球大型家用电器调查数据显示：海尔大型家用电器品牌零售量占全球的 10.3%，连续 8 年蝉联全球第一。①

目前，海尔在全球有 21 个工业园、5 大研发中心、66 个贸易公司，全球用户遍布 100 多个国家和地区。仅对于洗衣机而言，不同的用户有不同的需求，仅电压一项就有很多种需求，日本的电压是 100 V，美国是 110 V，澳大利亚是 240 V，中国是 220 V，中东还有双电压，或许需要 200 多种电机才能满足所有用户的需求。

产品和服务的多样性使物料的种类增加，从而导致物料批量小、采购难度大、库存量增大。产品的多样性还会增大生产计划的复杂性和增加生产准备时间，并使售后服务难度加大。这些都将导致成本的增加，即多样性成本。

四、在经济全球化背景下中国企业竞争优势和基本战略

在经济全球化背景下，如何分析和正确认识自己的竞争优势是制定竞争战略的基本出发点。管理学家波特教授把国际竞争力概括为四个要素，首先是资源要素，包括劳动力、资本、自然资源和技术；其次是需求要素，包括国内需求和国际需求两个方面；再次是产业配套及由此形成的聚合效应；最后是企业战略和政府政策等软件因素。

随着信息产业的发展和知识经济的崛起，当今全球产业在跨国公司的主导下正在重新整合，并由此形成新的供应链体系。我们应积极努力地加入这种供应链体系，这是中国企业逐步形成竞争优势的重要途径。主要有三种供应链体系可以选择。

（1）在消费品市场上以国际巨型连锁流通企业，如以麦德龙、家乐福、沃玛特等为代表，直接面对消费者，不仅采购量巨大，而且对所采购的商品质量、价格、批量和交货等都有很高的要求。中国的制造企业如果能够加入这种供应链，就等于领到了进入其全球化市场的门票，必将随着其扩展而成长。

（2）加入虚拟垂直一体化供应链体系。这种虚拟垂直一体化以国际著名品牌为龙头，

---

① 刘海兵. 海尔式管理创新：经验与挑战[J]. 科技管理研究，2020，40(7)：266-274.

在全球专业化理念导向下，通过定牌生产（orginal equipment manufacturing，OEM）的方式把缺乏比较优势的零部件产品的生产，分包给下游厂商，其极端的形式是全部产品均为外包生产，品牌公司只负责设计和营销，如耐克公司。电脑业的戴尔公司、网络通信设备业的思科公司等，其运作方式都不外乎如此：把关键的系统集成和核心零部件生产或者组装留在总部，把其他非关键零部件用外包方式生产，因此节省固定费用和库存占用资金，取得了竞争优势。因此，中国的企业如果能够按照国际标准进行生产，就能利用自己的优势接到这些跨国公司的外购订单，成为其虚拟垂直一体化供应链体系中的一个节点。

（3）把基于互联网的电子订货体系引入其与零部件厂商的供应链之中。虚拟化的生产组织方式目前已扩展到传统产业部门。比如，汽车业，它们也纷纷把基于互联网的电子订货体系引入其与零部件生产商的供应链中，通过这种方式，汽车业有可能在快速反应能力和弹性供货体系的支持下，实现订单化生产，节省成本并且更好地满足顾客的个性化需求。这种基于网络和电子商务的虚拟企业和垂直一体化的发明，为拥有高素质产业大军的中国企业提供了外包生产的大量机会。因为下游品牌公司的自制范围越小，需向外发包的零部件就越多，OEM 的一类订单就会相应增加，但前提是上游企业在品质、规模、交货期等方面具有足够的能力，而且需投资于信息系统并熟悉电子商务的游戏规则，才有资格加入这种供应链。这种需求也为中国的互联网事业发展提供了巨大的商机。

目前，跨国公司垂直一体化的供应链早已延伸到中国。珠江三角洲、厦门等地已经成为国际著名跨国公司垂直一体化的供应链的一部分，但是基本上都处于这个体系的末端，即"品牌商——主要零部件供应商——零部件分包商"这种链条的最后一环。主要原因是中国的制造业厂商目前还没有掌握关键的核心生产技术，只能从末端做起，这是必要的学习成本和必须经过的过程。通过"边干边学"效应，学习成本曲线将会大幅度下降。实践证明，只要加入了这条供应链，在与相应客户的频繁互动中，他们会告诉你该怎样做。因为他们要为满足自己客户的需求而与同行竞争。例如，目前掌握了较高技术的中国台湾厂商，其信息技术产业（information technology，IT）就是从低端的电脑外围设备做起的，其独霸全球的制造能力也是由低到高逐步发展起来的。这对中国的制造业企业发展自己的竞争能力具有重大的启示作用。

企业虚拟化是发达国家的先进企业寻求和建立其竞争优势的一个主要手段。它为 OEM 式的分包提供了更多的商业机会，而入世则有助于中国企业将这种机会变为现实。

要发挥优势，抓住跨国公司虚拟垂直一体化过程中带来的发展机遇，关键是要以积极主动的姿态面对跨国公司的投资，变消极防御、被动挨打为主动学习、积极合作和勇于竞争。中国企业在经济全球化的过程中，必然要走过这么几个不可逾越的阶段：向跨国公司学习阶段、与跨国公司合作阶段、与跨国公司既合作又竞争阶段。

五、企业管理理论的变迁

企业管理理论成型于 19 世纪末 20 世纪初。泰罗在他 1911 年出版的《科学管理原理》一书中提出，企业的科学管理就是用科学化、标准化的管理方法代替经验管理，以达到最高工作效率，这一提出开创了科学管理的先河。法约尔在1925年出版的《工业管理与一般管理》一书中将企业的管理职能与经营职能分开，从经验中提炼出劳动分工、统一领导、个人利益服从整体利益、创新精神等14项管理原则和计划、组织、指挥、协调、控制这5项管理要素，对今天的企业管理理论仍具有重要影响。随后，西方管理学者从不同角度出发，又相继提出了行为科学理论、决策理论、现代管理过程理论、系统管理理论、经验主义理论、管理科学理论、战略管理理论和权变理论等，建立了企业管理理论的科学研究方法。企业管理理论是对企业的计划、组织、指挥、协调和控制等一系列管理实践活动进行观察、概括、试验和抽象后得出的科学结论。

我国的企业管理理论在改革开放的进程中得到了发展，与改革开放的四个阶段相对应。在改革开放的每个阶段，中国共产党的重要会议和决定都对企业改革做出了全面部署，推动国有企业改革和民营企业从无到有，促进我国企业管理水平不断提升。企业管理理论研究呈现阶段性特征。

（一）企业管理理论的借鉴与恢复（1978—1991年）

第一阶段是从1978年党的十一届三中全会做出改革开放的重大决策，到1991年党的十四大召开前。该阶段企业改革以"放权让利"为主，企业管理的工作重心转移到提高经济效益上来。这一阶段我国的企业管理理论主要以借鉴西方先进理论和恢复管理学科建设为主。

（二）企业管理理论的市场化（1992—2001年）

第二阶段是从1992年党的十四大确立实行社会主义市场经济体制，到2001年党的十六大召开前。该阶段确立了公有制为主体、多种所有制共同发展的基本经济制度，并按照建立现代企业制度的方向，对企业实施"抓大放小"。这一阶段我国的企业管理研究主要以市场化转型为主。

（三）企业管理理论的现代化（2002—2011年）

第三阶段是从2002年党的十六大提出建设完善的社会主义市场经济体制，到2011年党的十八大召开前。该阶段允许非公有资本进入法律未禁入的领域，企业投资自主权逐渐扩大。这一阶段由于信息技术的迅速发展促进了企业内部管理的集成化：一是在生产管理方面，从物料需求计划（material requirements planning，MRP）到制造资源计划（manufacturing resource planning，MRPⅡ）到准时生产（just-in-time，JIT）和精益生产到计算机集成制造系统（computer integrated manufacturing system，CIMS）；二是在职能管理方面，从电子数据处理（electronic data processing，EDP）到管理信息系统（management information system，MIS）再到决策支持系统（decision support system，DSS）。这两个方面逐渐结合，形成了企业资源规划（enterprise resource planning，ERP）和供应链管理（supply chain management，SCM）。信息化创新促进了企业管理软件从MRP到MRPⅡ再到ERP的发展历程。

（四）企业管理理论的创新与本土化（2012年至今）

第四阶段是从2012年党的十八大提出全面深化改革至今。该阶段提出推动企业管理创新、激发企业内在活力。这一阶段我国的企业管理研究更注重理论创新和本土化问题。创新是中国企业管理理论向前发展的动力。本土化是中国企业管理理论不断前行的根基。

六、供应链管理的演变与发展

（一）供应链管理的来源与发展背景

"供应链管理起源于后勤学管理。"[①]其首先使用在军事方面。第二次世界大战（简称二战）中后勤学受到高度重视，得到广泛研究并且应用在军需物品采购和运输等方面。二战以后，美国公司为了高效地管理材料采购、储藏、交通和设施地点规划，首先将后勤学引进工业领域。后勤学管理委员会（CLM）将后勤学定义为有效计划、实现和控制商品、服务和信息流的过程。它包括从起源点到消费点为满足顾客要求的全部过程。供应链管理和后勤学管理之间的主要差别是它们对相似问题采用不同的角度。比如，后勤学主要是从一个公司的角度考虑供应、存储和分销；而供应链管理将其他公司当作生意伙伴，要求对供应链所有节点活动进行紧密的协作。其次，后勤学强调一个公司的局部性能优化，而且采用运筹学的方法分别独立研究相关问题。供应链管理将每个公司当作供应网络中的节点，通过紧密的功能协调追求多个企业的全局性能优化。后勤学经常是面向操作层次的，而供应链管理更关心战略性的问题。供应链管理研究侧重于全局模型、信息集成、组织结构和战略联盟等方面的问题。

现代企业在发展过程中遇到的现实问题也进一步催生了供应链管理理论的发展。福瑞斯特教授在20世纪五六十年代首先发现一种现象，即微小的市场波动会造成制造商在进行生产计划时遇到巨大的不确定性。[②]许多实证研究与企业调查发现，这种现象存在于包括汽车制造、计算机制造、日用品制造等行业的供应链中。现代管理科学家将这种现象称之为"牛鞭效应（bullwhip effect）"，即向供应商订货量的波动程度会大于向其顾客销售量的波动程度，而且这种波动程度沿着供应链向上游不断扩大。这种现象会给企业造成严重的后果，如产品库存积压严重，供货周期偏长，服务水平不高，产品成本过高及质量低劣等问题。因此面对这种现象，企业必须从战略层次上来管理物流，通过供应链管理获取竞争优势。

供应链管理也是欧美企业在面临日本等东亚企业在国际市场竞争力日益强大的情况下提出的。东亚企业，尤其是日本企业，取得成功的一个主要原因在于将供应链中的各环节进行协调集成。比如，在企业内部，采用全面质量管理（total quality management，TQM）、JIT，协调各部门合作来降低成本、提高质量。欧美企业为了应对这种国际化竞争，及时引入了供应链管理理念。

另外一个推动供应链管理的关键因素是21世纪以来科学技术尤其是信息技术的飞

[①] 王成恩. 供应链中物流及信息流管理[J]. 中国管理科学，2000(4)：17-24.
[②] 王金圣. 供应链及供应链管理理论的演变[J]. 财贸研究，2003(3)：64-69.

速发展。科学技术的发展使得各国之间的地理和文化上的差距大大地缩短了,各国的工商组织能够在全球范围之内获取资源并销售产品,加上产品生命周期在不断缩短,供应链管理的作用就更加突出,范围更加广泛。但全球性供应链也迫切需要更加有效的管理理念和协调技术,而电子数据交换(electronic data interchange,EDI)、产品数据交换(product data interchange,PDI)、互联网(internet)、内联网(intranet)及各种信息系统应用的发展,极大地促进了现代供应链管理理念的实现及组织结构转变。

此外,对供应链及其有效管理的研究近几年空前高涨,主要原因还包含了人们对供应链管理在企业生存发展中的作用和地位有了新的认识。麻省理工学院斯隆管理学院的查尔斯·法恩教授根据他最近的个案研究成果和调查得出这样的结论:在今天比拼竞争力的战场上,一家企业最根本、最核心的竞争力在于对供应链的设计。[①]

(二)供应链管理理论发展阶段

供应链至今尚无一个公认的定义。在供应链管理的发展过程中,有关的专家和学者提出了大量的定义,这些定义其实是在一定的背景下提出的,而且是不同发展阶段下的产物,把这些定义归纳梳理大致划分为三个阶段,每个阶段的一些代表性的定义、关注的重点和主要的特点表述如表 1-1 所示。

表 1-1 供应链管理理论发展的阶段划分

阶段划分	供应链定义	供应链管理定义	特 点	关注重点
强调是物流管理过程的阶段	指将采购的原材料和收到的零部件,通过生产转换和销售等活动传递到用户的一个过程	是对由供应商、制造商、分销商、零售商和顾客所构成的链条中的物流进行管理、计划和协调工作	链结构单一,与外部供应链成员企业的联系不紧密,甚至有冲突问题存在	企业内部操作企业自身利益目标
强调是价值增值链的阶段	是指产品生产和流通过程中所涉及的原材料供应商、生产商、批发商、零售商以及最终消费者组成的供需网络	是指人们利用管理的计划、组织、指挥、协调、控制和激励职能,对产品流通过程中各个环节涉及的物流、信息流、资金流、价值流以及业务流进行合理的调控,以期达到最大组合、发挥最大的效率,迅速以最小的成本为客户提供最大的附加值	供应链是比较完整的系统,链的节点间比较协调	价值增值 节约成本 供应链的协调
强调是"网链"的阶段	是指围绕核心企业,通过对信息流、物流、资金流的控制,将产品生产和流通过程中涉及的原材料供应商、生产商批发商、分销商、零售商以及最终消费者连成一体的功能网链结构模式	是指一种集成化的管理思想和方法,是对供应链中的物流、信息流、资金流、增值流、业务流以及贸易伙伴关系等进行的计划、协调和控制一体化管理过程	链条形成了核心节点,结构复杂紧密	战略伙伴关系 更快速反应 供应链的战略结构

(1)物流管理过程的阶段。对供应链的认识经历了一个由浅到深的过程。早期的观

---

① 蓝庆新. 全球化供应链管理与提高我国企业国际竞争力的策略[J]. 世界经济研究,2003(1):20-24.

点认为：供应链是指将采购的原材料和收到的零部件，通过生产转换和销售等活动传递到用户的一个过程。因此，供应链也仅被视为企业内部的一个物流过程，所涉及的主要是物料采购、库存、生产和分销诸部门的职能协调问题，最终目的是优化企业内部业务流程，降低物流成本，从而提高经营效率。基于这种认识，在早期有人将供应链仅仅看作是物流企业自身的一种运作模式。

（2）价值增值链的阶段。进入20世纪90年代，人们对供应链的理解又发生了新的变化：首先，有需求环境的变化，原来被排斥在供应链之外的最终用户、消费者的地位得到了前所未有的重视，从而被纳入了供应链的范围。这样，供应链就不再只是一条生产链了，而是一个涵盖了整个产品"运动"过程的增值链。根据美国运营管理协会（American Production and Inventory Control Society，APICS）第九版字典中的定义："供应链管理是计划、组织和控制从最初原材料到最终产品及其消费的整个业务流程，这些流程链接了从供应商到顾客的所有企业。供应链包含了由企业内部和外部为顾客制造产品和提供服务的各职能部门所形成的价值链。"

（3）"网链"的阶段。随着信息技术的发展和产业不确定性的增加，人们对供应链的认识也正在从线性的"单链"转向非线性的"网链"，实际上，这种网链正是众多条"单链"纵横交错的结果，正是在这个意义上，哈理森将供应链定义为："供应链是执行采购原材料，将它们转换为中间产品和成品，并且将成品销售到用户的功能网链。"[1]根据 GB/T 18354—2021《物流术语》标准，供应链的定义是："生产及流通过程中，围绕核心企业的核心产品或服务，由所涉及的原材料供应商、制造商、分销商、零售商直到最终用户等形成的网链结构。"马士华教授认为："供应链是围绕企业，通过对信息流、物流、资金的控制，从采购原材料开始，制成中间产品以及最终产品，最后由销售网络把产品送到消费者手中的将供应商、制造商、分销商、零售商、直到最终用户连成一个整体的功能网链结构模式。"[2]

因此，20世纪90年代后期供应链的概念更加注重围绕核心企业的网链关系，即核心企业与供应商、供应商的供应商的一切前向关系，与用户的一切后向关系。供应链的概念已经不同于传统的销售链，它跨越了企业界线，从扩展企业的新思维出发，并从全局和整体的角度考虑产品经营的竞争力，使供应链从一种运作工具上升为一种管理方法体系，一种运营管理思维和模式。此时的供应链的概念形成为一个网链的概念，像丰田、耐克、麦当劳和苹果等公司的供应链管理都从网链的角度来实施。强的供应链管理都从网链的角度来实施，强调供应链的战略伙伴关系问题。

（三）供应链管理发展趋势

随着数字经济时代的到来，互联网电子商务的不断发展，企业供应链的管理策略得到不断改进。可以看到，物流供应链管理战略的发展趋势，主要表现在以下六个方面。

1. 绿色供应链管理

新的环境时代对全球范围内制造和生产型企业提出了一个新的挑战，即如何使工业

---

[1] 张永强. 西方国家供应链联盟演变历程及对中国的启示[J]. 南开管理评论，2001(4)：73-77.
[2] 马士华，王鹏. 基于 Shapley 值法的供应链合作伙伴间收益分配机制[J]. 工业工程与管理，2006(4)：43-45，49.

生产和环境保护能够得到协调共同发展。目前，公众已不仅要求企业对产生的废物进行处理，而且要求企业减少产生污染环境的废物，更要求企业进行绿色管理，生产绿色产品。政府的法令和日益强大的公众压力迫使企业已无法忽视环境问题。面对这种挑战，第一步就是重新定义供应链管理，调整供应链流程，把环境问题融于整个供应链——绿色供应链管理。绿色供应链管理考虑了供应链中各个环节的环境问题，注重对于环境的保护，促进经济与环境的协调发展，把"无废无污"和"无任何不良成分"及"无任何副作用"贯穿于整个供应链。一些知名的跨国企业，如福特汽车、惠普、宝洁集团和通用电器等公司，把绿色供应链管理作为企业文化渗透到各个环节、各个部门乃至各个员工。

2. 供应链管理技术的智能化

供应链管理技术也逐渐向智能化方向发展，如智能化网络集成器能检测未来供应和需求的匹配关系，识别多层供应商中的潜在问题，对相应的公司提出问题警告，并为问题的解决提出可行计划或途径，通过智能化推进有效的供应链管理。同样，在充分了解供应链成本的基础之上，如何优化其产品和服务的价格及相关的税收，如何优化反映按不同的产品类型和顾客划分所获得的收入，智能将成为沟通价格和供应链管理的桥梁，价格和税收管理就是在供应链管理中注入智能的一个产物。智能化应当容许供应链管理技术进行自动设计协作。设计思想、新产品概念、设计和制造接口、新材料使用、可选物料清单和市场接收等都可以通过电子市场来帮助交易。

3. 供应链全球化

"网络全球化""市场全球化""竞争全球化""经营全球化"的出现，使业务外包成为供应链全球化的主要动因，这使许多企业都积极采用"全球制造"和"网络制造"的策略。而另一方面，为了降低供应链的成本和风险，供应链又强化集中统一决策。资本、信息人员、产品和服务的跨国流动不断增加，导致全球网络化。战略意图、世界品牌、规模和范围经济、价值链管理比较优势、市场准入、自由贸易增长、快捷、便利的信息技术、电子商务的广泛普及，成为供应链全球化的主要动因。因此，尽管有强劲的动力推动供应链全球化，但与此同时，这也对供应链的协同能力提出了更高的要求，供应链的集成和协调将变得越来越重要。敏捷的生产方式将在竞争中处于有利的位置，这要求有响应灵活的供应链管理及供应链的灵活集成。

4. 供应链敏捷化

敏捷是美国学者于20世纪90年代初提出的一种新型战略思想，是一种面向21世纪的制造战略和现代生产模式。敏捷化是供应链和管理科学面向制造活动的必然趋势。敏捷供应链（agile supply chain）以企业增强对变化莫测的市场需求的适应能力为向导，以动态联盟的重构为基本着眼点，以促进企业间的合作和企业生产模式为转变，以提高大型企业集团的综合管理水平和经济效益为主要目标，着重致力于支持供应链的迅速结盟、优化联盟运行和联盟平稳解体。供应的敏捷性强调从整个供应链的角度综合考虑、决策和进行效绩评价，使生产企业与合作者共同降低产品的市场价格，并能够快速了解市场变化锁定客户的需求，快速安排生产满足客户需求，并加速物流的实施过程，提高供应链各环节的边际效益，实现利益共享的双赢目标。所以，实现供应链敏捷性的关键技术，即基于网络的集成信息系统、科学管理决策方法、高效的决策支持系统将成为值得深入研究的课题。

5. 供应链集成化

集成是人们按照某种目的把若干个单元集合在一起，使之成为具有某种功能的系统，供应链是以核心企业为中心包括上游企业和下游企业在内的多个企业组成的系统，系统具有集合性和相关性特征。供应链集成化管理的目的在于通过合作伙伴之间的有效合作与支持，提高整个供应链中物流、工作流、信息流和资金流的通畅性和快速响应性，提高价值流的增值性，使所有与企业经营活动相关的人、技术、组织、信息以及其他资源有效地集成，形成整体竞争优势。在市场竞争中，各成员把主要精力用在凝聚自身的核心竞争力上。从这个方面来讲，供应链管理是一种基于核心能力进行的竞争手段。在竞争中，各成员都可以从整体的竞争优势中获得风险分担、利益共享的好处。集成化供应链管理面临的转变主要有：从功能管理向过程管理的转变；从利润管理向营利性管理转变；从产品管理向顾客管理转变；从简单的管理向关系管理转变；从库存管理向信息管理转变。

6. 供应链电子化

按照世界贸易组织电子商务专题报告定义，电子商务（electronic commerce，EC），即通过电信网络进行生产、营销、销售和流通活动，它既指基于互联网上的交易，也指所有利用电子信息技术来解决问题、降低成本、增加价值和创造高级的商务活动，还包括通过网络实现从原材料查询、采购、产品展示、订货到出品、储运及电子支付等一系列的贸易活动。

电子商务为企业获得新客户和供应商提供了更多的机会，是企业构建供应链的基础，也使供应链能快速响应市场的变化。基于互联网的新市场和商业机会，电子商务增加了供应链的变化速度和复杂性，结果增加了供应链风险。日益增加的产品复杂性，供应链业务外包、供应链全球化以及电子商务的发展集聚在一起导致了复杂和动态的供应链网络。企业对企业电子商务（business to business，B2B）的关系涉及小范围、近距离的产品、服务和支付，现在包含在复杂的无形特征是难以被检查触摸到的，电子商务的准确性高度抽象化。在供应链管理环境下的电子商务网络的无形特征就是风险。

第二节 供应链与供应链管理

一、供应链的概念

（一）供应链概念的起源

对于供应链的含义，在供应链管理文献中目前还没有形成一致的观点。国内外许多学者从各种不同的视角对供应链的含义进行了阐述。对供应链问题进行正式研究一般认为始于20世纪60年代，美国供应链设计之父杰伊·弗莱斯特（Jay Forrester）用系统动力学理论模型优化产业上下游的动态关系，提出了供应链（supply chain）一词。现代许多有关供应链的设计原则可以追溯到他的生产分配系统。进入20世纪90年代以后，供应链管理的理论与应用研究受到国内外学者和企业家的广泛关注，并随企业发展而不断演变。在供应链管理文献中，供应链这个概念都有许多不一致，不同的学者对此也有不同的定义。可以说供应链目前还没有一致的说法或定义，国内外学者和企业家从不同角度对供应链进行了定义。

（二）国内外供应链概念发展历程

纵观供应链发展到目前的这段历程，可以将供应链概念的发展大致分为三个阶段。

1. 内部整合的供应链

人们最初对供应链的认识为：供应链是指将采购的原材料和零部件，通过生产转换和销售等活动传递到用户的一个过程。这个过程主要在企业内部完成。企业经历了从传统内部各职能部门独立运作，到企业信息共享、协作沟通的内部整合阶段。而供应链的概念在最初只是被视为企业内部的一个物流过程，它主要涉及物料采购、库存、生产和分销诸部门的职能协调问题，最终目的是优化企业内部的业务流程，从而提高经营效率，降低物流成本。此时供应链的概念代表着传统的概念，仅局限于企业的内部操作层和企业自身资源整合目标。基于这种认识，人们仅仅将供应链视作是物流企业的一种运作模式。该阶段的供应链结构比较单一，与外部相关联企业的联系不紧密。但从本质上讲，企业生产经营的模式已经发生了质变，整合、协作的思想已开始应用到企业实践，企业从内部整合的供应链发展扩大到联合上游供应商及下游分销商是一个趋势。

2. 外部整合的线性供应链

进入20世纪90年代，人们对供应链的理解不断丰富，供应链的概念发生了新的变化。首先，由于需求环境的变化及商业竞争程度的加剧，企业逐渐意识到与自身上下游企业协同发展的重要性。人们也开始认识到供应链的思想不仅可以体现在企业内部的协作联合，也可以运用在企业之间，供应商、分销商甚至是终端用户的合作之中。美国的史蒂文斯（Stevens）认为，通过增值过程和分销渠道控制从供应商的供应商到用户的用户的流就是供应链，它开始于供应的源点，结束于消费的终点。史蒂文斯对供应链的起点与终点给出了较为准确的定义，对所涵盖的参与者的范围做出了界定。

美国的苏尼尔·乔普拉（Sunil Chopra）和彼得·迈因德尔（Peter Meindl）认为：供应链由直接或间接地履行顾客需求的各方组成，不仅包括供应商和制造商，而且包括运输商、仓储商、零售商，甚至包括顾客本身。顾客不仅只是供应链终端、产品和服务的接收者、需求的源头，更重要的是可以及时向上游反馈信息，甚至直接参与供应链绩效评估。外部整合阶段的供应链把所涵盖的范围从企业层面极大地外延，供应商、制造商、分销商及最终客户都成为了合作伙伴，并最大限度共享彼此的资源以取得高效率地协同运作，其结果是满足最终顾客的需求，创造了该供应链最大的效益。随着人们对供应链认识加深，供应链概念所涵盖的范围从企业内部延伸到企业外部，从单个企业向上延伸到供应商及供应商的供应商，向下延伸到顾客及顾客的顾客直到最终的消费者，供应链的结构则从"单链"扩展到"网链"。

3. 外部整合的网状供应链

随着信息技术的快速发展和产业不确定性的增加，当今企业间的关系已明显呈现出网络化的合作格局。供应链的概念也更加注重围绕核心企业建立战略联盟的网链关系，人们对供应链概念的理解从线性的"单链"转向非线性的"网链"概念。实际上，网状供应链才是真正反映当今供应链交叉纵横，合作与竞争同时存在的真实表述。供应链是一个范围更广的企业结构模式，包含所有加盟的节点企业，从原材料的供应开始，经过链中不同企业的制造加工、组装、分销等过程直到最终客户。它不仅是一条联接供应商到客户的物料链、信息链、资金链，而且是一条增值链。物料在供应链上因加工、包装、运输等过程而增加其价值，给相关企业都带来收益。

（三）供应链的核心理念

综合归纳上述供应链的各个定义，供应链是围绕核心企业构建的一个跨企业、跨团队、跨功能、跨文化及具有资源配置的合作动态网络联盟，链接了从供应商的供应商到客户的客户中的所有成员与其网络以及从原材料采购、生产制造到最后运送最终产品给最终客户的全过程的所有活动。

1. 协同发展

供应链其实是对企业内部和企业间资源的整合，通过对供应及需求高效率的管理，实现供应链一体化运作。这需要供应链所有的成员具备协同发展的概念，不仅关注自身的供应需求状况，而且要关注上下游企业的生产经营状况，及时地反馈、共享信息；对于彼此之间存在的问题要共同解决，因为这不再是只关系到自身生存发展的问题，只有每一个组成成员都健康发展，这条供应链才会创造最大的价值，同时每一个企业也获得最大的收益。

2. 系统运作

供应链是一个有机的系统，通过参与成员间密切有序的合作而实现供应链整体的功能，而整体的功能却不是单个成员所具备功能的叠加，是有机的集成，最终使供产销一体化运作。各个成员需按照既定的规则与自身上下游成员相互联系，信息共享，风险共担，彼此支持、协作共同完成所有的生产经营活动。供应链中包含有物流、信息流、资金链、知识流的流动，合理地建设物流、信息、资金流通系统，提高供应链中商品的流通效率，是保证整个系统高效运作的有效方法。

3. 合作共赢

合作双赢是经济全球化的大势所趋，同时也是供应链发展的总体趋势。随着全球分工进一步细化、供应链上的企业数量日益庞大，核心企业通过整合不同合作伙伴的资源，有效利用未被利用的生产能力，外包自己非核心业务，专注于自身核心竞争力的培养，在供应链的不同环节避免浪费，让专业的合作伙伴去完成专业业务，实现与各合作伙伴的共赢。

4. 核心竞争力

面对竞争程度的加剧和外部愈加复杂的环境，企业需要采取更加先进的技术和管理方式，以降低成本，提升企业的核心竞争力。供应链的节点企业要想在供应链管理的环境下体现出竞争优势，就必须专注于提升自身的核心竞争力；同时企业间结成供应联盟关系，核心企业把非核心业务外包给其他更加专业的企业，可以更有效地发展彼此的核心竞争力。

5. 为客户服务

供应链的出发点即为客户服务，满足客户的需求。供应链不断地集成各类资源，不断地优化流程都是为更好地满足最终客户的需求而服务的。所以企业首先要明确客户的需求才可以进行之后的计划、采购、生产等活动。而为了更准确、快速地满足客户的需求，供应链也更加强调终端客户的参与，甚至是强调终端客户参与到产品和服务早期的设计当中。如今企业能够与客户形成有效的协作沟通，了解客户所需并及时提供服务是抢占市场先机的关键所在。由此可见，供应链发生的起点及要实现的最终目标都是为客户服务。

二、供应链的特征

供应链是一个不断发展的动态网络结构系统，由围绕核心企业的供应商、供应商的供应商和客户、客户的客户组成。每个企业是一个网络节点，节点企业和节点企业之间是一种需求与供应的紧密合作关系。因此，供应链主要具有以下特征。

（一）供应链是一个复杂动态网络系统

供应链应企业战略和适应市场需求变化的需要，其中节点企业需要动态地更新，这就使得供应链具有明显的动态性。供应链管理的目标，既要满足消费需求，又要实现系统成本最小化。然而，客户需求和成本结构参数都是随着时间不断变化，这增大了供应链管理的难度。另外，还受行业竞争的制约。最后，原材料供应商、制造商、物流者和销售商等合作伙伴的组成结构和行为方式，也需要不断优化组合。因为供应链节点企业组成的跨度（层次）不同，供应链往往由多个、多类型甚至多国企业构成，所以供应链结构模式比一般单个企业的结构模式更为复杂。

（二）以客户为中心，满足市场客户需求

供应链的形成、存在、重构都是基于一定的市场需求面发生的，这使供应链上的供需匹配成为一个持续的难题，从而导致了供应链上的客户需求和生产供应，始终存在时间差和空间分隔。通常，在实现产品销售的数周或数月之前，制造商必须先期决定生产的款式和数量。这一决策直接影响到供应链系统的生产、仓储、配送等功能的容量设定，以及相关的各种成本构成。而供应链的形成、存在、重构，都是基于一定的市场需求而发生，并且在供应链的运作过程中，客户的需求拉动是供应链中信息流、产品/服务流、资金流运作的驱动源。

（三）供应链是一个价值链与实体网络交叠的利益共同体

网络节点企业可以是这个供应链的成员，同时又是另一个供应链的成员，且每个网络节点企业还有自己的供应链，众多的供应链形成交叉结构，而每个供应链都追求运作

高效率与低成本，力求达到整体利益最大化，这增加了协调管理的难度。

（四）层次性

各企业在供应链中的地位不同，其作用也各不相同。按照企业在供应链中地位的重要性不同，各节点企业可以分为核心主体企业、非核心主体企业和非主体企业。主体企业一般是行业中实力较强的企业，它拥有决定性资源，在供应链管理中起主导作用，它的进入和退出直接影响供应链的存在状态。主体企业也是供应链业务运作的关键，不仅推动整个供应链运作，为客户提供最大化的附加值，而且能够帮助供应链上的其他企业参与到新的市场中。

（五）创新性

供应链夸大了原有的单个企业的物流渠道，充分考虑了供应链整个物流过程以及影响此过程的各个环节和因素。供应链向着物流、商流、信息流、资金流各个方向同时发展，形成了一套相对独立而完整的体系，因而具有创新性。

三、供应链管理的内涵

（一）供应链管理定义

供应链的概念比传统的物流链与市场链结合理念更为丰富，突破了企业边界。从企业能力拓展的新视角出发，并从整条供应链的角度考虑企业产品的竞争力，把供应链从运营策略提高到战略管理层次，能够支持和驱动企业战略执行。供应链管理也成为企业最为重要的管理工具。

英国克兰菲尔德大学马丁·克里斯多夫认为，供应链管理是从供应链整体出发，管理上游供应商和下游客户，以更低的成本传递给客户更多的价值[1]。在全球供应链界较有影响的美国供应链管理专业协会的定义是，供应链管理包括对涉及寻源采购、转换及所有物流管理活动的计划与管理。重要的是，它还包括与供应商、中间商、第三方服务提供商及客户等渠道伙伴的协调与合作。从本质上讲，供应链管理整合了企业内及企业间的供应与需求管理。

2001年，我国制定了《中华人民共和国国家标准：物流术语》(GB/T 18354—2001)，其中给出了供应链管理的定义：利用计算机网络技术全面规划供应链中的商流、物流、信息流、资金流等并进行计划、组织、协调与控制。在世界上可能仅有我国以国家标准的方式给出了供应链管理的定义，反映了我国学术界和企业界对供应链管理概念的接纳和认识上的统一。

综合上述，供应链管理是对供应链的管理，即对供应链上所有企业的采购、生产、销售环节的商流、物流、信息流、资金流活动进行的协调、整合、优化和控制等，因此存在着供应链商流、供应链物流、供应链信息流和供应链资金流。

（二）供应链管理功能

供应链管理是在企业管理的基础上进行的，供应链管理的主要功能是跨企业的管理。

---

[1] 克里斯多夫. 物流与供应链管理[M]. 何明珂, 译. 5版. 北京：电子工业出版社, 2019.

供应链管理的主要目的是解决上下游单个企业自身无法解决的企业之间的合作、协同、共享问题，主要功能包括以下内容。

（1）制定供应链战略，包括供应链产品或服务定位、供应商管理、运营模式、资源配置、区域发展等方面的战略。

（2）确立供应链企业定位，包括上下游定位（反映业务分工和供求关系）、主次定位（反映核心、配套及第三方属性）、层级定位（反映服务的企业层次和范围）、区域定位（反映国别及区域属性）等。

（3）优化供应链配置，包括对供应链采购、生产、销售环节的商流、物流、信息流、资金流活动所需的网络、库存、接口、流程、设施设备、人员、资金、信息等供应链运营要素进行规划、合并、共享、协同、重组、外包等优化配置。

（4）协调供应链运营，包括运营过程监控、协调调度、绩效控制、风险管控、应急处置等。

（三）供应链与产业链、价值链的关系

供应链与产业链、价值链的关系如图1-1所示：供应链连接供给侧和需求侧，横跨产业链；产品或服务沿着供应链方向不断增值，形成价值链。

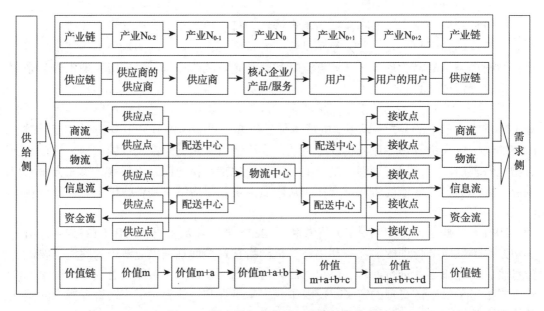

图1-1 供应链与产业链、价值链的关系

中国物流与采购联合会副会长蔡进认为，供应链是魂，产业链是根，价值链是本，供应链管理的地位介于企业管理（微观）和产业管理（中观）之间，供应链管理是产业发展和价值链实现的灵魂。党的十八大以来，我国推行供给侧结构性改革，实施"三去一降一补"的产业政策，旨在推动产业结构从价值链低端转型升级到中高端，促进经济社会发展新旧动能转换。供应链管理作为新动能，在新旧动能转换中起着核心作用。

四、供应链管理的新特征

以供应链为单位进行管理是对传统的以企业为单位进行管理的一次革命,供应链管理将在未来几十年或者更长时间内带来发展方式的变革,真正成为经济社会发展的新动能。随着供应链管理的兴起,学者们一直在研究供应链管理与一般企业管理表现出来的不同特征。[①]进入 21 世纪以来,供应链管理环境发生重大变化,供应链管理也表现出新特征。

(一)整合与优化并举

供应链管理兴起后,人们认识到企业以供应链为单位配置资源可以降低成本,增强韧性,提高竞争力。在竞争激烈的市场上,企业自觉不自觉地都要加入供应链,不加入任何供应链的企业不可能持续生存,即使企业不主动加入供应链,也不得不被动加入。因为企业只要有客户和供应商就自然形成了供应链。供应链管理兴起后,认识到供应链重要性的企业都会主动加入供应链。加入供应链后,多个以前自成体系的外部企业变成一个供应链系统的内部成员,这时,在供应链系统内部可进行资源、流程的整合和优化。[②]

整合的目的是打破企业边界,从供应链整体角度合理使用供应链所有运营环节、所有功能性活动所需的所有资源、流程等;采取的形式包括共享、共用、合并、兼并等。优化的目的也是打破企业边界,从供应链整体角度合理规划供应链所有运营环节、所有功能性活动所需的所有资源、流程等[③];采取的形式包括简化、协同、调整、重组等。整合与优化各有侧重,两者结合,可以提高供应链资源使用效率,降低成本。而且供应链的整合和优化要动态持续进行,不能一劳永逸。只要供应链上下游企业或资源产生变动,就要及时重新进行整合和优化。因此,跨国公司都将供应链管理部门作为常设机构。

(二)专业化与一体化结合

市场竞争迫使企业实行专业化,竞争越激烈,专业化程度就越高。因为只有更加专业化的企业所提供的更加专业化的产品或服务才会受到合作伙伴的青睐。在采购、生产、销售等所有环节及商流、物流、信息流、资金流等所有活动中都需要专业化。将专业化的公司按照供给与需求关系整合在一起,再对其资源与流程进行优化,就形成了一体化的供应链。这个由专业化的公司组成的一体化的供应链的资源可以得到更好的利用,竞争力就可以得到提升,因而加入供应链、构建供应链、优化供应链、实施供应链管理,便成为企业提升竞争力的必要途径。一体化或整合是要在供应链的旗帜下发挥供应链生态中各类企业的专业优势、整合资源、优化配置、合作共赢、共同成长。

(三)供应链平台融入供应链生态

对于复杂的供应链系统,如汽车、飞机、高铁、工程机械等大型装配型产品的供应

[①] 何明珂,王文举. 现代供应链发展的国际镜鉴与中国策略[J]. 改革,2018,(1):22-35.

[②] 孙新波,钱雨,张明超,等. 大数据驱动企业供应链敏捷性的实现机理研究[J]. 管理世界,2019,35(9):133-151,200.

[③] 李飞,徐陶然. 零售便利化的演进轨迹及规律研究——基于新中国成立 70 年来的历史考察[J]. 北京工商大学学报(社会科学版),2020,35(1):1-11.

链，其核心企业及上下游企业形成的主供应链所拥有的配套供应商一般有 3~7 个甚至更多的层次（主供应链的直接配套供应商为第一层，依次类推）和级别（指配套供应商的辐射范围，如当地、跨区域、全国、全球等）。每个层级的每个配套供应商都有以自己为核心的供应链，其中还衍生出为配套供应商提供产品或服务的各种形式，不同层级的第三方服务平台（电商平台、第三方物流平台、第三方信息平台、第三方金融服务机构等），这些不同层级的平台服务，一定层级的配套供应商。上述复杂的供应链企业形成纵横交错的网状供应链体系（图 1-2）。

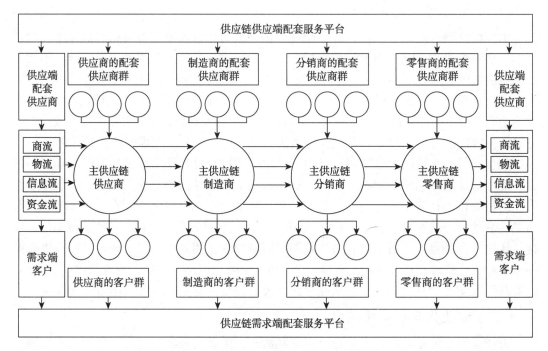

图 1-2　网状供应链体系

（四）从供应链管理向供应链治理扩展

过去 20 年来，我国企业实施供应链管理取得了巨大成效，不仅出现了大量专业化的供应链公司，而且本土成长起来的许多领先的传统公司及新兴公司都设立了供应链管理职能部门，其供应链管理水平已与国际接轨。这些公司包括：大型国有企业，如国家电网、中石油、中石化、中国建工、上汽集团等；外向型企业，如华为、海尔、联想、美的、TCL、比亚迪、吉利等；互联网公司，如京东、阿里巴巴、腾讯、百度等；物流公司，如京东物流、中国邮政、顺丰等。处于日趋激烈竞争环境的企业的供应链管理水平还将不断提升。更令人关注的是，党的十八大以来，企业层面广泛推行的供应链管理正在影响着中央政策。中央政府已经认识到供应链管理所带来的巨大潜力，并开始利用供应链管理思维来进行国内供应链治理，同时积极参与全球供应链治理，这是政府治理的一个重大进步。2017 年 8 月，中华人民共和国商务部办公厅、财政部办公厅联合印发《关于开展供应链体系建设工作的通知》，在全国 17 个重点城市开展供应链体系建设试点。

2017年10月，国务院办公厅发布《关于积极推进供应链创新与应用的指导意见》，系统部署了中国供应链创新与应用试点工作。这是中央政府第一次把供应链纳入国家决策视野，标志着我国进入供应链治理时代。

（五）供应链管理技术快速升级

供应链管理技术快速升级。供应链管理兴起后，我国先后出现新的跨企业的生产及销售组织和管理模式，如大规模定制、智慧工厂、电子商务、新零售等，创造了新的供应链生态，配合组织和模式创新，信息和通信技术（information and communication technology，ICT）得到普遍应用。

20世纪80年代到21世纪初，应用的ICT主要包括条形码、互联网、EDI、POS银联支付系统（EPOS）、高效消费者回应（efficient customer responses，ECR）、QR码、ERP、JIT、配送需求计划（distribution requirement planning，DRP）、射频识别（radio frequency identification，RFID）、全球定位系统（global positioning system，GPS）、仓库管理系统（warehouse management system，WMS）、运输管理系统（transportation management system，TMS）等技术，以解决供应链信息化问题，如供应链信息孤岛、信息标准不统一、信息透明性差、过程不可监控、结果不可追溯等。

2000年以来，供应链技术进一步发展，主要采用物联网、大数据、云计算、软件即服务（software as a service，SaaS）、平台即服务（platform as a service，PaaS）、基础设施即服务（infrastructure as a service，IaaS）等技术，解决供应链全过程全要素实时的信息识别、传输、存储、分析、利用问题，并基于ICT大力挖掘数据价值，促进了跨企业资源及流程的整合、调度与优化。[1]

2012年以来，无人化（无人机、无人车、无人港、无人配送中心、无人商店、无人工厂等）、第五代移动通信技术（5th-generation mobile communication technology，5G）、区块链、人工智能等技术的加速产业化应用，使我国采购、分销、零售领域的供应链技术水平跃上了新台阶，有的已经成为国际领先技术。经过20年的发展，中国的供应链技术应用，特别是ICT的应用，覆盖了采购、生产、销售等各个环节的商流、物流、信息流、资金流等各种功能性活动，以及各个层级的供应链平台和供应链生态，提高了供应链的透明度、协同度、整合度和智能化水平，促进了许多产业智慧供应链的发展。智慧供应链将会成为引领中国经济发展的新动能。

（六）供应链管理的数字化转型[2]

在供应链管理技术快速升级的驱动下，供应链管理开始向动态、互联、实时共享的形态转变。数字化供应链管理是以核心企业为中心的应用平台，通过与企业内外部的各种信息化系统和平台对接，实现数据的实时获取和分享，并最大化利用数据，配以相应的业务处理，实现供应链管理的业财税一体化，以提升企业的绩效，最大程度地降低经

---

[1] 孙新波，钱雨，张明超，等. 大数据驱动企业供应链敏捷性的实现机理研究[J]. 管理世界，2019，35(9)：133-151，200.
[2] 许龙英，陈晓丹. 供应链管理的数字化转型[J]. 信息记录材料，2020，21(1)：181-183.

营风险。数字化转型以技术推动业务的变革。比如，国内许多知名制造企业在数字化建设方面就起了领头羊的作用。

海尔公司，2016开始使用卡奥斯（COSMOPlat）打通从消费者到供应商、从需求终端到供应终端的沟通平台，通过物联网、大数据技术的应用，实现质量信息、订单信息、设备信息等互联可视及数据共享，打造线上线下相结合的精准、高效、零风险的采购价值交互平台。

蓝月亮公司，2017年开始搭建数字化管理体系，实现从上游供应商、生产商、渠道到终端消费者的闭环管理，利用人工智能（artificial intelligence，AI）进行消费者画像，利用大数据分析采购和促销时机。

立白集团，2017年开始建设数据中台、实施供应商关系管理（supplier relationship management，SRM）系统，并将ERP、新产品开发（new product development，NPD）、先进规划与排程系统（advanced planning and scheduling，APS）、（quality management system，QMS）、WMS等系统与SRM系统对接，实现从产品设计、生产计划、物料采购、质量管理、库存管理到财务管理供应链管理全流程的贯通和数据共享。

五、供应链管理的目标

供应链管理的短期目标为提高产能、减少库存、降低成本及减低产品销售循环所需时间，而其长期目标主要为提高顾客满意度、市场占有率及公司收益。供应链管理的终极目标是核心竞争能力，运用的主要策略是以"客户服务"为中心。客户服务通过企业所处供应链的一体化管理和信息流、物流、资金流的协调来保障。

为了实现供应链管理的目标应该树立优秀的供应链管理理念。

（1）供应链管理是采用集成的理念和方法，从供应商开始，经由生产商、分销商、零售商，直到终端客户的全部流程的集成化管理模式。集成是一种创新供应链整合策略，可以集成不同的企业来提高供应链整体运行效率，确保供应链节点企业之间的合作，以达到全局最优。

（2）供应链管理并不局限于企业内部价值链的全部流程，而是拓展到供应商和分销商的价值链。生产企业要成为供应链的领导者，通过业务外包实现企业外部资源的整合，集中精力搞好企业的核心业务，培养持续的核心竞争能力。

（3）应用RFID、EDI、ERP等信息技术，构建支持供应链管理运行公共平台；避免供应链信息传递过程中的扭曲所产生的"牛鞭效应"，要围绕公共信息平台，确保信息的及时分享和集成；对整个供应链上的物流、信息流和资金流进行实时管理，最终实现最优的运行绩效。

（4）通过供应链管理的业务外包给第三方物流等现代企业运作的模式来提高供应链的效率，降低成本，实现供应链增值。

供应链管理是一个不断优化的过程。供应链管理要根据企业所处环境的变化不断地采用新的供应链管理模式，以满足客户需求为目标，选择适宜的战略合作对象，拓展外部资源，根据外部环境的变化，重新设计供应链的组成结构和业务流程。

供应链管理目标是提高供应链价值,所以供应链管理也是对供应链绩效与增值的管理。供应链的核心企业采用集约、高效的管理理念和方法,执行从供应商到客户总体过程中的信息流、资金流、物流的调度与控制职能。供应链的核心企业要利用自身领导力把供应链上的成员企业作为统一的整体来实施网络化管理,协调各个成员企业承担的功能,形成一个能对市场需求做出快速反应的、有效地满足客户需求的运作体系,实现供应链的总体成本优势和效率优势。

即测即练

自学自测　　扫描此码

第二章

供应链管理的战略问题

◆ 学习重点

（1）以供应链为主体的战略划分；
（2）供应链的竞争优势；
（3）供应链管理的战略匹配；
（4）供应链的战略定位；
（5）供应链的战略类型。

第一节　以供应链为主体的战略分析与选择

根据管理对象性质，供应链管理活动可以分为操作、战术、战略等不同的层次。其中，战略管理层反映的是全局性、趋势性决策管理；战术管理层致力于战略目标的实现方法；操作管理层则是明确并控制供应链短期内计划及业务过程。当供应链成为竞争的主体时，为了加强整条供应链的竞争力，需要整合供应链系统中设备、人力、财务等资源，协调成员企业的市场营销、融资和劳务、生产和操作、开发和研究、信息系统等，其管理范围及难度都大大增强。与此同时，需要战略层面的管理，以指导供应链具体的战术、操作性的管理活动。以供应链为主体的战略分析与选择，是指从战略层面针对影响供应链系统长期性、整体格局等问题，进行的决策管理。

根据供应链的组成结构，可将供应链战略分解为三个层面：总体层面、成员层面和职能层面。

（1）总体层面的供应链战略是从系统整体角度出发，对处于支配地位、起主导作用的系统战略性问题的决策和控制。具体涉及定义系统所能够通过其最终产品和服务来满足的顾客需求的类型、供应链定位、供应链的组织及控制流程、供应链的创新体制等。总体层面战略规划的制定和实施，需要核心企业与各节点企业协调观点，以此形成链中企业的共同目标和计划。

（2）成员层面的供应链战略是从供应商、生产商、分销商及零售商等节点企业的角度，对应于系统总体层面的战略决策，根据自身资源状况所进行的战略性问题的决策和控制。此类战略问题的特性是围绕成员所承担的供应链职能开展从属于企业层面战略性问题，成员间存在接口和协调的问题。

（3）职能层面的供应链战略是根据供应链职能所设定的战略性决策和控制。具体涉及产品、运作、市场等基础性职能战略问题，以及财务、人力、信息等支持性战略问题。

一、以供应链为主体的战略划分

（一）根据供应链容量与用户需求的关系划分

根据供应链容量与用户的需求的关系可将供应链划分为平衡供应链和倾斜供应链。一个供应链具有一定的、相对稳定的设备容量和生产能力（所有节点企业能力的综合，包括供应商、制造商、分销商、零售商等），但用户需求处于不断变化的过程中，当供应链的生产能力能与用户需求相平衡时，供应链处于平衡状态，则被称之为平衡供应链。

平衡供应链可以实现各主要职能（低采购成本、规模效益、低运输成本、产品多样化和资金运转快）之间的平滑。当市场变化加剧，造成供应链成本增加、库存增加、浪费增加等现象时，企业便不是在最优状态下运作，供应链则处于倾斜状态，称为倾斜供应链，如图2-1所示。

平衡供应链可以实现各主要职能（采购—低采购成本、生产—规模效益、分销—低运输成本、市场—产品多样化和财务—资金运转快）之间的均衡。

图2-1　平衡供应链与倾斜供应链

（二）根据供应链的主体划分

经营主体一般包括生产商、批发商、零售商和各种形式的物流服务提供商，在不同的供应链中，各种经营主体处于不同的地位，它们影响着供应链的模式和类型。根据供应链核心企业的经营主体，可以将供应链分为以生产商、批发商、零售商和以第三方物流商为主体的供应链模式。

1. 以生产商为主体的供应链

这种模式主要产生于中间商实力还比较小或生产企业的实力比较强大的情况下，其主要原因是生产企业内部资源的挖掘空间已相当小，同时企业产品的销售渠道又难以控制。在这种情况下，生产企业往往会建立自己的销售渠道或严格控制原有的渠道成员，后者就形成了生产企业为主导的供应链。这种供应链是在以生产为导向的大背景下出现的，其结构相对复杂，如图2-2所示。

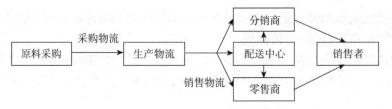

图 2-2　以生产商为主体的供应链结构

2. 以批发商为主体的供应链

批发商在供应链结构中一般执行配送功能,其供应链结构取决于产品的特征、生产商所选择的渠道、消费者的购买渠道和批发商的营销策略。如图 2-3 显示了消费品批发商的供应链结构的形式和变化。在所显示的 4 种结构中,对消费者来说最典型的是批发商—零售商—消费者结构,绝大多数批量生产的消费品都是这样到达市场的。如图 2-4 所示是工业品批发商的供应链结构。在工业品市场中,绝大多数产品都是直接从生产者手中转移到消费者手中的,批发商往往只处理供应品,替换零件和小批量项目的订货。

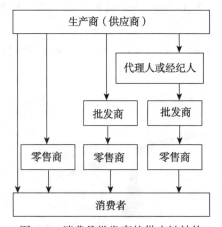

图 2-3　消费品批发商的供应链结构

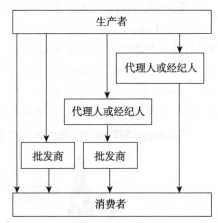

图 2-4　工业品批发商的供应链结构

3. 以零售商为主体的供应链

这种模式是在以需求为导向、产品市场从卖方市场转变为买方市场的大背景下产生的。由于消费者的力量日益强大,制造企业又远离消费者,无法及时、正确地了解消费者的需求,而零售商特别是享有强大的品牌优势的零售商,由于贴近消费者,实力强大,可以通过自己的品牌优势来建立一个以自己为中心的供应链。沃尔玛就是这种模式的典型案例,如图 2-5 所示。

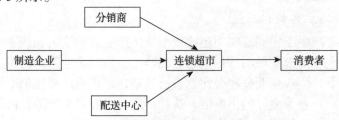

图 2-5　以零售商为主体的供应链结构

4. 以第三方物流商为主体的供应链

第三方物流（third-party logistics，3PL）企业在参与供应链管理过程中，与供应链其他成员之间的合作不断加深，而将业务延伸出物流领域，并成为对整个供应链运作质量的真正控制者。这样就形成了以 3PL 企业为主导的供应链模式，如图 2-6 所示。

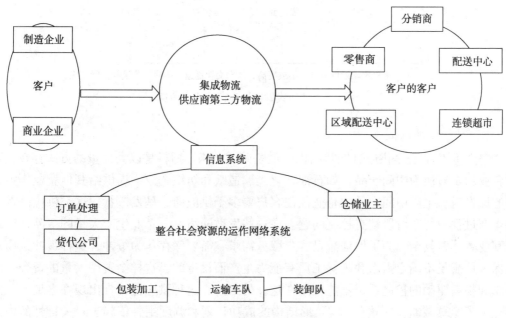

图 2-6　以第三方物流商为主体的供应链结构

（三）根据供应链驱动力的来源划分

根据供应链驱动力的来源可将供应链分为推动式和拉动式。推动式的供应链以制造商为核心，产品生产出来后从分销商逐级推向客户，分销商和零售商通常处于被动接受的地位，各企业之间的集成度较低，通常采用提高安全库存量的办法应对需求变动。因此，整个供应链上的库存量较高，对需求变动的响应能力较差。这种运作方式适用于产品或市场需求变动较小的供应链管理初期阶段。

拉动式供应链的驱动力产生于最终客户，整个供应链的集成度较高，信息交换迅速，可以有效地降低库存，并可以根据客户的需求实现定制化服务，为客户提供更大的价值。采取这种运作方式的供应链系统库存量较低，响应市场的速度快。但这种模式对供应链上的企业要求较高，对供应链运作的技术基础要求也较高。拉动式供应链适用于供大于求、客户需求不断变化的市场环境。这两种模式的示意如图 2-7 所示。

（四）根据供应链的网络结构划分

供应链以网状结构划分有发散型的供应链网（"V"形供应链）、会聚形的供应链网（"A"形供应链）和介于上述两种模式之间的供应链网（"T"形供应链）之分。

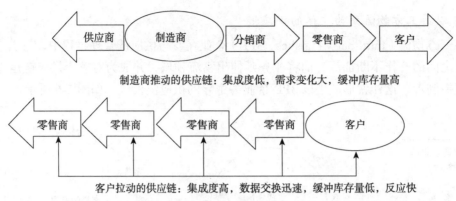

图 2-7　推动式供应链和拉动式供应链

1. "V" 形供应链

"V" 形供应链是供应链网状结构中最基础的结构。物料是以大批量的方式存在，经过企业加工转换为中间产品，如石油、化工、造纸和纺织企业，提供给其他企业作为它们的原材料。生产中间产品的企业往往客户要多于供应商，呈发散状。这类供应链在产品生产过程中每个阶段都有控制问题。在这些发散网络上，企业生产大量的多品种产品使其业务非常复杂。为了保证满足客户服务需求，需要库存作为缓冲，这种缓冲是用来确保工厂满足不确定需求和确保工厂有能力生产而设定的，这样会占用大量的资金。由订单和物料驱动的控制系统不能应用在这样的工厂，这种供应链常常出现在本地业务而不是为了全球战略。对这些 "V" 形结构的成功计划和调度主要依赖于对关键性的内部能力瓶颈的合理安排，它需要供应链成员制定统一详细的高层计划。

2. "A" 形供应链

当核心企业为供应链网络上最终用户服务时，它的业务本质上是由订单和客户驱动的。在制造组装和总装时，会遇到一个与 "V" 形结构供应链相反的问题，即为了满足相对少数的客户需求和客户订单时，需要从大量的供应商手中采购大量的物料。这是一种典型的会聚型的供应链。

3. "T" 形供应链

介于上述两种模式之间的许多企业通常结成的是 "T" 形供应链。这种情形在接近最终用户的行业中普遍存在，如医药保健品、汽车备件、电子产品、食品和饮料等行业，在那些为总装配提供零部件的公司也同样存在，如为汽车、电子器件和飞机主机厂商提供零部件的企业。这样的公司从与他们的情形相似的供应商处采购大量的物料并给大量的最终用户和合作伙伴提供构件和套件。这种 "T" 形的企业根据现存的订单确定通用件，并通过对通用件的制造标准化来减少复杂程度。这种网络将在现在和将来的供应链中面临最复杂的挑战，因为 "T" 形供应链是供应链管理中最复杂的，这类企业往往投入大量的金钱用于供应链的解决方案，需要尽可能限制提前期来稳定生产而无须保有大量库存，预测和需求管理总是此种供应链成员考虑的一个重点。

显然，与前两类结构不同的是，这种供应链多点控制因素变得很重要，如在哪里生产最好，在哪里开展促销活动，采取什么决定影响分销成本等。从控制的角度来说，按相似产品系列进行汇集的办法常常是最成功的。处理这种组织的最好方法是减少产品品种和运用先进方法，或是利用先进的计划工具来维护和加强供应链控制水平。供应链网，即形成"A"字形状。如航空工业（飞机制造）、汽车工业、重工业等企业，这些企业是受服务驱动的，精力集中放在重要装配点上的物流同步。ERP 成了这些企业进一步发展的阶梯。来自市场缩短交货期的压力迫使这些组织寻求更先进的计划系统来解决物料同步问题。这类企业拥有策略性的由需求量预测决定的公用件标准件仓库。这种结构的供应链在接受订单时考虑供应提前期并且能保证按期完成，因此关键之处在于精确地计划和分配满足该订单生产所需的物料和能力，考虑工厂真实可用的能力、所有未分配的零件和半成品、原材料和库中短缺的关键性物料，以及供应的时间等。另外，需要辨别关键性的路径。所有的供应链节点都必须在供应链系统中有同样的详细考虑，这就需要关键路径的供应链成员紧密地联系和合作。

（五）根据供应链的功能模式划分

根据供应链的功能模式（物理功能和市场中介功能）可以把供应链划分为两种：有效性供应链和反应性供应链。

（1）有效性的供应链战略强调的是在最低成本的基础上实现将原材料向零部件、半成品及成品的转化，该供应链战略适用于功能性的产品。功能性的产品的需求往往是可以实际预测的，但是其竞争大、利润较低，因而企业要不断地降低自己的生产成本来提升自身的利润。在有效性供应链战略下，生产功能性产品的企业需要不断地追求存货的最小化及生产效率的最大化。

（2）反应性的供应链战略要求企业对市场的需求能够及时做出反应，适用于创新性的产品。创新性的产品的需求往往无法预测，公众对其的需求不够稳定，因而企业需要能够及时把握市场的需求变化，调整实际的生产，与实际的市场需求保持基本同步。

二、供应链的竞争优势

战略与竞争力的研究离不开"竞争优势"这一主题。竞争优势大多以企业为主体，因为企业在财务上是独立核算的。企业的竞争优势首先体现在其标新立异的能力。企业只有自身与众不同，能为客户带来"物超所付"的价值，才能在客户眼中脱颖而出；其次，竞争优势源于比竞争对手更低的运营成本及因此获得的高利润。

（一）企业核心竞争力要素

企业在运营过程中拥有很多经营资源，如人力资源、物力资源、财务资源等。当企业比竞争对手更好地运用这些资源快速有效地完成工作时，企业就拥有了明显的竞争优势，即拥有了企业竞争能力。企业可能同时拥有多种竞争力，但它们并不都是企业的核心竞争力，只有那些最基本的，能使企业保持长期稳定的竞争优势，获得稳定超额利润的竞争力，才是企业的核心竞争力。

企业的核心竞争力包括以下几方面：企业的决策力、把握全局、审时度势的判断力、大胆突破、敢于竞争的创新力、博采众长、开拓进取的文化力、保证质量、诚实守信的亲和力。核心竞争力是群体或团队中根深蒂固的、互相弥补的一系列技能和知识的组合。企业核心竞争力就是企业长期形成的、蕴涵于企业内的、支撑企业过去、现在和未来竞争优势，并使企业在竞争环境中能够长时间取得主动的核心能力。

（1）基于企业整体和个体部门的竞争能力。企业的核心竞争力，不仅在于技术，还在于其能否将自身资源、技能、知识等进行合理高效的利用，这是一个积累性的知识，无法一蹴而就。

（2）基于企业文化的竞争能力。在企业的发展中，核心竞争力是内部一系列技术和知识的不同组合，能够渗透到多项关键业务，从而形成足以与市场其他企业竞争的文化实力。

（3）基于资源、技术的核心能力。企业在筛选资源的过程中，其内部结构和决策的差异，是决定其资源种类获取的基础，而只有与企业目标靠近的战略性资源才能够让企业积累独特的能力。此外，创新性和技术水平是现代企业之间存在差异的根本原因，是决定企业核心竞争力和绩效的根基。

（二）企业核心竞争力的特征

企业核心竞争力理念从不同的角度出发或处于不同地位都会产生不同的理解，尤其是在企业经营管理中。但是从企业实际发展中对核心竞争力的理解和解读中可看出，其主要有以下几个特征。

（1）价值特征。对内部而言，是企业核心竞争力的作用，为了帮助企业创造独特价值，提升运营效率；对市场客户而言，它能够精准定位客户需求，为客户提供需要的价值体量；对市场竞争者而言，核心竞争力是其优于对手的重要原因，对企业始终处于市场领头羊有着重要的价值意义。

（2）知识特征。在企业的组成中，知识包含两方面，即隐性知识和显性知识。具有明显特征的显性知识很容易被其他竞争者模仿，因此体现在企业经营管理中的核心竞争力理念必须是隐性且异质的，不会被其他企业模仿和替代。

（3）资产特征。企业经营管理中的核心竞争力理念，是企业的专用性资产，除了以往自身经验积累的历史依存性，还包括企业未来不断学习而形成的结果，这些对企业经营管理来说，都是其隐性资产。

（4）延展性特征。企业核心竞争力能为企业多种产品市场竞争提供支持，对企业一系列产品或服务的竞争力都有促进作用。

（三）供应链思想在增强企业核心竞争力方面的作用

供应链是围绕核心企业，通过对信息流、物流、资金流的精细控制，从采购原材料开始，制成中间产品及最终产品，最后由销售网络把产品送到消费者手中，将供应商、制造商、分销商、零售商，直到最终用户连成一个整体的、高效协作的功能网链结构。供应链根据其范围可以分为内部供应链和外部供应链。内部供应链是指企业内部产品生产和流通过程中所涉及的采购部门、生产部门、仓储部门、销售部门等组成的供需网络。

外部供应链则是指企业外部的，与企业产品生产流通过程中涉及的原材料供应商、生产厂商、储运商、零售商及最终消费者组成的供需网络。内部供应链和外部供应链共同组成了企业完整的供应链系统。

供应链管理是一种集成的管理思想和方法，就是通过信息流、物料流、资金流，将供应商、制造商、分销商、零售商，直到最终用户紧密集成到一个统一体的管理模式。供应链管理思想把企业内外资源进行整合，快速适应市场需求的变化，快速响应客户的需求，不断增强企业的核心竞争力，使企业保持长久的竞争优势。供应链思想在增强企业核心竞争力方面的作用主要体现在以下三个方面。

（1）有利于高效地优化整合企业资源。企业应运用供应链管理思想，合理调配和优化整合企业资源，最有效地发挥资源的重要作用，最终目的是在竞争中领先于竞争对手，不断提升企业核心竞争力。企业的资源一般包括内部资源和外部资源。企业首先应着重分析企业内部资源，找到自己优势和弱势，从而确定企业的关键业务，并将主要精力和资源放在企业的关键业务上，运用供应链管理思想对企业内部资源和外部的资源进行优化配置，如企业内部的供产销各环节，外部的供货商、分销商、零售商等内外资源，进行优化整合，以此不断降低各环节的运营成本、提高企业业务处理能力，最终做到快速响应客户需求，使企业的总体投入最小、产出最大，从而提升企业的核心竞争力。

（2）有利于培育企业忠诚顾客群体。现代企业的竞争就是客户的竞争。企业拥有的客户资源越多，在竞争中越有明显的竞争优势，拥有的企业核心竞争能力越强。供应链注重的就是企业的核心竞争力，把供货商、生产商、分销商、零售商紧密联结在一起，对整个供应网络进行优化管理，做到以客户为中心，最大限度地满足客户需求，全面提高服务质量。企业运用供应链管理思想，必须以顾客需求为驱动源，从顾客需求出发，快速地进行原材采购、组织生产，建立有效的分销渠道，快速地把产品交到客户手中，最大限度地实现客户的价值，从而提高自身的竞争能力。在供应链管理思想指导下，企业根据客户需求在恰当的时间安排生产，以恰当的价格和条件向客户交货。

（3）有利于显著降低成本。供应链把供货商、生产商、分销商、零售商看成一个协同整体进行统一管理和控制，供应链成员需要紧密合作，彼此之间实现信息共享，供应链成员能够随时掌握终端的销售信息和各环节的存货信息，企业根据客户需求等相关信息及时安排采购、生产等运营活动，这样就极大地减少了生产的盲目性和原材料、产成品、产品库存数量，避免库存成本浪费，从而大幅降低企业的运营成本和库存成本，显著增强企业的核心竞争力。

三、供应链环境下的业务外包

供应链管理注重的是企业核心竞争力，强调根据企业的自身特点，专门从事某一领域、某一专门业务，在某一点形成自己的核心竞争力，这必然要求企业将其他非核心竞争力业务外包给其他企业，即所谓的业务外包。

（一）业务外包的内涵

业务外包，也称资源外取，是指企业整合利用其外部最优秀的专业化资源，从而达到降低成本、提高效率、充分发挥自身核心竞争力和增强企业对环境的迅速应变能力的一种管理模式。企业为获得比单纯利用内部资源更多的竞争优势，将其非核心业务交由合作企业完成。

业务外包是近几年发展起来的一种新的经营策略，是以长期合同的形式，将企业的一部分业务交由外部业务提供者（合作伙伴）去完成，以便企业集中资源于经过仔细挑选的、少数具有竞争力的核心业务，也即把多家公司的优秀人才集中起来为我所用，其结果是使现代商业机构发生了根本的变化。

企业内向配置的核心业务与外向配置的业务紧密相连，形成一个关系网络（即供应链）。集中在那些使他们真正区别于竞争对手的技能和知识，并与这些合作伙伴保持紧密的合作关系。

（二）业务外包的原因

业务外包核心的理念是，如果供应链上的某一环节不是世界上最好的，如果这又不是我们的核心竞争优势，如果这种活动不至于与客户分开，那么可以把它外包给业内最优秀的专业公司去做。也就是说，首先确定企业的核心竞争力，并把企业内部的智能和资源集中在那些有核心竞争优势的活动上；其次将剩余的其他企业活动外包给最好的专业公司。

供应链环境下的资源配置决策是一个增值的决策过程，如果企业能以更低的成本获得比自制更高价值的资源，则企业应倾向于选择业务外包策略。促使企业实施业务外包的原因有以下几点。

（1）降低和控制成本，节约资本投入。许多外部业务提供者都拥有比企业更有效、更便宜地完成业务的技术和知识。他们可以实现规模效益，并且愿意通过这种方式获利。企业通过向它们外包业务，能够以更低的成本获得产品、零部件或服务，同时避免在设备、技术、研究开发上的巨型投资。

（2）利用企业不再拥有的资源。如果企业没有完成业务所需的资源（包括所需资金、技术、设备），并且不能盈利时，企业也会将业务外包。这是企业临时外包的原因之一，但是企业必须同时进行成本、利润分析，确认在长期情况下这种外包是否有利，并由此决定是否采取外包策略。

美国阿尔特拉（Altera）公司与英特尔（Intel）公司的合作就是通过业务外包，高效利用资源的最好例证。阿尔特拉公司是一个高密互补金属氧化物半导体器件（complementary metal oxide semiconductor，CMOS）逻辑设备的领头企业。当时它有一个新的产品设想，但是没有其中硅片的生产能力，而作为其竞争者的英特尔公司能生产。因此，它们达成一个协议：英特尔公司为阿尔特拉公司生产这种硅片，阿尔特拉公司授权英特尔公司其竞争优势，这样一来，阿尔特拉获得了英特尔公司的生产能力，而英特尔公司获得了阿尔特拉新产品的相关利益。

（3）加速重构优势的实现。企业重构需要花费企业很多的精力，并且获得效益也要很长的时间，而业务外包可以利用其他公司的生产技术，让新产品迅速进入市场，因此业务外包是企业重构的重要策略，可以帮助企业很快解决业务方面的重构问题。

例如，国际商业机器公司（International Business Machines Corporation，IBM）在20世纪90年代末就将部件分包出去制造，向销售商提供只有一个空架子的机器，让销售商在接到订单之后再进行组装。部件制造业务外包使IBM能够将主要资源和精力用于发展客户服务，形成了IBM独特的竞争优势和灵活的重构能力。

（4）分担风险，获得加速重构的效益。企业可以通过外向资源配置分散由政府、经济、市场、财务等因素产生的风险，实行业务外包的公司出现财务麻烦的可能性仅为没有实行业务外包公司的三分之一，企业本身的资源、能力是有限的，通过资源外向配置，与外部的合作伙伴分担风险，企业可以变得更有柔性，更能适应变化的外部环境。

例如，现在的汽车制造商在开发一个新车型时，往往要求供应商同步进行主要零部件的开发并承担相应的开发费用，这样既能够大大减少汽车制造商的开发投入，又能使以前漫长的新产品开发周期大大缩短，可以有效地降低汽车制造商的新产品开发风险与市场风险。

（5）剥离企业难以掌控的辅助业务。企业可以将内部运行效率不高的辅助业务职能外包，以解决企业在这方面的管理难题。例如，芬达（Fender）公司将供应链管理交由美国联合包裹运送服务公司（United Parcel Service，UPS）。芬达公司于1946年建立，对现代音乐发展的贡献波及全球并且仍在继续。芬达乐器已经在爵士、布鲁斯、乡村、摇滚等许多流行音乐风格上留下了印记。芬达公司在亚利桑那州的斯科茨代尔（Scottsdale）、田纳西州的纳什维尔（Nashville）、墨西哥的恩森纳达（Ensenada）、英国伦敦（London）、德国杜塞尔多夫（Dusseldorf）、法国巴黎（Paris）和瑞典哥森堡（Gothenburg）都设有工厂。UPS管理着芬达在世界各地的多式联运、商品的质量检查、库存管理、销售商与中间商的订单执行。这一供应链管理的好处是芬达可以更专注于其核心竞争能力。

（三）业务外包的风险

虽然业务外包能为企业带来优势，增强核心竞争能力，但是当企业进行业务外包时，必须衡量以下风险。

（1）增加企业责任外移的可能性。业务外包一般可以减少企业对业务的监控，同时可能增加企业责任外移的可能性，有时甚至丧失内部控制能力。因此，企业必须不断监控外部企业的行为并与之建立稳定长期的联系，或者选择自己来做。例如，惠普和摩托罗拉将大部分制造业务外包给合同制造商，但是不愿意将采购与设计外包。由于零部件的通用性，可以断定合同制造商能够在采购与设计资产方面达到更高水平的聚集效应，然而权力丧失的潜在损失可能更大。

（2）流程分离，减少与顾客、供应商互动。企业将其功能外包时出现的最大问题是失去对流程的控制。将第三方引入一个分离的供应链流程只会使该流程更糟糕、更难控制。第一步应该是控制该流程，接着做成本、收益分析，然后才能决定是否外包。另外，企业引进第三方后可能会失去与顾客和供应商互动。当那些向顾客直销的公司决定使用第三方来收集订单或发送产品时，与顾客接触机会的丢失尤其明显。一个著名的例子是Boise Cascade公司，它将所有的对外配送都外包给第三方，导致了明显的顾客接触缺失。Boise Cascade公司于是决定自己配送那些离配送中心较近的顾客的产品。由于配送中心周围的顾客密度很大，因此第三方可以提供的盈余增加相当小，但是自己做却增加了与顾客接触的机会，其好处是非常大的。

（3）协调成本的增加。外包时经常发生的错误是低估了执行供应链任务的多个实体间的协调成本。公司计划将供应链的各种功能外包给不同的第三方是很正确的。如果公司认为协调是它的核心优势之一，那么将功能外包给多个第三方是可行的（也可能是非常有效的）。思科公司（Cisco Systems）就是一个优秀的协调者。但是，思科公司在21世纪初期也曾陷入困境，由于协调问题带来了大量剩余的库存。2000年，耐克（NIKE）与I2 Technologies公司之间出现了协调问题。耐克责怪I2公司提供的供应链计划软件致使它在库存管理上损失了1亿美元。而I2公司却责怪耐克在软件的执行方面出现了问题。显然，两家公司之间的失调导致了合作的失败。

（4）泄露敏感数据和信息。业务外包需要企业与外部合作企业共享需求信息，有时还要共享知识产权。如果合作企业同时服务于其他竞争者，那么总会有泄露敏感数据和信息的危险。企业通常执意要求合作企业建造防火墙，但是防火墙增加了资产的专用性，限制了合作企业提供的盈余的增加。当泄露成为一个问题时，尤其对于知识产权而言，企业通常选择自己执行此项功能。

（四）外包业务的选择

（1）生产业务外包。在竞争日益激烈和多变的市场中，企业为了降低成本，常常将生产业务外包到劳动力水平较低的国家。目前越来越多拥有名牌产品或商标的企业不再拥有自己的生产厂房和设备，不再在生产过程中扮演过多的角色。

例如，著名的计算机网络公司思科公司现在没有任何生产能力，其产品均由东南亚的制造商完成；著名的运动鞋制造商耐克公司也不设工厂，所有产品的生产由分散在世界各地的40多家合同制造商来完成然后贴上耐克的商标即可。

（2）物流业务外包。物流外包不仅仅降低了企业的整体运作成本，更重要的是使买卖过程摆脱了物流过程的束缚。企业摆脱了现存操作系统和操作能力的束缚，使供应链能够在一夜之间提供前所未有的服务。现在许多公司开始将自己的货物或产品的存储和配送外包给专业性的货物配送公司来完成。

例如，惠普公司在美国的11家工厂原来各自除了自己的进货和产品的存储及分配工作，供应路线混乱，协调复杂，经常造成运输车辆空驶，效率低下。1993年惠普将上述业务外包给专业从事货物配送的赖德综合物流服务公司，精简了自己的仓库和卡车运输业务。赖德综合物流服务公司把工厂的物流工作统一起来，结果在1994年惠普公司原材料运送到仓库所需的费用就比过去减少了10%以上。由于降低成本的效果显著，外包仓储配送近年来在制造企业中也成为一种时尚，整个物流服务行业也因需求渐旺而得到发展。

（3）研究与开发外包。虽然研究与开发（R&D）是企业的核心业务，但也成为外包的对象。许多企业在设有自己的研发部门和保持相当的研发力量的前提下，为了弥补自己开发能力的不足，有选择地和相关研究院所、大专院校建立合作关系。将重大技术项目"外包"给他们攻关。另外，企业也可以到科研机构购买先进的但尚未产业化的技术。

例如，美国微波通信公司（Microwave Communications Inc.，MCI）认识到自己不可能总是站在整个技术的前沿，也不可能把最好的天才都吸引到自己麾下。然而，MCI 已经建立起众多的外部关系并且从中确定了技术最好的一个，使 MCI 从技术外包中获得的开发项目 20 多倍于本机构的开发项目。

（4）信息服务外包。以前，各公司都是自己设计网络、购置硬件和软件，然后再由各供应商分别提供服务，将这些东西拼凑起来。由于这项业务专业性强，技术要求高，所以实施起来难度大，且很难达到先进、合理的要求，成本也是比较高的。

随着互联网的逐步普及，大量的基于网络的解决方案不断涌现，这使远程的应用方案成为可能。因此，许多企业已经普遍将信息系统业务外包给应用服务商（application server provider，ASP），由其管理并提供用户所需要的信息服务。

例如，1988 年，柯达公司宣布将其所有的信息系统职能外包给 IBM 和美国数字设备公司（Digital Equipment Corporation，DEC）等公司，自此以后许多大公司纷纷效仿，信息系统业务外包在国际上蔚然成风，各大系统解决方案供应商也针对这种需求提供这方面的服务。

（5）脑力资源外包。雇用外界的人力主要是脑力资源，解决本部门解决不了或解决不好的问题。脑力资源外包内容主要有：互联网咨询、信息管理、ERP 系统实施应用、管理咨询等。

（6）应用服务外包。许多企业已经普遍将信息系统业务，在规定的服务水平基础上外包给应用服务商，由其管理并提供用户所需要的信息服务。

（7）全球范围的业务外包。在全球范围内对原材料、零部件的配置正成为企业国际化进程中获得竞争优势的一种重要技术手段。全球业务外包也有它的复杂性、风险和挑战。国际运输方面可能遇到地区方面的限制，订单和再订货可能遇到配额的限制，汇率变动及货币的不同也会影响付款的正常运作。

第二节　供应链管理的战略匹配

在供应链上建立联盟最根本的原因是为了更好地服务于最终客户。如果供应链上各个成员有互不相同的竞争战略，可能形成冲突，从而不能很好地服务于最终客户；相反，如果能有一系列共同的竞争战略标准指导着供应链的各个环节，那么该供应链在市场上会处于更有利的地位。

一、供应链战略与企业战略匹配

关于供应链战略与企业战略，存在着比较难以界定的关系。谁的范围更大，是供应链战略服从于企业的竞争战略，还是企业战略是供应链战略的一部分，目前尚没有人明确地探讨这个问题。如果从广义上将供应链看作一个由多个企业构成的联合组织实体，那么供应链战略是包含企业战略的。但一个企业往往参与多条供应链，如果从狭义的角度将供应链理解成流程，那么不能认为企业战略是供应链战略的一部分，因为它们不处于同一个层面。各个企业都存在自己的竞争战略,很难使各个企业的战略保持一致并形成一个统一供应链战略,除非这些企业都只参与这一条供应链,并愿意长久保持下去。因此,如何在不同的企业竞争战略下,形成一个共有的供应链战略?理解了这个问题就明确了企业战略与供应链战略之间的关系。既然多个企业构建成了一条供应链,说明他们存在共同的利益,即分享供应链的利润。这样在供应链构建和运作中,各节点企业形成了一个共同的目标,而供应链战略是服务于这个共同目标的,是基于该共同目标构建起来的。

任何一条供应链要想战胜其竞争对手,其供应链战略与企业的竞争战略必须实现相互匹配。战略匹配即供应链战略旨在建立的供应链能力与共同目标之间相互协调一致。当企业的竞争战略,尤其是核心企业的战略在根据竞争格局变化发生调整时,所构建的共同目标也必然随之改变,这时要求供应链战略也作出相应的改变,以维持战略匹配。

事实上,由于涉及供应链上的很多企业,供应链战略的实施是非常复杂的。从定义上讲,一个供应链将贯穿多个企业的部门,影响到多个企业内部若干个职责领域。这就需要各企业的相关职能部门必须合理组织其流程与资源分配,以便成功实施供应链战略。建立共同目标是较好的方法,能够推动所有的供应链参与者,共同制定供应链战略。为了使这种参与更具有建设性,必须就该供应链战略对终端顾客及参与者各方产生什么样的影响达成共识。这常常需要充分理解顾客服务价值,以及供应链财务绩效,形成这种所有供应链参与者广泛认同的价值需要持续的努力。要实现全面的战略匹配,必须考虑供应链中的所有职能战略,并确保供应链中的所有职能战略彼此相互协调。所有职能战略必须支持共同目标,供应链中的所有次级战略,如生产战略、库存战略、采购战略,必须与供应链的战略相一致。

二、供应链战略与竞争战略匹配

任何一家企业要想获得成功,其供应链战略和竞争战略一定要保持相互匹配。战略匹配意味着竞争战略和供应链战略要有共同目标。所谓共同目标是指竞争战略所要满足的顾客至上理念和供应链战略旨在建立的供应链能力之间的协同性与一致性。

价值链中的各个流程和功能是不可分割的整体,没有任何单个流程和功能可以决定企业的成功,相反任何一个流程和功能出现问题都将导致整条供应链的失败。企业的成败与以下几个因素紧密相连:一是竞争战略要和所有的职能战略相互匹配以形成协调统一的总体战略。任何一个职能战略必须支持其他的职能战略,帮助企业实现竞争战略目标。不同职能部门必须合适地配置本部门的流程及资源以能够成功执行这些战略。二是整体供应链战略的设计和各阶段的作用必须协调一致,以支持整体供应链战略。供应链管理的首要任务是将供应链设计和其他所有核心职能战略与总体的竞争战略协调一致进而达到战略匹配。

以戴尔股份有限公司(Dell. Inc.)(以下简称戴尔)为例,戴尔的竞争战略是以合理价位提供多种定制化的产品,它的客户可从数千种计算机配置中进行选择,关于供应链战略,计算机制造商可以采用高效的供应链,专注于生产低成本计算机的能力,减少品种以利用规模经济；也可以采用高柔性、高响应性的供应链，生产多品种的产品。比较而言，强调柔性和响应性的供应链战略与戴尔所提供多品种的个性化产品的竞争战略有着更好的战略匹配。这种匹配的观念同样也可以延伸到戴尔的其他职能战略。比如，戴尔新产品开发战略强调应该设计出更容易个性化的产品，这可能包括设计不同产品通用的平台及采用通用的零部件。戴尔的产品使用通用的零部件而且设计能够快速组装，这一特性使戴尔可以针对客户订单快速组装出个性化的产品。戴尔的新产品设计支持了针对客户订单快速组装出个性化计算机这一供应链能力，反过来，这能力支持了戴尔向客户提供个性化产品的战略目标。戴尔明显地在其不同职能战略和竞争战略之间赢得了强大的战略匹配。这种匹配观念仍然可以延伸到戴尔供应链的其他环节。如果戴尔提供程度很高的个性化配制而同时要保持低库存运作，供应商和运输公司的响应性就至关重要。比如，运输公司有能力把戴尔的计算机和索尼的显示器快速组合在一起，戴尔公司就不用持有索尼显示器的库存。戴尔公司也正在努力达成供应链上各种能力的一致性。

如果缺乏战略匹配或其整体供应链的设计、流程和资源没有能力支持所期望的战略，企业将很可能因此导致失败。如果不能达到这种协调一致，公司中不同的职能目标间就会产生冲突，供应链不同环节的目标间也会产生冲突。这种冲突导致公司的不同职能之间及供应链的不同环节之间对顾客需求的优先顺序的定位不一致。而这种公司内部或者供应链上的冲突又进一步导致供应链运作上的冲突。例如，营销部门正宣传能够快速地供应很多不同产品，与此同时，分销部门正把采用最低成本的运输方式作为目标。那么这种情况下，极有可能分销部门会因为节约运输成本，把多个订单组合起来运输或者用相对便宜但比较慢的运输方式，而延误订单。这个行为就与营销部门宣称的快速提供不同货品的目标相冲突。与此相类似，一个零售商决定提供高水准的产品多样性，同时还要保持低库存，但是它选择供货商和运输公司的基础是低价格而不是响应性。在这种情况下，零售商的最终结果可能就是使顾客不满，因为它的产品供应能力很差。

三、赢得战略匹配的步骤

企业要赢得竞争战略与供应链战略之间的匹配，必须确保其供应链能力能够支持企业满足目标客户群的能力。具体可按以下步骤来实现。

（一）理解顾客需求的不确定性

理解顾客必须首先甄别所服务的顾客群的需求。通过比较日本 7-11 便利店和沃尔玛的山姆会员店来分析顾客的需求。顾客走进日本 7-11 便利店买洗涤用品，是因为店就在附近，很方便，而不一定要找最低价的产品，顾客需要的是便利；相反，山姆会员店的低廉价格对顾客十分重要，顾客因此就可以忍受品种少，并且买大包装产品，甚至愿意花费时间获得低价格。

通常不同顾客群的需求表现出以下几种不同属性：①每次购买需要的产品数量：订购修理生产线的材料的紧急订单可能会很小，而新建一条生产线的材料的订单会很大；②顾客愿意等待的响应时间：紧急订单所允许的响应时间会很短，而建筑物料订单所允许的响应时间较长；③需要的产品品种：顾客通常会为紧急维修订购的产品支付给单个供应商更高的定金，而对建筑物料的订单则不会；④所需的服务水平：下紧急订单的顾客期望得到高水平的产品可获性，如果订单里的所有零件不是马上就能全买到，这个顾客可能另寻卖家，这种情况通常不会发生在建筑物料订单上，因为它多半有较长的供货提前期；⑤产品的价格：下紧急订单的顾客对价格的敏感度很有可能没有下建筑物料订单的顾客那么高；⑥产品预期创新速度：高端百货店的顾客期望商店的服装能有许多创新和新的款式，而沃尔玛的顾客对新产品创新没那么敏感。

每个顾客的需求可以转变成为潜在的需求不确定性。潜在需求的不确定性就是指要求供应链满足的需求部分存在的不确定性。

另外，不同类型的产品，顾客的需求特征是不同的。功能性产品一般用于满足用户的基本需求，变化很少，具有稳定的、可预测的需求和较长的寿命周期，但它们的边际利润往往较低，因此为了避免低边际利润，许多企业在式样或技术上革新以寻求消费者的购买，从而获得高的边际利润，这种创新性产品的需求一般不可预测，寿命周期也较短，具有高潜在需求不确定性。如图 2-8 所示，根据产品的功能与需求特征，我们可以创建一个产品的潜在需求不确定性连续带不同的产品会落在该图中的不同位置。

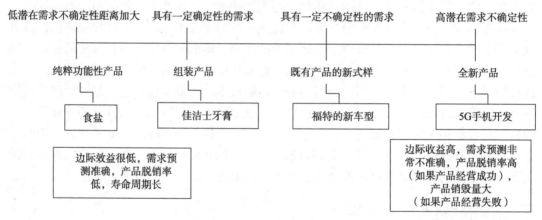

图 2-8　产品潜在需求不确定性连续图谱

（二）理解供应链能力

供应链主要有两类功能，即物理功能和市场中介功能。这两种功能影响其响应性及效率。物理功能是指供应链能以最低的成本将原材料加工成零部件、半成品、产品，并将它们从供应链的一个节点运到另一个节点。市场中介功能是指供应链能对市场需求做出迅速反应，确保以合适的产品在合适的地点和时间来满足顾客的需求。

这些能力与引发高潜在不确定性的需求和供应的许多特征类似。一个供应链具备这些能力越多，其响应性越强。比如，要想对大幅度变动的需求量做出响应，必须提高生产能力，这将不可避免地增加成本，降低效率。因此，每个旨在增加响应性的战略选择都会产生额外成本，降低效率。

如图 2-9 所示的成本—响应性效率边界曲线，是在特定的响应性下对应的最低可能成本。最低成本的界定是以现有技术为基础的，并非所有企业都能在效率边界上经营。

效率边界代表的是最理想的供应链的成本—响应性的运行。不在效率边界上的企业可以通过优化管理、改进技术等手段向效率边界移动，提高其响应性和改善成本运营。相反，在效率边界上的企业只能通过增加成本或降低效率来提高响应性。这样的企业必须在效率与响应性间做出权衡取舍。当然，效率边界上的企业也在不断改善工艺，改造技术，并以此来推动并优化本身的效率边界。如果给定了成本与响应性之间的平衡，任何一个供应链的关键战略选择就是确定其要提供的响应性水平。

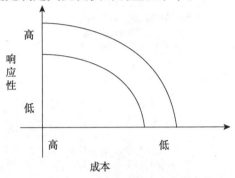

图 2-9　成本—响应性效率边界曲线

从强调响应能力的供应链到以最低成本进行生产和供货为中心的效率型供应链。图 2-10 显示了响应性连续带和各种类别供应链在连续带上的位置。构成响应性的不同供应链能力种类越多，供应链的响应性就越强。例如，日本 7-11 商店上午补充早餐产品，下午补充午餐产品，晚上补充晚餐产品，其结果是所供应的产品花色品种在不到一天的时间内就产生变化。7-11 商店对订单的响应速度极快，门店经理发出的补货订单在 12 小时内就能收到供货。这种惯例使其供应链具有高响应性。相反，高效率的供应链通过降低部分响应性来降低成本。比如，山姆会员店销售大包装产品，品种有限。这样的供应链能够做到低成本，并且将供应链重点聚焦在高效率上。

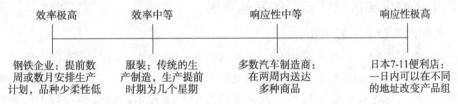

图 2-10　供应链能力图谱

（三）获取战略匹配

在准确理解顾客的不确定性后，不同种类供应链在响应性能力的基础上，赢得战略匹配的最后一个步骤就是要确保供应链响应性的程度与不确定性保持协调一致。目标就是给面临着高不确定性的供应链设定高响应性，而给那些面临低不确定性的供应链设定高效率。如图 2-11 战略匹配区域所示。

比如，戴尔的竞争战略锁定这样的客户，他们比较重视能在几天内收到个性化配置的计算机。考虑到计算机的品种繁多，创新水平高，交货迅速，戴尔的客户需求可以定性为需求不确定性高。同时也存在某些供应不确定性，尤其是对于那些最新推出的配件而言。戴尔可以选择设计高效率的供应链，也可以选择设计高响应性的供应链。高效率的供应链可以采用速度慢、价格低廉的运输方式和生产制造的规模经济。如果戴尔做出这种选择，它将难以满足客户对快速交货和众多定制产品的渴望。但是通过建立一个高响应性的供应链，戴尔能够满足客户需求。综上所述，高响应性的供应链战略最适合满足公司目标客户的需求。

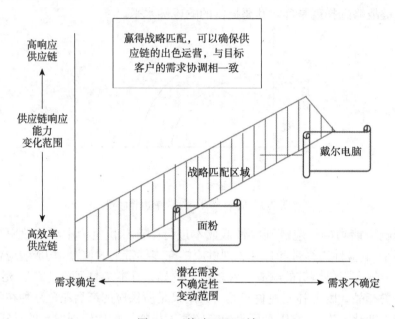

图 2-11　战略匹配区域

可见，顾客潜在不确定性的增加，可以通过增强供应链的响应性来适应。企业要获得高水平绩效，应该沿着战略匹配区域调整其竞争战略和供应链战略。

（四）影响供应链战略匹配的其他要素

1. 多种产品和多个客户群

大多数企业都生产多种产品销售给多个客户群，每个客户群都有不同的特征。一家百货商店会销售具有高需求不确定性的季节性商品，如滑雪衫，同时还销售很多低需求不确定性的产品，如标准男士衬衫。这两种情况的需求在不确定性连续带上所处的位置不同。当为这些情况制定供应链战略时，关键问题是要设计一个可以根据已有的产品组合、客户群组合及供货来源组合来平衡其效率和响应性的供应链。

企业有许多可供选择的途径来获得这样的平衡，其中之一是为每种不同的产品和不同的客户群建立独立的供应链。这种战略只有在每个客户群的规模都大到足以支持一个单独的供应链的情况下才可行。然而这种战略却不能利用公司的不同产品中通常存在的任何规模经济优势。因此，更合理的战略是将供应链"剪裁"为最能满足每种商品的需求的形式。

剪裁式供应链需要某些产品共享供应链上的某些环节，而在其他环节分离运行。共享这些环节的目的是要在赢取可能最大效率的同时，也为每个客户群提供适当水平的响应性。比如，一家工厂的所有产品可以在一条生产线上生产，但是需要高响应性的产品可以用快速的方法运输，如联邦快递，而那些不需要高响应性的产品可以采用较慢但成本较低的方式发送，如卡车、火车，甚至轮船。再比如，需要高响应性的产品可以采用灵活的生产工艺，而那些不需要高响应性的产品可以采用低响应性但是高效率的工艺，这两种情况所采用的运输方式可以相同。还可能的情形是某些产品存储于离客户比较近的区域仓库，而其他产品集中存储于远离客户的仓库。适当的剪裁式供应链使公司赢得不同水平的响应性，而总成本降低。

2. 产品生命周期

随着产品的生命周期而改变，需求和供给特点也随着产品和生产技术的成熟而改变。所以要达到战略匹配，供应链战略就必须随着产品进入不同的阶段而发展。

产品在生命周期的初始阶段的特征是：需求非常不确定，供应不可预测，边际收益通常很高。就赢取销售量而言，时间至关重要；就占领市场而言，产品可获性至关重要。其次要考虑成本，如一家制药公司推出一种新药，最初的需求非常不确定，边际收益非常高，产品可获性是获取市场份额的关键。产品在生命周期的导入期，因为需求不确定性高，对产品可获性水平要求也高，所以其对应的是高潜在不确定性。在这种情况下，快速响应性成为供应链最重要的特征。

在产品生命周期的后期，当其成为日常产品时，需求特征和供应特征都有所改变。在此阶段，会出现以下显著状况：需求变得更加确定，供应可预测；由于竞争压力加大，边际收益降低；价格成为顾客做出选择的重要因素。比如，制药公司，随着专利保护到期，同类药品的推出，这些变化就会发生。在这个阶段，药品的需求稳定而边际收益萎缩，顾客根据价格在许多对象中做出选择，制药技术发展成熟，供应可预测。这阶段对应的隐含不确定性低，因此，供应链需要改变。在这种情况下，效率成为供应链最重要的特征。上述讨论说明了当产品趋于成熟时，总的来说，对应的供应链战略要从高响应性移向高效率，在生命周期内需求和供应特征会发生变化，供应链必须随产品生命周期变化，这样才会继续赢得战略匹配。如图 2-12 所示。

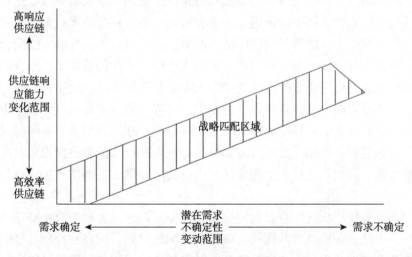

图 2-12　产品生命周期中战略匹配区域

3. 全球化及竞争随时间的变化

在匹配供应链战略和竞争战略时,需要考虑的最后一个维度是竞争者策略的变化,这种变化源自市场的变化,或全球化程度的提高。像产品生命周期一样,竞争者也可以改变市场格局,这就需要公司的竞争战略做出改变。例如,20世纪最后十年间,许多行业中大量定制的生产模式都在增加。随着竞争者的多样性产品涌入市场,消费者变得习惯于满足自己独特的需要。因此,当今的竞争焦点是以合理的价格生产出足够多的品种。随着更多的企业所提供产品更加多样化,供应链就被迫要增强其支持更多产品种类的能力。另一个巨大的变化是产品全球供应的增加,如中国产的皮质躺椅在沃尔玛199美元就可以买到,这种压力迫使美国制造商要比以往有更强的响应性。成功的美国家具制造商的回应是提供足够多的品种,发挥可选择性的优势,同时缩短响应时间并控制价格。随着竞争格局的改变,企业不得不改变竞争战略。而竞争战略改变了,就必须相应调整其供应链战略来维持战略匹配。

第三节 供应链的战略定位与战略类型

一、供应链的战略定位

战略定位是指企业在市场竞争中采取何种竞争战略。对于供应链来说,战略定位问题主要是解决多个企业在特定供应链中的协作关系问题,即如何在特定的供应链上实现最优的战略定位组合,使之有效配合核心企业,实现整个供应链资源的优化配置和整体利润最大化的问题。按照波特的战略理论,企业可以在3种基本的战略中做出选择成本领先、差异化和目标聚集。在决定采取哪一种战略之前,企业应该结合自身的实际情况进行行业价值链分析,明确本企业在行业价值链中所处的位置及所具有的优势和劣势,从而决定采取哪一种竞争战略。

对于供应链而言,首先是由核心企业对本企业所处的一个或多个行业进行价值链研究,确定自身在行业价值链中的位置、优势和劣势,明确自身的重点发展方向和基本的竞争战略。在此基础上,统筹规划供应链上的节点企业所应该具有的、能配合核心企业实现供应链整体目标的能力和竞争优势,实现供应链上企业的战略定位组合的最优化。这种对节点企业所进行的竞争战略规划将为核心企业选择节点企业提供标准。举例而言,如果核心企业的研究能力和创新能力在行业中有优势,则其主要重点将会集中于产品研发上,这种企业最好采取差异化战略。于是,核心企业在选择节点企业的时候更加关注节点企业的技术创新和产品开发能力。如果核心企业有很强的制造能力但产品设计和创新能力不是很强,那么,这种企业在选择其供应商时,则会更加注重供应商的研发和创新能力。

总之,真正有效地执行跨企业共同战略必须做好两个维度的整合:一是供应链横向整合,包括供应链上各成员的共同战略整合、协调的计划、预算和控制、供应链运营过程的全面整合及工作流程整合;二是供应链纵向整合,即战略、管理控制和运营的无缝联结，即战略与执行统一。

二、供应链的战略类型

从最初的原材料供应链到最终的客户，几乎任何企业都参加到无数个供应链之中。但是相对于某个特定的企业，究竟要管理多少条供应链、每个供应链上企业的数量、供应链的长度和宽度、企业在供应链上的相对位置，这些关键问题的确定是企业参与并进行有效的供应链管理的前提条件。供应链上每个节点上的合作关系都是不相同的，供应链管理的一个重点是确认在每个节点上的合作程度，即确定供应链的结构。供应链是由最终客户的需求驱动的，正是最终客户的需求，才使供应链管理得以存在和发展。由于客户对不同产品的需求特点大相径庭，以满足客户需求为目的的供应链战略的类型也不太一样。根据不同产品特点，结合客户的需求，大致将供应链战略划分为3类。

（一）基于成本的有效性供应链战略

对于那些面向基本需求、生命周期较长、需求稳定便于预测的功能性产品，为了提升产品的竞争力，必须在市场上形成比竞争对手更有利的价格优势，这需要建立基于成本的有效性供应链。有效性供应链战略的核心是低成本，通过消除一切形式的浪费，压缩供应链的总成本。因此，实施该类型的供应链战略，要求供应链中的各节点企业提高内部效率，同时要求企业之间密切合作以降低交易费用。

（二）基于价值的创新性供应链战略

对于那些面向创新性需求、生命周期较短、需求不稳定难以预测且能为客户带来新奇和体验的创新性产品，客户更在意的是产品所带来的价值，如品质、新式功能、品牌等，为了提供具有吸引力的该类产品，需建立创新性供应链。创新性供应链战略要求整条供应链对顾客需求有独到的理解，并能创造出适当的产品价值来满足顾客的需求，它追求的是供应链所创造的产品或服务的价值优势。实施该类型的供应链战略，要求供应链中的各节点企业在研发上加强合作，注重顾客服务及优势品牌的建立。

（三）基于速度的敏捷性供应链战略

对于那些难以预知，甚至连顾客也不能认知的需求，谁先满足此种需求，谁就赢得了先机。针对此类，建立基于速度的敏捷性供应链是最佳选择。

敏捷性供应链战略的核心是对速度的追求。该速度包括两个方面，一是对市场需求变化的响应速度，这要求对顾客需求或其无意识的潜在需求高度敏感，能迅速地捕获机会，满足顾客的需求，增加其满意度。二是体现在满足客户需求的速度，即产品的高可获性。敏捷性供应链战略的实施，要求供应链在最终顾客需求的驱动下，以提前期为管理的核心，通过提高供应、生产、销售及物流的柔性和速度，实现对个性化、多样化及潜在需求的快速响应。

上述3种类型的供应链战略适用于不同的产品和客户需求，但也存在几种战略结合的情况，如有的供应链既追求低成本又强调快速反应，以戴尔股份有限公司（DELL）核心的供应链正是该组合战略应用的最好例证。

总之，对于一条供应链，无论选择哪一种类型的战略，都需要重视供应链关系战略的匹配，它是建立供应链企业良好合作关系的前提，是获取供应链稳定性这一能力的关键，也是供应链战略顺利实施的保障。

即测即练

第三章

供应链的构建与优化

学习重点

（1）了解供应链构建的框架和原则；
（2）描述并区分不同供应链结构模型；
（3）理解供应链构建的策略；
（4）掌握供应链网络设计的内容和要求；
（5）理解供应链的重构与优化。

第一节 供应链构建概述

随着经济全球化的迅猛发展，有专家预言，21世纪的市场竞争，不再是企业之间的竞争，而是供应链之间的竞争。任何企业在激烈的市场竞争中，都不可能在所有业务上成为最杰出者，必须联合行业中其他上下游企业，建立一条经济利益相连、业务相关的行业供应链，实现优势互补，充分利用一切可以利用的资源来适应社会化大生产的竞争环境，共同增强市场竞争力，实现双赢，才能获得持久发展。

一、供应链构建的体系框架

供应链体系的构建包括供应链产品与功能的匹配、运营管理流程的设计与优化、物流网络的建立、合作伙伴的选择、信息支持体系的选择等诸多内容。其中，最重要的一环是使企业的供应链与产品的类型相匹配，否则将极大地影响供应链的绩效水平。供应链构建（supply chain configuration）是一个庞大而复杂的工程，也是十分重要的管理内容。关于供应链构建的理论体系与实践范畴，目前学术界和企业界都还没有统一的认识，但它无疑是一个值得重点关注的方向，从事这方面研究与实践的人也越来越多。图3-1为供应链管理体系构建总体模型。

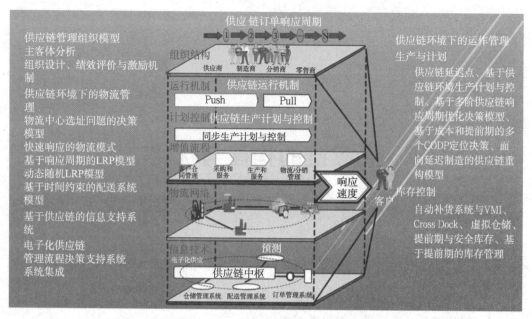

图 3-1　供应链管理体系构建总体模型

（一）供应链管理的组织架构模型

供应链的构建必须同时考虑本企业和合作伙伴之间的管理关系，形成合理的组织关系以支持整个供应链的业务流程。因此，在进行供应链设计时，首先，需要考虑的内容是处理好供应链上企业的主客体关系，主要包括供应商、制造商、分销商，以及分销商之间的主客关系。根据核心企业在供应链中的作用，恰当设计出主客体的责任、义务及利益。其次，在核心企业内部，要建立恰当的供应链管理组织体系，设计出适合本企业供应链运作管理的职能部门，划分供应链管理部门与其他管理职能部门的边界，既不缺位，也不越位，以支持供应链的协调运作。

（二）供应链环境下的运作组织与管理

供应链能取得单个企业所无法达到的效益，关键之一在于它动员和协调了整个产品（或服务）设计、生产与销售过程中的社会资源。但这并不是说只要将所有企业捏合到一起就可以达到这一目标，其中的核心问题在于能否使所有企业的生产过程实现同步运作，最大限度地减少由不协调而产生的停顿、等待、过量生产或者缺货等问题。因此，供应链构建的问题之一是如何构造适应供应链协调运作要求的生产计划与控制系统。完成这一过程需要考虑的主要内容包括：一是对客户的需求管理，准确掌握市场对本企业产品或服务的需求特征；二是建立供应链管理环境下的生产计划与控制模式，主要涉及基于供应链响应周期的资源配置优化决策、基于成本和提前期（lead time，L/T）的供应链订单决策、面向同步制造的供应链流程重构等；三是与同步生产组织匹配的库存控制模式，如何应用诸如自动仓储系统（automated storage and retrieval system，AS/RS）、供应商管理库存（vendor-managed inventory，VM）、接驳式转运（cross-docking）、虚拟仓储、提前期与安全库存管理等各种技术，实现整个供应链的生产与库存控制目标。

（三）供应链环境下的物流管理

与同步制造相呼应的是供应链管理环境下的物流组织模式。它的目标是寻找最佳的物流管理模式，使整个供应链上的物流管理能够快速准确地响应各种需求（包括来自客户的需求和来自合作伙伴的需求等），真正体现出物流是"第三利润源泉"的本质。为此，在构建供应链时，必须考虑物流网络的优化、物流中心或配送中心的选择、运输路线的优化、物流作业方法的选择与优化等方面的内容，充分应用各种支持物流运作管理决策的技术与方法。

（四）供应链管理的信息支持系统

对供应链的管理离不开信息技术的支持。毋庸置疑，在设计供应链时一定要注意如何将信息融入整个系统中，特别是 21 世纪以来，整个市场变化越来越快，尤其要求供应链信息系统能够实时地采集各种需求变化信息，为供应链管理者的决策提供支持。另外，供应链管理强调"端到端"的信息透明，必须具有良好的可视性（visibility），这样才能使供应链管理者随时掌握供应链的运作状况，对可能产生的问题做出及时响应和处理。由此可见，供应链信息化在供应链运行管理中的重要性。关于供应链信息化的论著很多，此处不再多言。

二、供应链构建的原则

在供应链的构建过程中，我们首先应遵守一些总的基本原则，以保证供应链构建的设计及重建能使供应链管理思想得以有效实施和贯彻，从宏观角度来把握供应链的构建应遵循以下七条原则。

（1）自上向下和自下向上相结合的设计原则。在系统建模设计方法中，存在两种设计方法，即自上向下和自下向上的方法。自上向下的方法是从全局走向局部的方法，自下向上的方法是从局部走向全局的方法；自上而下是系统分解的过程，而自下而上则是一种集成的过程。在设计一个供应链系统时，往往是先由高层做出战略规划与决策，规划与决策的依据来自市场需求和企业发展规划，然后由下层部门实施决策，因此供应链的设计是自上向下和自下向上的综合。

（2）简洁性原则。简洁性是供应链的一个重要原则，为了能使供应链具有灵活快速响应市场的能力，供应链的每个节点都应是精简的、具有活力的、能实现业务流程的快速组合。比如，供应商的选择就应以少而精的原则，通过和少数的供应商建立战略伙伴关系，有利于减少采购成本，推动实施 JIT 采购。JIT 生产系统的设计更是应以精益思想（lean thinking）为指导，努力实现从精细的制造模式到精细的供应链这一目标。

（3）互补性原则。供应链的各个节点的选择应遵循互补性原则，达到实现资源外用的目的，每个企业只集中精力致力于各自核心的业务过程，就像一个独立的制造单元（独立制造岛），这些所谓单元化企业具有自我组织、自我优化、面向目标、动态运行和充满活力的特点，能够实现供应链业务的快速重组。

（4）协调性原则。供应链业绩好坏取决于供应链合作伙伴关系是否和谐、协调。因此，建立战略伙伴关系的合作企业关系模型是实现供应链最佳效能的保证。和谐、协调被认为是描述系统是否形成了充分发挥系统成员和子系统的能动性、创造性及系统与环境的总体协调性的重要指标之一。只有和谐而协调的系统才能发挥最佳的效能。

（5）不确定性原则。不确定性在供应链中随处可见，并容易导致需求信息的扭曲。因此，要预见各种不确定因素对供应链运作的影响，减少信息传递过程中的信息延迟和失真。降低安全库存总是和服务水平的提高相矛盾。增加透明性，减少不必要的中间环节，提高预测的精度和时效性对降低不确定性的影响都是极为重要的。

（6）创新性原则。创新设计是系统设计的重要原则，没有创新性思维，就不可能有创新的管理模式，因此在供应链的设计过程中，创新性是很重要的一个原则。要产生一个创新的系统，就要敢于打破各种陈旧的思维框框，用新的角度、新的视野审视原有的管理模式和体系，进行大胆地创新设计。进行创新设计，要注意以下几点。

一是创新必须在企业总体目标和战略的指导下进行，与战略目标保持一致。

二是要从市场需求的角度出发，综合运用企业的能力和优势。

三是发挥企业各类人员的创造性，集思广益，并与其他企业共同协作。

四是建立科学的评价体系及组织管理系统，进行技术经济分析和可行性论证。

（7）战略性原则。供应链建模时，通过战略性的思考来减少不确定影响。从供应链的战略管理的角度考虑，供应链建模的战略性原则还体现在供应链发展的长远规划和预见性上，供应链的系统结构发展应和企业的战略规划保持一致，并在企业战略指导下进行。

除此之外，从微观管理的角度，在实际应用中，应注意供应链构建的一些具体原则。

（1）总成本最小原则。成本管理是供应链管理的重要内容。供应链管理中常出现成本悖反问题，即各种活动的成本的变化模式常常表现出相互冲突的特征。解决冲突的办法是平衡各项成本使其达到整体最优，供应链管理就是要进行总成本分析，判断哪些因素具有相关性，从而使总成本最小。

（2）多样化原则。供应链构建的一条基本原则就是要对不同的产品、不同的客户提供不同的服务水平。要求企业将适当的商品在恰当的时间、恰当的地点传递给恰当的客户。一般的企业分拨多种产品。因此要面对各种产品的不同的客户要求，不同产品特征，不同的销售水平，也就是意味着企业要在同一产品系列内采用多种分拨战略。比如，在库存管理中，就要区分出销售速度不一的产品，销售最快的产品应放在最前列的基层仓库，依次摆放产品。

（3）推迟原则。推迟原则就是分拨过程中运输的时间和最终产品的加工时间应推迟到收到客户订单之后。这一思想避免了企业根据预测在需求没有实际产生的时候运输产品（时间推迟）以及根据对最终产品形式的预测生产不同形式的产品（形式推迟）。

（4）合并原则。战略规划中，将运输小批量合并成大批量具有明显的经济效益。但是同时要平衡因运输时间延长而可能造成的客户服务水平下降与订单合并的成本节约之间的利害关系。通常当运量较小时，合并的概念对制定战略最有用。

（5）标准化原则。标准化的提出解决了满足市场多样化产品需求与降低供应链成本的问题。比如，生产中的标准化可以通过可替换的零配件、模块化的产品和给同样的产品贴加不同的品牌标签而实现。这样可以有效地控制供应链渠道中必须处理的零部件，供给品和原材料的种类。服装制造商不必去存储众多客户需要的确切号码的服装，而是通过改动标准尺寸的产品来满足消费者的要求。

三、供应链构建的设计策略

一个有效的供应链对核心企业和其他每个合作企业来说都是至关重要的。因为它不仅可以帮助企业提高用户服务水平，达到成本和服务之间的有效平衡，而且可以提高企业的竞争力、提高柔性、提升快速进入新市场的能力，通过降低库存提高工作效率等。但是，供应链构建也可能因为设计不当而导致资源浪费和失败，所以正确的设计策略是必需的。在供应链构建的设计策略主要基于产品、投资和成本。

（一）基于产品的供应链设计策略

供应链的设计首先要明白用户对企业产品的需求是什么，产品寿命周期、需求预测、产品多样性、提前期和服务的市场标准等都是影响供应链时间的重要问题。产品有不同的特点，供应链有不同的功能，只有两者相匹配，才能起到事半功倍的效果。企业应当根据不同的产品设计不同的供应链，即与产品特性一致的供应，这就是所谓的基于产品的供应链设计（product-based supply chain design，PBSCD）。

不同类型的产品对供应链设计有不同的要求，高边际利润、不稳定需求的革新性产品的供应链设计就不同于低边际利润、有稳定需求的功能性产品。功能性产品需求具有稳定性、可预测性。这类产品的寿命周期较长，但它们的边际利润较低，经不起高成本供应链折腾。功能性产品一般用于满足用户的基本要求，如生活用品（柴米油盐）、男式套装、家电、粮食等，其特点是变化很少。功能性产品的供应链设计应尽量减少供应链中物理功能的成本。

革新性产品的需求一般难以预测，寿命周期较短，但利润空间大。这类产品是按订单制造，如计算机、流行音乐、时装等。生产这种产品的企业没接到订单之前不知道干什么，接到订单就要快速制造。革新性产品供应链设计应少关注成本而更多地关注向客户提供所需属性的产品，重视客户需求并对此做出快速反应，因此特别强调速度和灵活性。

供应链从功能上可以划分为两种：有效性供应链（efficient supply chain）和反应性供应链（responsive supply chain）。有效性供应链主要体现供应链的物理功能，即以最低的成本将原材料转化成零部件、半成品产品；反应性供应链主要体现供应链的市场中介功能，即把产品分配到满足用户需求的市场，对未预知的需求做出快速反应等。

当知道产品和供应链的特性后，就可以设计出与产品需求一致的供应链。供应链设计与产品类型策略矩阵如表 3-1 所示。

表 3-1 供应链设计与产品类型策略矩阵

类 型	功能性产品	创新性产品
有效性供应链	匹配	不匹配
反应性供应链	不匹配	匹配

用有效性供应链来提供功能型产品,可采取如下措施。
- 削减企业内部成本。
- 不断加强企业与供应商、分销商之间的协作,从而有效降低整条链上的成本。
- 降低销售价格,这是建立在有效控制成本的基础之上的。但一般不轻易采用,需要根据市场竞争情况而定。

用市场反应性供应链来提供创新型产品时,应采用如下策略。
- 通过不同产品拥有尽可能多的通用件来增强某些模块的可预测性,从而减少需求的不确定性。
- 通过缩短提前期与增加供应链的柔性,企业就能按照订单生产,及时响应市场需求,在尽可能短的时间内提供顾客所需的个性化的产品。
- 当需求的不确定性已被尽可能地降低或避免后,可以用安全库存或充足的生产能力来规避其剩余的不确定性,这样当市场需求旺盛时,企业就能尽快地提供创新型产品,从而减少缺货损失。

(二)基于投资的供应链设计策略

众所周知是先有产品后投资这是投资企业的常规做法。以产品为中心的观点体现了这种设计思想。我们已经分析了基于产品的供应链设计策略。我们可以把这种策略和系统分析方法联系起来,归于面向对象的设计思想。如何完善这一设计思想尚有许多工作要做。供应链的设计(建模)不同于一般的实物产品的设计,如何把不确定因素等考虑进去,是值得研究的问题。可以说供应链的设计更多的是需要软决策而非技术参数的确定,如地区文化(regional culture)、投资期权问题(风险)等。动态联盟与虚拟制造的出现使供应链的结构形式变得复杂多样化。这样,供应链的设计既是一种非结构化的战略决策问题,同时也是一种结构化的战术性运作问题。

(三)基于成本的供应链设计策略

通过成本的核算和优化来选择供应链的节点,找出最佳的节点企业组合,设计出低成本的供应链,从而形成基于成本的供应链设计策略。该策略的核心是,在给定的时间周期内,计算所有节点组合的供应链总成本,从中选择最低成本的节点企业组合,构建供应链。其中能够使总成本最低的这些节点企业组合就是最优节点组合,由这些企业组成的供应链将会达到成本最小化的目的。供应链成本包括物料成本、劳动成本、运输成本、设备成本及其他变动成本。

四、供应链设计的基本步骤

供应链设计首先要明白用户对企业的需求是什么,产品的生命周期、需求预测、产品多样性、提前期和服务的市场标准等都是影响供应链设计的重要问题。以产品的供应链设计为例,主要步骤如下。

第一步是分析市场竞争环境。要"知彼"。目的在于找到针对哪些产品市场开发供应链才有效,分析市场特征的过程要向卖主、用户和竞争者进行调查,提出诸如用户想要什么，他们在市场中的分量有多大之类的问题，以确认用户的需求和因卖主、用户、竞争者产生的压力。这一步骤的输出是每一产品的按重要性排列的市场特征。同时对于市场的不确定性要有分析和评价。

第二步是总结、分析企业现状。要"知己"。主要分析企业供需管理的现状（如果企业已经有供应链管理，则分析供应链的现状），这一个步骤的目的不在于评价供应链设计策略的重要性和合适性，而是着重于研究供应链开发的方向，分析、找到、总结企业存在的问题及影响供应链设计的阻力等因素。

第三步是针对存在的问题提出供应链设计项目，分析其必要性。要了解产品，围绕着供应链"可靠性"和"经济性"两大核心要求，提出供应链设计的目标，这些目标首先包括提高服务水平和降低库存投资的目标之间的平衡，以及降低成本，保障质量，提高效率，提高客户满意度等目标。

第四步是根据基于产品的供应链设计策略提出供应链设计的目标。主要目标在于获得高用户服务水平和低库存投资、低单位成本两个目标之间的平衡（这两个目标往往有冲突），同时还应包括以下目标。

- 进入新市场。
- 开发新产品。
- 开发新分销渠道。
- 改善售后服务水平。
- 提高用户满意程度。
- 降低成本。
- 通过降低库存提高工作效率等。

第五步是分析供应链的组成，提出组成供应链的基本框架。供应链中的成员组成分析主要包括制造工厂、设备、工艺和供应商、制造商、分销商、零售商及用户的选择及其定位，以及确定选择与评价的标准。分析供应链节点的组成，提出组成供应链的基本框架。供应链组成包括产品设计公司、制造工厂、材料商、外发厂（如表面处理）、物流伙伴，以及确定选择和评价的标准包括质量、价格、准时交货、柔性、提前期和批量（最小订单量，minimum order quantity，MOQ）、服务、管理水平等指标。

第六步是分析和评价供应链设计的可制造性设计（design for manufacturability，DFM）。这不仅是某种策略或改善技术的推荐清单，也是开发和实现供应链管理的第一步。它在可行性分析的基础上，结合本企业的实际情况为开发供应链提出技术选择建议和支持。这也是一个决策的过程，如果认为方案可行，就可进行下面的设计；如果不可行，就要重新进行设计。结合企业本身和供应链联盟内（如设计公司，外发厂）资源的情况进行可行性分析，并提出建议和支持，如果不可行，则需要重新设计供应链，调整节点企业或建议客户更新产品设计。

第七步是设计供应链，主要解决以下问题。

- 供应链的成员组成（供应商、设备、工厂、分销中心的选择与定位、计划与控制）。
- 原材料的来源问题（包括供应商、流量、价格、运输等问题）。
- 生产设计（需求预测、生产什么产品、生产能力、供应给哪些分销中心、价格、生产计划、生产作业计划和跟踪控制、库存管理等问题）。
- 分销任务与能力设计（产品服务于哪些市场、运输、价格等问题）。
- 信息管理系统设计。
- 物流管理系统设计等。

在供应链设计中，要广泛地应用到许多工具和技术，包括：归纳法、集体解决问题、流程图、模拟和设计软件等。3PL 的选择与定位，计划与控制；确定产品和服务的计划，运送和分配，定价等。设计过程中需要各节点企业的参与交流，以便于以后的有效实施。

第八步是检验供应链。供应链设计完成以后，应通过一定的方法、技术进行测试检验或试运行，如不行，返回第四步重新进行设计；如果没有什么问题，就可实施供应链管理。

第九步是实施供应链。供应链实施过程中需要核心企业的协调，控制和信息系统的支持，使整个供应链成为一个整体，负责从工业设计到批量生产、物流等全方位的供应链控制协调（图 3-2）。

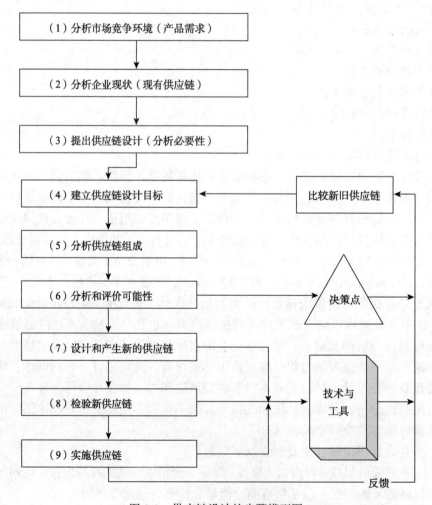

图 3-2　供应链设计的步骤模型图

第二节 供应链网络模型

一、供应链网络模型的组成

（一）供应链成员

供应链成员包括基本成员和支持成员。为了使非常复杂的网络易于管理，有必要将基本成员与支持成员分开。供应链基本成员是指在专门为顾客或市场提供专项输出的业务流程中，所有能进行价值增值活动的自治公司或战略企业单元。相反，支持成员是指那些简单地提供资源、知识及设施的供应链成员。

（二）网络结构变量

供应链有 3 种最重要的网络结构，它们分别是水平结构、垂直结构和供应链范围内核心企业的水平位置，由此构成了供应链网络的三维结构。水平结构是指供应链范围内的层次数目。供应链可能很长，拥有很多层，或很短，层次很少。垂直结构是指每一层中供应商或顾客的数目。一个公司可能有很窄的垂直结构，其每一层供应商或顾客很少。第三维，指的是供应链范围内核心企业的水平位置。核心企业能最终被定位在供应源附近、终端顾客附近或供应链终端节点间的某个位置。供应链的组织结构应当围绕核心企业来构建。

（三）供应链间工序连接方式

在众多研究中，可以发现不同的结构变量能够合并。有这样一个案例，供应商那边是一个窄而长的网络结构，而顾客那边是一个宽而短的网络结构，但他们却联系在一起。增加或减少供应商、顾客的数目将会影响供应链的结构。当一个公司从多源头供应商向单一源头供应商转变时，供应链可能变得越来越窄。开放物流、制造、销售及产品开发活动是另一个很可能改变供应链结构的决策实例，因为，它们可能增加供应链的长度和宽度，并同样会影响供应链网络中核心企业的位置。

由于每个企业都将自己作为核心企业，并对其成员和网络结构有不同的看法，所以，表面上供应链与每个企业的目标不一致。然而，因为每个企业都是供应链的一员，理解他们的地位关系和前景对每个企业的管理来说尤其重要。只有每个企业都清楚供应链的前景，才有可能成功实现跨企业边界的业务流程重组和优化管理。

二、供应链网络结构特征

为了有效指导供应链的设计，了解和掌握供应链结构模型是十分必要的，本节着重从企业与企业之间关系的角度考查了几种供应链的拓扑结构模型。

（一）供应链的模型：链状模型

结合供应链的定义和结构模型，不难得出这样一个简单的供应链模型（图 3-3），我们称其为模型 I。模型 I 清楚地表明产品的最初来源是自然界，如矿山、油田、橡胶园等，最终去向是用户。产品因用户需求而生产，最终被用户所消费。产品从自然界到用户经历了供应商、制造商和分销商三级传递，并在传递过程中完成产品加工、产品装配形成等转换过程。被用户消费掉的最终产品仍回到自然界，完成物质循环（如图3-3中的虚线）。

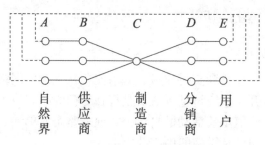

图3-3　模型Ⅰ：链状模型

很显然，模型Ⅰ只是一个简单的静态模型，表明供应链的基本组成和轮廓概貌，进一步地可以将其简化成链状模型Ⅱ（图3-4）。模型Ⅱ是对模型Ⅰ的进一步抽象，它把商家都抽象成一个个的点，称为节点，并用字母或数字表示。节点以一定的方式和顺序联结成一串，构成一条图学上的供应链。在模型Ⅱ中，若假定 C 为制造商，则 B 为供应商，D 为分销商；同样地，若假定 B 为制造商，则 A 为供应商，C 为分销商。在模型Ⅱ中，产品的最初来源（自然界）、最终去向（用户）以及产品的物质循环过程都被隐含抽象掉了。从供应链研究便利的角度来讲，把自然界和用户放在模型中没有太大的作用。模型Ⅱ着力于供应链中间过程的研究。

图3-4　模型Ⅱ：链状模型

供应链的方向：在供应链上除了流动着物流（产品流）和信息流外，还存在着资金流。物流的方向一般都是从供应商流向制造商，再流向分销商。在特殊情况下（如产品退货），产品在供应链上的流向与上述方向相反。但由于产品退货属非正常情况，退货的产品也非本书严格定义的产品，所以本书将不予考虑。我们依照物流的方向来定义供应链的方向，以确定供应商、制造商和分销商之间的顺序关系。模型Ⅱ中的箭头方向即表示供应链的物流方向。

供应链的级：在模型Ⅱ中，定义 C 为制造商时，可以相应地认为 B 为一级供应商，A 为二级供应商，而且还可递归地定义三级供应商、四级供应商；同样地，可以认为 D 为一级分销商，E 为二级分销商，并递归地定义三级分销商，四级分销商。一般地讲，一个企业应尽可能考虑多级供应商或分销商，这样有利于从整体上了解供应链的运行状态。

（二）供应链的模型：网状模型

事实上，在模型Ⅱ中，C 的供应商可能不只一家，而是有 B_1，B_2，…，B_n 等 n 家，分销商也可能有 D_1，D_2，…，D_m 等 m 家。动态地考虑，C 也可能有 C_1，C_2，…，C_k 等 k 家，这样模型Ⅱ就转变为一个网状模型，即供应链的模型Ⅲ（图3-5）。网状模型更能说明现实世界中产品的复杂供应关系。在理论上，网状模型可以涵盖世界上所有厂家，把所有厂家都看作其上面的一个节点，并认为这些节点存在着联系。当然，这些联系有强有弱，而且在不断地变化着。通常，一个厂家仅与有限个厂家相联系，但这不影响我们对供应链模型的理论设定。网状模型对供应关系的描述性很强，适合于对供应关系的宏观把握。

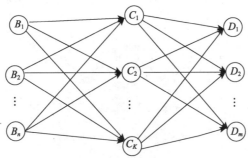

图 3-5　模型 III：网状模型

入点和出点：在网状模型中，物流作有向流动，从一个节点流向另一个节点。这些物流从某些节点补充流入，从某些节点分流流出。我们把这些物流进入的节点称为入点，把物流流出的节点称为出点。入点相当于矿山、油田、橡胶园等原始材料提供商，出点相当于用户。图 3-6 中 A 节点为入点，F 节点为出点。对于有的厂家既为入点又为出点的情况，出于对网链表达的简化，将代表这个厂家的节点一分为二，变成两个节点：一个为入点，一个为出点，并用实线将其框起来。如图 3-7 所示，A_1 为入点，A_2 为出点。同样地，如有的厂家对于另一厂家既为供应商又为分销商，也可将这个厂家一分为二，甚至一分为三或更多，变成两个节点：一个节点表示供应商，一个节点表示分销商。也用实线将其框起来。如图 3-8 所示，B_1 是 C 的供应商，B_2 是 C 的分销商。

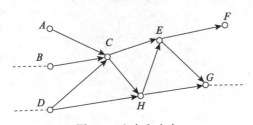

图 3-6　入点和出点

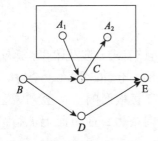

图 3-7　包含入点和出点的厂家

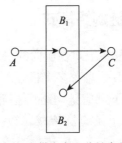

图 3-8　包含供应商和分销商的厂家

子网：有些厂家规模非常大，内部结构也非常复杂，与其他厂家相联系的只是其中一个部门，而且内部也存在着产品供应关系，用一个节点来表示这些复杂关系显然不行，这就需要将表示这个厂家的节点分解成很多相互联系的小节点，这些小节点构成一个网，称之为子网（图 3-9）。在引入子网概念后，研究图 3-9 中 C 与 D 的联系时，只需考虑 C_2 与 D 的联系，而不需要考虑 C_3 与 D 的联系，这就简化了无谓的研究。子网模型对企业集团是很好的描述。

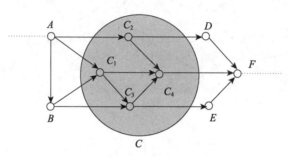

图 3-9　子网模型

虚拟企业：借助以上对子网模型过程的描述，我们可以把供应链网上为了完成共同目标通力合作，并实现各自利益的这样一些厂家形象地看成是一个厂家，这就是虚拟企业（图 3-10）。虚拟企业的节点用虚线框起来。虚拟企业是在经济交往中，一些独立企业为了共同的利益和目标在一定时间结成的相互协作的利益共同体。虚拟企业组建和存在的目的就是获取相互协作而产生的效益，一旦这个目的已完成或利益不存在，虚拟企业即不复存在。

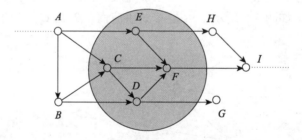

图 3-10　虚拟企业的网状模型

三、供应链网络模式

供应链涵盖了对供应商的供应商、客户的客户全链路管理，涉及库存、运输、设施、采购、定价、信息等多个模块，内部协同跨客服、采购、仓储、物流、销售等多部门，在此种情况下供应链网络的搭建方式对客户体验将有直接影响。一般来说公司的竞争策略决定了供应链策略，以下几种类型的供应链网络为目前市面上流行的主要网络模式。

（一）制造商存货+直送

零售商没有库存，大多数公司对于滞销品采用直送模式。零售商可以用较低的库存水平提供高水平的产品可获性。只有制造商能够将至少一部分库存按照一种应需的方式在零售商之间进行分配，整合采购效益，对于那些高价值、低需求、需求不可测的商品，集中管理才能带来最大效益。直送模式也给制造商提供延迟客户定制化的机会，使制造商直到顾客下单时才开始定制，可以通过零部件层级的整合方式进一步降低库存。制造商可能离最终消费者更远，如果订单由多个制造商交付，外向运输不能整合，那么会增加成本。直送将节约设施的固定成本，也可能节约一些搬运成本，但是如果制造商需将货转至工厂仓库，再按单件方式从仓库发出去，单件交付能力差，会给搬运成本和响应时间带来很大的负面影响。而如果从生产线发运，搬运成本就会显著降低。直送模式需要制造商和零售商有一个共享的信息平台。采用直送模式顾客的响应时间会更长。包含多家制造商的产品组合订单，每个制造商的响应时间不同，顾客收货变得复杂。直送模式产品多样性和可获性强，面世时间短。订单可视性、配送轨迹很重要。在处理退货方面将比较复杂，顾客直接将产品退回给制造商，则运输成本高、协调困难，或者单独设置一个独立设施设置退货仓处理退货，退货费用相对较高。

（二）制造商库存+直送+在途并货

将来自不同地点的订单组合起来，使顾客只接收一次交付。比如，客户定了一台戴尔电脑，索尼发显示器，戴尔发主机，在一个枢纽中心组合，最后一次性交付给顾客。与直送模式一样能够有效降低库存，适用滞销、高价值、需求不明确、定制化高的产品，且零售商从有限数目的制造商处购买产品，运输成本会降低。设施和搬运成本会提升一部分，比直送模式成本稍高。信息基础设施要求高，要求高协作。订单会延迟，但是合单带来的客户交付体验会比较好，在途并货的模式需要限制可合并的供应商。

（三）分销商存货+承运人交付

分销商将货物存放在中间仓库，使用包裹承运人将货物发运至最终顾客，与亚马逊仓类似。库存角度，需要维持较高的库存水平，必须加快周转，存放快销品，分销商存货的周转水平高于零售商存货。运输成本相对较低，能够发挥规模效应，且无论是整车运输还是零单出货。同时由于分销仓区位的控制，客户响应的时效也较高，相对于制造商库存分销商存货更能够节约运输成本。信息基础设施相对简单，WMS、TMS、订单管理系统（order management system，OMS），三套系统联动即可。分销商库存在产品多样性方面弱于制造商库存，产品可获性水平低于制造商库存，但订单可视性、面市时间、可退货性强于制造商库存。

（四）分销商库存+到户交付：分销商直送客户

汽车零配件是以分销商到付交付为主导模式的行业。零售商在库存中储存所有零配件的费用非常高，需要立刻满足，所以原配件制造商往往会在大的销售区域设置分销中心，负责向一组零售商交付所需零件，而且每天多次交付。该种需求模式下，需要更多的仓库且更加贴近客户。整合力度低，需要维持较高的库存水平，适合快销品。运输成本相对较高，在密集度比较高的城市费用可能会低一点，依赖于大额流量的流入。设施成本比零售商库存稍低，但比制造商库存或分销库存模式高。信息设施与分销商存货类似，但是需要对交付做出交付计划的修订。产品多样性较分销商库存模式低，但提供产品可获性成本比其他所有模式高，顾客体验会比较好，尤其是那些体积大、难运送的产品，如桶装水、大袋米等。订单可视性方面，当日送达情况下问题不大，若是在次日送达等情况，存在问题，TMS短距离配送可视化可能能解决这个问题。可退性方面到付交付模式最好，费用比零售商库存高，但是比其他的低。如果客户的订单足够大或者消费频率足够高，且客户愿意为这种便利支付费用，那么到付交付的模式可能会是适当的。

（五）制造商或者分销商库存 + 客户自提

顾客下单后到指定地点提货，如亚马逊通过自提柜的方式提货，顺丰的顺丰优选、嘿客店。单独使用这种模式可能存在问题，对于畅销品布局在提货点仓，对于滞销品或者需求不确定的商品布局在中央仓是比较合适的。库存水平来看，低位库存，运输成本来看，自提的变化能够节约物流成本，无论是整车送至提货点还是集运，设施投入则主要是聚集区的设仓费用，信息整合方面，与前面几类并无太大区别。响应性方面与承运人交付相当。产品多样性和可获性与制造商货或分销商存货模式相当。客户体验方面，顾客必须去现场提货，但是对于那种需要现金支付的顾客而言比较适用。订单可视性要求一般货到后通知自提即可，在退货逆向方面可能更加便捷，劣势是增加搬运成本和复杂性。一个网络，如果能够利用已有零售网络作为自提点是非常明智的选择。

（六）零售商存货 + 顾客自提 + 送货

供应链最传统的方式，顾客通过现场购物或者下单方式进行提货，当地存货模式由于不能整合，所以库存水平比较高，对于畅销品即便是增加库存因为流转的问题库存成本也不大。运输方面，主要是补货成本的费用，设施方面零售门店的投入相较于分销中心和制造商库存较高。信息设施及投入需求简单。响应时间当场交付且可当场退货。适合超级畅销品。"零售商存货 + 顾客自提 + 送货"成为盒马鲜生新零售模式。

（七）混合模式

现在的供应链网络结构往往不是单一结构，而是一种混合型网络，对于高需求产品通过"零售商库存 + 客户自提 + 送货"进行，常规产品放置在全国中心仓，非常滞销产品通过制造商直送。以当前比较流行的做法是，按照地域的划分全国设立五大枢纽中心仓，库存常规货品，非常滞销的货品通过制造商库存发运，中心仓可对全国订单操作。在销量集中的城市设置城配仓，城配仓库存高动销商品，通过到货入门的方式响应高需求、高频次产品需求。销量特别多的区域设置零售门店，城配仓库可作为配送中转站进而支撑零售门店业务。

第三节 供应链网络优化

一、供应链分析诊断技术与方法

在进行供应链构建的设计与重建过程中，必须对现有的企业供应链模式进行诊断分析，在此基础上进行供应链的创新设计。通过系统诊断分析，找到企业目前存在的主要问题，为新系统设计提供依据。

（一）供应链的不确定性分析

对于供应链的不确定性因素，美国斯坦福大学的李效良探讨了由信息的不确定性导致的供应链的信息扭曲，并形象地称之为"长鞭效应"，剖析了产生这现象的原因和应对措施；除此之外其他学者还探讨了不确定性对库存和服务水平的影响，在全球制造中提高企业柔性对应不确定性的作用，研究了提前期的不确定性对库存与成本的影响等。供应链的设计或重建都需要考虑不确定性问题，要研究减少供应链不确定性的有效措施和不确定性对供应链设计的影响。

（二）供应链的性能定位分析

供应链的性能定位是对现有的供应链做的一个全面评价，如对订货周期、预测精度、库存占用资金、供货率等管理水平，以及供应链企业间的协调性，用户满意度等进行全面的评估。如果用个综合指数来评价供应链的性能定位，可以用这样一个公式表示：

$$供应链综合性能指数=价值增值率×用户满意度$$

我们可以通过对用户满意度的测定并结合供应链的价值增值率来确定供应链管理水平，为供应链的重构提供参考。

（三）供应链的诊断方法

诊断方法本身就是一个值得研究的问题，目前还没有一个普遍适用的企业诊断方法。随着企业创新发展的需要，企业诊断已成为许多企业策划必不可少的内容。国外许多企业都高薪聘请咨询专家为企业诊断，国内对企业诊断问题的研究也逐渐热起来。企业诊断不同于传统的可行性研究报告，它是企业从需求出发，为自身的改造或改革提供科学的理论与实际相结合的分析、战略性的建议和改进措施。

目前，对供应链进行诊断的方法主要如下。

网络图形法：供应链设计问题有几种考虑方式，一是单纯从物流通道建设的角度设计供应链；二是从供应链选址（supply chain location）的角度考虑在哪个地方找供应商，在哪个地方建设加工厂，在哪个地方设分销点等。设计所采用的工具主要是图形法，直观地反映供应链的结构特征。在具体的设计中，可以借助计算机辅助设计等手段进行网络图的绘制。

数学模型法：数学模型法是研究经济和管理问题普遍采用的方法。把供应链作为一个管理系统来看待，我们可以通过建立数学模型来描述其经济上的数量特征。最常用的数学模型是系统动力学模型和经济控制论模型，特别是系统动力学模型更适合供应链问题的描述。系统动力学最初的应用也是从工业企业管理问题开始的，它是基于系统理论、控制理论、组织理论、信息论的系统分析与模拟方法。系统动力学模型能很好地反映供应链的经济特征。

计算机仿真技术法：利用计算机仿真技术，将实际的供应链构建问题根据不同的仿真软件要求，先进行模型化，再进行仿真运行，最后对结果进行分析。计算机仿真技术已经非常成熟，可参考相关文献进行学习。

二、供应链网络优化的模型

按分析和研究的方法不同分类，供应链优化模型可以分为排队论模型（queuing theory models）、对策论模型（game theory models）、网络流模型（network flow models）和策略评论模型（option valuation models）等。

排队论模型主要用于研究生产企业在平稳生产状态下的情况，如各个设备或车间等的输出率等，并对资源分配进行优化，如合理安排各个设备的加工任务、合理安排人员的加工任务等，以达到提高生产效率的目标，如利用 M/G/1 模型排队系统研究生产批量和生产准备时间的关系等问题。

对策论模型主要用于研究供应商与制造商之间、制造商与销售商之间的相互协调，如研究制造商和销售商之间的协调，确定制造商和销售商各自的对策，确定产品价格、订货时间等，使他们都能获得比原来更好的收益。

网络流模型主要用于研究供应链中成员的选择、布局及供应链的协调问题。网络提供了一种描述供应链结构的方法，用网络流模型来表示一个供应链有其独特的优点，它能很方便地表示供应链中各种活动的先后次序。

策略评价模型主要用于研究供应链在不确定情况下的管理和协调问题。对跨国企业而言，经常会有不确定事件发生，如汇率波动、政府政策改变或新技术的发明等。企业会采取各种策略对此做出反应，如调整供应链成员的数量、采用不同的生产技术等。策略评价模型一般是随机动态规划模型，目标是使各个时期的期望费用总和最小或总收益最大。

这些模型中，有的运用了整数规划或混合整数规划法，建立了全球供应链模型、全球制造与分销的资源优化供应链模型、面向供应链优化的动态需求计划模型。也有的将整数规划与线性规划方法相结合，如提出基于资源配置的供应链设计模型。由于供应链所涉及的问题很多，在一个模型中同时考虑所有的因素几乎是不可能的，要建立一个比较接近实际情况而又可以求解的供应链模型是很困难的。从上面的介绍可以看到，一部分研究人员仅提出一个模型框架，并没有对具体模型进行研究。而且在现有一些模型中，有些重要的因素没有考虑或很少考虑。例如，很少考虑供应链中信息流、现金流，很少考虑供应链重组等。

三、供应链优化的信息支持系统

在知识经济社会,信息已成为企业生存和发展的最重要资源。企业作为一个多层次多部门的结构,信息是企业各部门和成员间密切配合、协同工作的"黏合剂"。为了实现企业的目标,必须通过信息的不断传递,一方面实现纵向的上下沟通交流,把不同层次的经济行为协调起来;另一方面实现横向的交流传递,把各部门、各岗位的经济行为协调起来,通过信息技术和信息系统工具处理人、财、物和产、供、销之间的复杂关系。因此,企业本身存在一个信息集成的问题。供应链作为一种"扩展"的虚拟企业,其信息流动和获取方式不同于单个企业的情况。在一个由信息系统组成的信息社会里,各种各样的企业在发展的过程中互相依赖,形成了一个"企业生态环境"。供应链就是这个"生态系统"中的"食物链"。核心企业通过网络,从内外两个信息源中收集和传播信息,捕捉最能创造价值的经营方式、技术和方法,创建网状供应链中企业的运作模式。通常,这种运作模式下的企业信息系统和传统的企业信息系统是有所区别的,需要新的企业组织模式和运作策略。因此,研究设计核心企业的供应链运作模式,需要考虑企业及供应链可依赖的信息系统结构,建立面向供应链管理的新的供应链信息系统平台,这是实现供应链及其管理的前提和保证。

供应链信息技术支撑体系的建立需要考虑以下几个方面的问题。

(1)企业内联网(Internet/Intranet)

企业建立基于 Internet/Intranet 的供应链管理可以结余交易成本、降低库存水平、降低采购成本、促进供应商管理、减少循环周期、增加收入和利润。

(2)地理信息系统(geogrsphic information system,GIS 系统)

GIS 主要由 5 个主要的元素所构成,即硬件、软件、数据、人员和方法。

(3)全球定位系统(global positioning system,GPS)

GPS 系统在现代供应链管理中的主要用途主要包括:车辆跟踪管理、车辆智能导航、及时控制指挥、紧急救援、货物跟踪管理。

思考与练习

(1)如何理解供应链体系的总体框架?如何根据这个模型优化供应链的运作管理?
(2)试举例描述几种典型的供应链体系结构,并比较分析它们之间的区别。
(3)供应链构建的设计原则是什么?如何理解这些原则?
(4)如何面向产品进行供应链的设计?举例说明。
(5)阐述供应链构建的关键步骤和设计,主要解决的关键问题。

案例讨论

思科电子商务供应链

思科公司成立于 1984 年,总部设在美国加利福尼亚州的圣何塞,主要生产网络联接用的相关设备和软件,一直以年增长率 50%左右的速度持续发展,目前全球互联网骨干网络中 80%以上的交换器和路由器是思科的产品。思科公司领导了一个以其为核心企业的企业网络,思科公司主体本身仅包括研发和市场营销两大功能,它有第一级组装商 40 个,下面还有 1 000 多个 OEM 零配件供应商,其中真正属于思科的工厂只有两个。思科的供应商、合作伙伴的内联网通过互联网与思科的内联网相连,组成了一个实时动态的企业网络系统(外联网),同时无数的客户通过各种方式接入互联网,再与思科的网站挂接。因此思科公司所有的运作都是基于电子商务的,思科的电子商务解决方案横跨供应链的研发、生产、市场、销售和售后服务各大环节。思科成功地利用所提倡的网络信息技术建立了一整套电子商务系统,把它和许多厂商连接起来,创立了一个完善的企业网络,从而创造了其独特的企业运营模式。思科公司的电子商务系统使企业能够快速灵活地反应,使所有的客户、商业伙伴、供应商和零售商都能通过网络技术创造价值。思科公司的电子商务系统分为三层:第一层是电子交易、员工自服务和客户服务支持,即思科在线解决方案(Cisco Connection Online,CCO),能够实现多样化的产品并定制个性化服务;第二层是虚拟生产和结账,即公司的生产在线解决方案(MCO);第三层是电子学习,即员工在线解决方案(Cisco Employee Connection,CEC)。与此相对应的是思科的价值链系统。

(1)CCO。目前,思科运行着世界上最大的商务网站,交互式的电子商务解决方案使思科与企业网络内的供货商、顾客、合作伙伴和员工的联系更有效率,减少了用于生产、配送、销售、客户服务等环节的费用。思科在线包括 5 个组成部分:一是虚拟市场,这实际上是一个虚拟的购物中心,客户可以通过网络购买诸如网络产品、软件和培训材料等产品。二是技术支持、软件图书馆和公开论坛,可为客户提供技术上的支持。三是客户服务机制,以自助的方式向客户提供非技术帮助,包括产品状态、价目表、最新消息和订单服务等。四是互联网产品中心,被授权的客户可以通过密码直接向思科公司了解价格、发送和提交订单。五是状态服务代理,为思科公司的销售人员、客户和商业伙伴提供直接、迅速的客户订单所处状态的信息,并负责管理订单的预期运输日期,为思科公司的所有订单提供积压报告等。思科在线提供完备的网上订货系统,客户在网上可以查看到交易规则、即时报价、产品规格、型号、配置等各种准确而完整的信息。根据思科公司的统计数据表明,思科 98%以上的网上订单是正确的,而在过去未进行网上订货时,大约 40%的订单存在报价或配置方面的错误,给公司和客户带来了损失。网上订货不仅节省了人力,而且大大减少了传统的交货时间。客户的订单下达到思科网站,思科的网络就会自动把订单传送到思科公司相应的直接链接协议供货商或分销商中。全球 82%的客户订单、80%的采购、85%的客户支持都可以即时处理,在 24 小时内就可做出财务结算。基于这种生产方式,思科不需要在生产上进行大规模的投资,就能轻松应对迅速增长的市场需求。

(2)MCO。MCO 是将思科公司与其企业网络内的协议生产商、供货商、分销商等完美结合在一起的供应链。MCO 可以帮助用户实现产品生产、情况汇报、工具等相关信息。MCO 的建立使思科公司大大提高了供货商的生产质量和效率。公司能够及时得到供应信息,在订单执行过程中降低了商业投入,在购买过程中提高了员工的生产率,订单完成时间不断减少。更重要的是,MCO 赋予了思科公司识别和开发新的商业机会的可能,使公司能获得更大的商业利益。思科公司的供应链自动化由 3 个部分组成:一是独立企业理念。该理念的建立使思科公司能将其对客户的服务通过电子商务系统分散给其他企业网络成员。二是动态补偿和直接完成系统。动态补偿系统允许供货商及时、直接地获取未经改动的市场需求信息,并在需要思科公司对供货商进行补偿时,允许供货商查询实际的补偿水平;直接完成系统是指思科的绝大多数供货商都能将货物直接发给顾客,可以在短时间内完成货物的运输工作。三是新产品测试自动化机制。思科公司的生产全部分散到供货商处,为了解决产品测试问题,思科公司采取了3个措施。首先,在供货商的网络上建立了标准的测试程序单元;其次,确保测试单元在接到命令后自动设定测试程序;最后,与供货商建立良好的商业伙伴关系,使供货商对大部分测试的质量负责。这样测试程序便形成了一种惯例并被制定成了特定的标准程序软件,测试工作可以全部由供货商承担,而思科公司则负责监控测试的质量。

（3）CEC。CEC是为了向思科公司的员工提供服务和信息而建立的。通过运用网络合作平台,思科员工在线为员工带来了很多便利:首先,CEC为员工提供了便利的联系方式,通过网络,来自世界各地的思科员工被紧密地联系起来。其次,CEC使商务过程采用流水作业,花费在重复工作上的时间大大降低。最后,CEC带来了统一的商务系统,思科员工可以通过网上平面图来预订或查找会议室,收集最新的产品推广信息等。CEC系统优化了思科公司的员工队伍及工作能力,节约了成本。更重要的是,CEC使员工能够便捷地与公司和同事进行交流,使公司在不必大幅度扩大员工队伍的前提下,不断扩大基础设施建设,从而使员工更好地为客户解决问题,公司更好地为客户服务;同时信息交流渠道的不断畅通,使思科公司的生产率也不断得到提高。

（4）总结与启示。思科公司运用电子商务和许多独立厂商连接起来,成为运用电子商务运作企业网络的典范。电子商务的应用对整个企业网络的运营成本、反应速度和企业绩效都带来了极大的影响。思科公司专注于技术研发和营销渠道建设,其他功能则由供应商或合作伙伴完成。思科公司之所以能取得成功,除了思科公司在产品技术上的领先优势外,另一个重要原因是整个企业网络内部的合作、信任机制为企业网络的运作创造了极为有利的环境。思科的供应商和合作伙伴愿意加入到思科公司的企业网络中来,主要是因为他们能够从整个网络的运作过程中获取许多利益:一是思科公司给予他们相当大的权限,让他们直接参与整个网络的管理和运作,如供应商可以直接在思科在线上获取思科公司客户的订单然后加以处理;二是思科公司给予他们比较大的利润空间。思科公司诞生于互联网时代,从其成立开始就有意识地把电子商务和网络运用于其与供应商、合作伙伴之间及其企业内部。思科公司的成功经验对于我国成长于互联网时代的新兴公司具有良好的启示作用。目前,我国有一些企业也开始了向互联网运作的转变。例如,联想神州数码公司从成立开始就把思科公司作为其学习的榜样,将自己定位于连接生产厂商和代理商之间的桥梁,建立起基于电子商务的企业网络,利用其作为中介的力量实现厂商和代理商之间的快速交易。对于我国传统的生产制造企业,也可以借鉴思科公司的经验,对传统的生产制造领域和分销零售行业进行电子商务的改造,如通过电子商务和供应商、分销商或其他企业结成企业网络,或者在企业内部进行电子商务的网络化变革,从而降低成本,提高竞争能力。

讨论

（1）根据本案例材料,请分析供应链构建与优化的重要性。

（2）从系统工程的角度谈一谈思科公司的电子商务整体性和层次性。

（3）从上述材料中得到关于电子商务优化布局的启示。

即测即练

第四章

供应链合作伙伴选择

◆ 学习重点

（1）供应链合作伙伴关系建立的动因；
（2）供应链合作伙伴关系的制约因素；
（3）供应链合作伙伴关系建立的意义；
（4）供应链合作伙伴关系的类型；
（5）供应链合作伙伴关系的评价与选择。

第一节 供应链合作伙伴关系概述

20世纪80年代以前，企业与竞争者、客户和供应商之间往往是竞争性的市场交易关系。企业总是在寻找各种竞争策略和手段以打败竞争者，总是在采购供应商的物品时想尽一切办法压低采购价格，在销售产品给客户时想尽一切办法抬高销售价格。但自20世纪80年代起，企业间的关系已经不再像过去那样主要只是竞争性的交易关系，而是形成了各种新型的合作关系模式。从理论上说，企业间的合作伙伴关系是指在企业之间建立的基于合作的关系，而非市场交易关系。具体体现在采购商决定购买什么厂家的商品时，不仅考虑价格因素，还要考虑许多别的因素，如供应商对需求的快速响应能力、生产和产品质量保证体系的完备性及灵活传送能力等。在这种合作伙伴关系模式中，投标竞争的重要性明显减弱，各个企业更加关注的是努力发展长期的、相互高度信任的企业间关系。

一、供应链合作伙伴关系的含义

供应链合作伙伴关系（supply chain partnership，SCP）目前尚无统一的定义，有多种不同的说法。例如，有人称之为供应商—制造商（supplier-manufacturer）关系，或者卖方/供应商—买方（vendor/supplier-buyer）关系，甚至有人简称之为供应商关系（suppler partnership）。供应链合作伙伴关系，可以理解为供需双方在一定时期内共享信息、共担风险、共同获利的一种战略性协议关系。

这种战略合作关系是随着集成化供应链管理思想的出现而形成的,是供应链中的企业为了达到特定的目标和利益而形成的一种不同于简单交易关系的新型合作关系。建立供应链合作伙伴关系的目的是降低供应链交易的总成本,提高对最终客户需求的响应速度,降低供应链上的库存水平,提高信息共享程度,改进相互之间信息交流的质量,保持战略伙伴关系的一体化,从而使整个供应链产生更为明显的竞争优势,以实现供应链各个企业在收益、质量、产量、交货期、客户满意度等方面的绩效目标。显然,战略合作伙伴关系非常强调企业之间的合作和信任。

建立供应链合作伙伴关系就意味着各个企业之间的新产品和技术的共同开发、数据和信息的交换、市场机会共享和风险共担。在供应链合作伙伴关系环境下,制造商选择供应商不再只考虑价格优势,而是更注重选择在优质服务、技术革新、产品设计等方面具有综合优势的、能够进行良好合作的供应商。

供应链合作伙伴关系发展的主要特征就是从过去的以产品、物流业务交易为核心转为以资源集成、合作与共享为核心。在集成、合作与共享的思想指导下,供应商和制造商把它们相互的需求和技术集成在一起,以实现为制造商提供最有用产品的共同目标。因此,供应商与制造商的交换不仅是物质上的交换,而且包括一系列可见和不可见的服务的整合,如研发、流程设计、信息共享、物流服务等。

二、供应链合作伙伴关系建立的动力

(一)提高核心竞争力

核心竞争力,又叫"核心(竞争)能力""核心竞争优势",根据普拉哈拉德和哈默的定义,"核心竞争力是指组织中的积累性学识,特别是关于如何协调不同的生产技能和有机结合多种技术流的学识"。核心竞争力是企业竞争力中那些最基本的能使整个企业保持长期稳定的竞争优势、获得稳定超额利润的竞争力,是将技能资产和运作机制有机融合的企业自身组织能力,是企业推行内部管理性战略和外部交易性战略的结果。现代企业的核心竞争力是一个以知识、创新为基本内核的企业,某种关键资源或关键能力的组合,是能够使企业、行业和国家在一定时期内保持现实或潜在竞争优势的动态平衡系统。

在美国学者普拉哈拉德和美国学者哈默看来,核心竞争力首先应该有助于公司进入不同的市场,它应成为公司扩大经营的能力基础。其次,核心竞争力对创造公司最终产品和服务的顾客价值贡献巨大,它的贡献在于实现顾客最为关注的、核心的、根本的利益,而不仅仅是一些普通的、短期的好处。最后,公司的核心竞争力应该是难以被竞争对手所复制和模仿的。

核心竞争力是一个企业(人才,国家或者参与竞争的个体)能够长期获得竞争优势的能力,是企业所特有的、能够经得起时间考验的、具有延展性,并且是竞争对手难以模仿的技术或能力。核心竞争力为企业提供了一个进入多种产品市场的潜在途径(延展性),为顾客带来较大的最终用户价值(有用性)。公司是否有出色的业绩或者就长远来说稳定的优势,最终还要由企业的上帝——顾客来评判。一切竞争归根到底都是为更好地满足顾客的使用需求，都必须使产品具有顾客认可的实用价值，不易被竞争对手模仿（独特性）。

一般来说，企业的核心竞争力具有对竞争对手而言越高的进入壁垒，核心竞争力结构中的智能化成分所占的比重越大，企业便可凭借其核心竞争力获得越长期的竞争优势。叠加性，即两项或多项核心能力一经叠加，可能会派生出一种新的核心能力，而且这种新的核心能力往往不只是原来几项核心能力的简单相加。

企业的核心业务是指能够为企业带来最大效益的、企业在行业内占据优势的业务。企业在确定核心业务之前，要先问几个问题。

企业是如何成长的？

有没有核心业务？

过去的核心业绩是什么？

今天的核心业务是什么？

明天的核心业务是什么？

企业在构建核心竞争力的时候，要从八个方面考虑，但是最后必须凝聚在一个点上。构建一个企业的核心竞争力可以从八个方面考虑。

规范化管理：企业的规范化管理也是基础竞争力的管理，在前面讲过，很多企业都有"两低一高"的现象。其中基础管理差，管理的混乱使得企业的成本居高不下。

资源竞争分析：通过资源竞争分析，明确企业有哪些有价值的资源可以用于构建核心竞争力，如果有，具体应该怎样运用。

竞争对手分析：对竞争对手的分析能够让企业知道自己的优势和劣势，企业平时要留意收集竞争对手的信息和市场信息，及时掌握对手的动态。

市场竞争分析：对市场的理解直接影响到企业的战略决策，如果对市场把握不准，就会给企业带来很大的危机。

无差异竞争：所谓的无差异竞争是指企业在其他方面都不重视，只强调一项，那就是价格，也就是打价格战。中国的很多企业都经常使用这种竞争方法，可是事实上，世界一些有实力、有基础的大企业都不轻易使用这一方法。

差异化竞争：差异化竞争与无差异竞争相反，是指企业不依靠价格战，而是另辟蹊径，出奇招取胜。

标杆竞争：所谓标杆竞争就是找到自己有哪些地方不如竞争对手，在超越竞争对手的时候设立标杆，每次跳过一个标杆，再设新的标杆，这样督促自己不断进步。

人力资源竞争：人力资源的竞争直接关系到企业的核心竞争力，尤其是在 21 世纪，人才最重要，企业必须重视人才、培养人才、留住人才。

（二）外包战略

战略外包是一种管理策略，是指企业从战略的角度出发，将一些非核心的或者成本处于劣势的业务，转移到企业之外，使企业将有限的资源使用在那些期望取得长期成功，能够创造出独特价值，或者能使企业成为行业领先者的核心业务领域。战略外包被认为是一种企业有效降低产品成本，引进和利用外部资源，帮助企业提高核心竞争力的有效手段。

战略外包不仅是企业业务流程和管理范围的重新调整,而且是企业价值链中关键环节的重新组合。它是社会生产的进一步细化,竞争加剧的产物。外包的实质是实现智力资源、服务资源、市场资源和信息资源的共享和优化配置,其核心是提高企业整体生产效率,以达到增加赢利的目的。一个完整的外包决策包括外包业务选择、外包方案评估、外包合同管理和外包服务的监控等阶段。

企业采用战略外包这一策略的优点主要有三点。

(1)通过非核心业务的外包,企业将资源集中于企业的核心业务上,增强企业经营的灵活性,加快企业决策速度和降低管理成本。

(2)通过外包以较低的成本获得更好的产品,降低企业一部分业务的成本。

(3)可以使企业避免因过度的前后整合带来经营风险。

一般地说,战略外包主要有以下模式。

(1)生产外包。最早出现的生产外包就是劳动密集型产业生产部分的外包。

(2)销售外包。它有两种形式:一是销售代理,二是特许经营。许多企业用招募代理经销商的方式构建销售渠道。

(3)脑力资源外包。主要包括研发外包、咨询外包和培训外包。企业可以将技术项目、咨询、策划和培训等工作委托给相应的专业机构来完成,借助企业外部脑力资源为本企业服务。

(4)管理外包。企业将一部分管理职能交给外部专业公司来进行,比较常见的有财务管理、后勤管理、办公行政管理、人力资源管理等。企业节省了管理方面的开支,从繁杂的日常管理中解脱出来,专注于创造利润的部分,从而确保了市场优势。

(5)物流外包。物流外包也叫第三方物流,物流代理企业将一切的物流活动交给专业的物流公司来完成。

(6)客户关系外包。企业可以把那些并非核心业务活动或不能以较低成本自行处理的客户业务交给外包商加以管理,形成客户关系外包。此外还有IT应用服务外包等。

三、供应链合作伙伴关系建立的价值意义

(一)供应链战略合作伙伴关系的价值

供应链合作伙伴关系不但能够合理配置国家资源,有效消除浪费,对每个企业的价值和影响力是不言而喻的。每个企业都处于供应链之中,整个供应链的物流、商流、信息流和资金流都对企业的运营有重大影响。在合作、互信、共赢的基础上建立起多样化、个性化相结合的良好和谐的供应链合作伙伴关系,可以使企业处于有利的市场竞争地位,使得企业权益最大化或成本最小化,具有重要的价值和意义。

1. 有利于形成基于战略合作伙伴关系的企业集成模式

建立供应链战略合作伙伴关系的价值之一体现在企业集成模式的形成方面。与合作伙伴形成战略合作关系之后,企业在宏观、中观、微观上都很容易实现相互集成。在宏观层面上,主要是实现企业之间的资源优化配置,企业合作及委托实现机制设计;而中

观层面,主要是在一定的信息技术支持和联合开发的基础上实现信息的共享;微观层面则是实现同步化、集成化的生产计划与控制,并实现物流保障和服务协助等业务职能。

2. 有利于建立战略合作伙伴关系的质量保证体系

战略合作伙伴关系企业必须将顾客需求贯穿于整个设计、加工和配送的过程中,企业不仅要关心产品质量,而且要关心广告、服务、原材料供应、销售、售后服务等活动的质量。这种基于供应链全流程的以并行工程为基础的质量思想被称为"过程质量",通过实施供应链各节点企业的全面质量管理,实现基于"双零"(零库存、零缺陷)的精益供应链目标。为获得顾客满意的产品质量,人们普遍采用了基于质量功能开发(quality function development,QFD)的管理方法。QFD能将顾客实际需求反映到企业制造全过程中,通过产品质量功能的配置满足顾客的需求,从而提高顾客满意度。

3. 有利于战略合作伙伴关系中的技术与服务协作

具有战略合作伙伴关系的供应链,其竞争优势并不是仅仅因为企业有形资产的联合和增加,而是企业成为价值链的一部分,实现了知识的优化重组和"强-强"联合,也就是用最小的组织实现了最大的管理效能。通过信息的共享,企业把精力用于具有创新能力的活动,运用集体的智慧提高应变能力和创新能力。供应链管理过程中的知识或技术的扩展,与传统意义上的信息流是不同的。企业要合理利用知识链(或技术链),确定各项具体技术在知识链中的每一个环节上所起的作用,注重那些能显著提升企业创新能力的知识与信息的合理运用和扩散作用。为此,必须重视知识主管(chief knowledge officer,CKO)和信息主管(chief information officer,CIO)在企业中的作用。

4. 有利于提高供应链对客户订单的整体响应速度

从供应链战略合作伙伴关系有利于缩短供应链总周期的视角来分析,也可以看出它对供应链管理企业的重要意义(图4-1)。速度是企业赢得竞争的关键所在,供应链中的制造商要求供应商加快生产运作速度,通过缩短供应链总周期时间,达到降低成本和提高服务质量的目的。从图4-1中可以看出,要缩短总周期,主要依靠缩短采购时间、流入物流(inbound logistics)时间、流出物流(outbound logistics)时间和生产制造时间(客

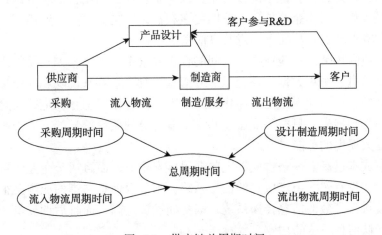

图 4-1 供应链总周期时间

户、制造商与供应商共同参与）来实现。因此，加强供应链合作伙伴关系有利于缩短供应链总周期，提高对客户订单的响应速度。

（二）供应链战略合作伙伴关系的意义

对于制造商、买主：①降低成本（降低合同成本）；②实现数量折扣、稳定而有竞争力的价格；③提高产品质量和降低库存水平；④交货提前期的缩短和可靠性的提高；⑤提高面向工艺的企业规划；⑥更好的产品设计和对产品变化更快的反应速度；⑦强化数据信息的获取和管理控制

对于供应商、卖主：①保证有稳定的市场需求；②对用户需求更好地了解/理解；③提高运作质量；④提高零部件生产质量；⑤降低生产成本；⑥提高对买主交货期改变的反应速度和柔性；⑦获得更高的（比非战略合作关系的供应商）利润。

对于买卖双方：①改善相互之间的交流；②实现共同的期望和目标；③共担风险和共享利益；④共同参与产品和工艺开发，实现相互之间的工艺集成、技术和物理集成；⑤减少外在因素的影响及其造成的风险；⑥降低投机思想和投机概率；⑦增强矛盾冲突解决能力；⑧订单、生产、运输商实现规模效益以降低成本；⑨减少管理成本；⑩提高资产利用率。

四、供应链合作伙伴关系的制约因素

供应链合作伙伴关系直接关系到企业的生存与发展，而供应链合作伙伴关系的协调管理更具有现实整理提供意义，直接关系到合作关系的维持及合作各方的共同利益。在制造商与供应商的重复交易中，最终追求的都是"利益"，只要双方都关心彼此的长期利益，那么双方建立战略合伙关系就是上上之选。但供应链合作伙伴关系构建常常受到各方面因素的制约。

（一）主观因素

利益分配制度不合理。 供应链可能存在个体利益与整体利益不一致的情况，具体表现在两个方面：一是，供应链中的核心企业或大企业往往利用自己在资源、资金、实力等方面的明显优势，对小企业施压，获取更多利益；二是，部分企业滥用其他企业信息而获取并独占额外利益。从而不愿意共享信息。

商业机密泄露风险。 供应链企业之间的合作要求企业共享，如产品的成本信息、最终客户的需求信息、销售数据，甚至是财务信息等对于企业来说隐私的信息，但是供应链上企业之间的合作不同于纵向一体化企业，因此在合作当中存在道德风险。企业为保证自身利益不受到损失，只有采取避免共享企业自身的关键信息的方式来避免泄露信息及造成企业巨大损失的可能。

信息共享成本过高。 一条供应链上包括很多家企业，而且成员企业还可能会发生变动。如果企业间没有建立稳定成熟的信息系统，则单次信息共享的成本会很高；而如果企业间建立较科学高效的信息传递系统，则初期投资过高，而且后期成员企业的变动也可能会大大降低信息系统的功效。

（二）客观因素

供应链条不稳定。 供应链对其成员企业不具有强制力，相对动态。成员企业缺乏长期合作的心理保障和利益动力，对其他企业存在戒备，处于短期博弈中，所以不愿与其他成员企业坦诚相待，分享信息。

电子信息技术欠缺。 技术支撑是保证信息共享实现的重要因素。供应链管理中的信息技术涉及面很广，条码技术、网络技术、数据库技术、电子商务技术等均与其相关。企业信息共享需要两个或多个企业的系统兼容，包括网络接口兼容、软件接口兼容、数据兼容、权限兼容等。这些的实现都需要复杂的技术支持。供应链中的核心企业、大企业通常拥有较先进的信息技术和设备，而众多小企业在这方面较为欠缺，成为供应链中信息共享的瓶颈。

供应链信息技术人才缺乏。 供应链中的信息技术人才需要既熟悉供应链管理，又精通信息技术的综合人才担任。而由于供应链管理和信息技术（尤其是数据库、网络等计算机知识）属于区别较大的两个知识领域，所以目前这种综合人才比较缺乏。

供应链合作伙伴关系选择和构建时还需注意以下几个方面。

高层态度。 良好的供应链关系首先必须得到最高管理层的支持和协商。只有最高层负责人赞同合作伙伴，企业之间才能保持良好的沟通，建立相互信任的关系。

企业战略和文化。 解决企业结构和文化中社会、文化和态度之间的障碍，并适当地改变企业的结构和文化。在合作伙伴之间建立统一一致的运作模式或体制，解决业务流程和结构上存在的障碍。

合作伙伴能力和兼容性。 总成本和利润的分配、文化兼容性、财务稳定性、合作伙伴的能力和定位、自然地理位置分布、管理的兼容性等。

信任。 在供应链战略合作关系建立的实质阶段，需要进行期望和需求分析，相互之间需要紧密合作，加强信息共享，相互进行技术交流和提供设计支持。在实施阶段，相互之间的信任最为重要。

第二节 供应链合作伙伴的选择标准与原则

具有战略合作伙伴的企业关系体现了对企业内外资源的集成与优化利用。基于这种企业环境的产品制造过程，从产品的研究开发到投放市场，大大地缩短了周期，而且顾客导向化程度更高。模块化、简单化、标准化的组件，使企业在多变的市场中柔性和敏捷性显著增强。虚拟制造与动态联盟加强了业务外包策略的应用，企业集成从原来的中低层次的内部业务流程重构上升到企业间的协作，形成一种更高层次的企业集成模式。虽然有这些利益存在，但仍然有许多潜在的风险会影响供应链战略合作伙伴关系的参与者。最重要的是，过分地依赖于一个合作伙伴，可能会在合作伙伴不能满足期望要求时造成惨重的损失。而且，企业也可能因为战略合作伙伴管理失控、过于自信、合作伙伴过于僵化的专业领域等原因而使自身的竞争力受到影响。此外，企业可能还会过高估计供应链战略合作伙伴关系的利益而忽视了潜在的缺陷。所以企业必须对供应链战略合作伙伴关系策略进行正确的分析，再做出最后的决策。供应链合作伙伴是由供应商、生产商或制造商、销售商和用户组成的一个整体，各方之间具有有机的内在关联性。无论是哪一种角色，在选择合作伙伴时都必须考虑对它的评价。因此，供应链合作伙伴选择评价就成为管理人员必须掌握的基本内容。

一、供应链合作伙伴的类型

在集成化供应链管理环境下，供应链合作关系的运作需要减少供应源的数量（短期成本最小化的需要，但是供应链合作关系并不意味着单一的供应源），相互的连接变得更专有（紧密合作的需要），并且制造商会在全球市场范围内寻找最杰出的合作伙伴。这样可以把合作伙伴分为两个层次：重要合作伙伴和次要合作伙伴。重要合作伙伴是少而精的、与制造商关系密切的合作伙伴，而次要合作伙伴是相对多的、与制造商关系不太密切的合作伙伴。供应链合作关系的变化主要影响重要合作伙伴，而对次要合作伙伴的影响较小。

图4-2为合作伙伴分类矩阵图。图中纵轴代表的是合作伙伴在供应链中增值的作用。如果一个合作伙伴不能对增值做出贡献，那么它对供应链的其他企业就没有吸引力。横轴代表某个合作伙伴与其他合作伙伴之间的区别，主要是设计能力、特殊工艺能力、柔性、项目管理能力等方面的竞争力的区别。

根据合作伙伴在供应链中的增值作用和它的竞争实力，可将合作伙伴分为普通合作伙伴、竞争或技术性合作伙伴、有影响力的合作伙伴和战略合作伙伴四类。在实际运作中，应根据核心企业选择不同的目标、不同的价值取向，不同类型的合作伙伴。对于长期合作需求而言，要求合作伙伴能保持较强的竞争力和增值率，因此最好选择战略性合作伙伴；对于短期或某一短暂市场需求而言，只需选择普通合作伙伴满足需求，以保证成本最小化；对于中期需求而言，可根据竞争力和增值率对供应链的重要程度，选择有影响力的合作伙伴或竞争性、技术性的合作伙伴。

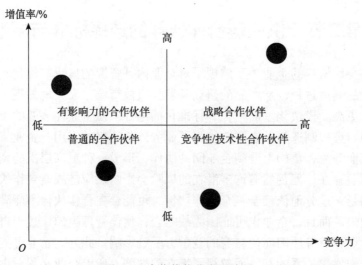

图4-2 合作伙伴分类矩阵图

二、供应链合作伙伴选择的原则与标准

（一）供应链合作伙伴选择的原则

在合作伙伴的选择过程中，应根据不同的供应链组成形式和具体任务制定不同的选择原则和标准，一般的通用性原则如下。

1. 核心能力原则

要求参加供应链的合作伙伴，必须具有并能为供应链贡献自己的核心能力，而这一核心能力也正是供应链所确实需要的，从而避免重复投资。

2. 总成本核算原则

要实现供应链总成本最小化，实现多赢的战略目标，要求伙伴之间具有良好的信任关系，连接成本较小。

3. 敏捷性原则

供应链管理的一个主要目标就是把握快速变化的市场机会，因此要求各个伙伴企业具有较高的敏捷性，要求对来自供应链核心企业或其他伙伴企业的服务请求具有一定的快速反应能力。

4. 风险最小化原则

供应链运营具有一定的风险性，如市场风险依旧存在，只不过在个体伙伴之间得到了重新分配，因为伙伴企业面临不同的组织结构、技术标准、企业文化和管理观念，所以必须认真考虑风险问题，尽量回避或减少供应链整体运行风险。

违反上述原则将会极大影响供应链的效率。违反核心能力原则和总成本原则，难以满足供应链"外部经济性"的要求，违反敏捷性原则，则不能保证快速迎合市场机遇的目的，而忽视风险最小化原则，会为供应链的运营埋下巨大的隐患。因此在选择供应链合作伙伴时，必须全面认真地考虑以上4个基本原则。

上述4个原则只是供应链合作伙伴选择的一般性原则或基本原则。由于具体问题的不同，以及供应链核心企业具体目标的差异，在选择合作伙伴时可能并不只限于4个基本原则，还要考虑很多其他方面的因素。如何具体评估和衡量候选伙伴是否满足上述原则，如何综合多方面的评价结果，克服人为因素影响，得到一个相对满意的伙伴组合方案，需要进行一定的定量计算。

（二）供应链合作伙伴选择的影响因素

供应链管理是一个开放系统，供应商隶属于该系统的一部分，因此，供应商的选择会受到各种政治、经济和其他外界因素的影响。供应商选择的影响因素主要有以下几个方面。

1. 价格因素

它主要是指供应商所供给的原材料、初级产品（如零部件）或消费品组成部分的价格，供应商的产品价格决定了消费品的价格和整条供应链的投入产出比，对生产商和销

售商的利润率产生一定程度的影响。

2. 质量因素

它主要是指供应商所供给的原材料、初级产品或消费品组成部分的质量。原材料、零部件、半成品的质量决定了产品的质量，这是供应链生存之本。产品的使用价值是以产品质量为基础的。如果产品的质量低劣，该产品将会缺乏市场竞争力，并很快退出市场。而供应商所供产品的质量是消费品质量的关键之所在，因此，质量是一个重要因素。

3. 交货周期因素

对企业或供应链来说，市场是外在系统，它的变化或波动都会引起企业或供应链的变化或波动，市场的不稳定性会导致供应链各级库存的波动，由于交货提前期的存在，必然造成供应链各级库存变化的滞后性和库存的逐级放大效应。交货提前期越短，库存量的波动越小，企业对市场的反应速度越快，对市场反应的灵敏度越高。由此可见，交货周期也是重要因素之一。

4. 交货可靠性因素

交货可靠性是指供应商按照订货方所要求的时间和地点，将指定产品准时送到指定地点的能力。如果供应商的交货可靠性较低，必定会影响生产商的生产计划和销售商的销售计划及时机。这样，就会引起整个供应链的连锁反应，造成大量的资源浪费并导致成本上升，甚至会致使供应链的解体。因此，交货可靠性也是较为重要的因素。

5. 品种柔性因素

在全球竞争加剧、产品需求日新月异的环境下，企业生产的产品必须多样化，以适应消费者的需求，达到占有市场和获取利润的目的。因此，企业就必须发挥柔性生产能力，而企业的柔性生产能力是以供应商的品种柔性为基础的，供应商的品种柔性决定了消费品的种类。

6. 研发和设计能力因素

供应链的集成是未来企业管理的发展方向。产品的更新是企业的市场动力。产品的研发和设计不仅仅是生产商的分内之事，集成化供应链要求供应商也应承担部分的研发和设计工作。因此，供应商的研发和设计能力属于供应商选择机制的考虑范畴。

7. 特殊工艺能力因素

每种产品都具有其特殊性，没有独特性的产品的市场生存力较差。产品的独特性需求特殊的生产工艺，所以，供应商的特殊工艺能力也是影响因素之一。

8. 其他影响因素

例如，项目管理能力、供应商的地理位置、供应商的库存水平、供应商可能存在的风险等。

具有战略合作伙伴的企业关系体现了对企业内外资源的集成与优化利用。基于这种企业环境的产品制造过程，从产品的研究开发到投放市场，大大地缩短了周期，而且顾客导向化程度更高，模块化、简单化、标准化的组件，使企业在多变的市场中柔性和敏捷性显著增强。虚拟制造与动态联盟加强了业务外包策略的应用，企业集成从原来的中低层次的内部业务流程重构上升到企业间的协作,形成一种更高层次的企业集成模式。

虽然有这些利益存在,但仍然有许多潜在的风险会影响供应链战略合作伙伴关系的参与者。最重要的是,过分地依赖于一个合作伙伴,可能会在合作伙伴不能满足期望要求时造成惨重的损失。而且,企业也可能因为对战略合作伙伴管理失控、过于自信、合作伙伴过于僵化的专业领域等原因而使自身的竞争力受到影响。此外,企业可能还会过高估计供应链战略合作伙伴关系的利益而忽视了潜在的缺陷。所以企业必须对供应链战略合作伙伴关系策略进行正确的分析,再做出最后的决策。

通过近几年的调查发现,我国企业评价选择合作伙伴时存在较多问题:一是选择方法不科学,主观成分过多,有时往往根据企业的印象来选择,选择中还存在一些个人成分;二是选择标准不全面,目前企业的选择标准多集中在企业的产品质量、价格等方面,没有形成一个全面的综合评价指标体系,不能对企业做出全面、具体、客观的评价;三是选择机制不配套,各个部门各行其是,有时选择流于形式;四是对供应链合作伙伴关系的重要性认识不足,对合作伙伴的态度恶劣。这些问题影响着企业建立合作伙伴关系的基础,从整个供应链来看是不利的。

(三)供应链合作伙伴选择的评价标准

1. 评价准则(指标体系)的设置原则

全面性原则。评价指标体系必须全面反映合作伙伴企业目前的综合水平,并包括企业发展前景的各项指标。

科学性原则。评价指标体系的大小也必须适宜,即指标体系的设置应有一定的科学性。如果指标体系过大、层次过多、内容过细,势必将评价者的注意力吸引到细小的问题上;而指标体系过小、层次过少、内容过粗,又不能充分反映合作伙伴的水平。

可比性原则。评价指标体系的设置应考虑到易于与其他指标体系相比较。

可操作性原则。评价指标体系应具有可操作性,企业应能根据自己的特点及实际情况,选择合适的评价指标。对供应商来说,要想在所有的内在特性方面获得最大利益是相当困难的,或者说是不可能的。例如,一个高质量产品的供应商就不可能有最低的产品价格。因此,在实际的选择过程中必须综合考虑供应商的主要影响因素。

2. 评价指标体系的设立原则

前面所列的影响因素在实际的供应链合作伙伴选择过程中表现出来的重要性是不同的。为了准确地评价和选择合作伙伴,必须建立一个相应的评价指标体系。迪凯思(Dickson)(美国工装、休闲装品牌)在对美国的数百家企业的经理进行调查后,认为产品的质量、价格和交货行为的历史是选择合作伙伴的三大重要标志,他建立了一个包含 21 个评价准则的供应商选择指标体系(表 4-1)。

Dickson 的供应商选择准则虽然很全面,但是它没有设置权重,不容易分析和应用。这一问题被后来的很多学者加以改进和完善,出现了分层次的评价准则体系(表 4-2)。不同的企业在选择合作伙伴时,可以根据自己的需要设计不同的评价准则。我国企业目前采用得比较多的评价准则主要是产品质量和价格。由于建立供应链合作伙伴关系时,更加关注长期合作,价格的重要性在降低,因此可以采用表 4-3 所示的评价指标体系。

表 4-1 Dickson 的供应商评价标准

排序	准则	排序	准则	排序	准则
1	质量	8	财务状况	15	维修服务
2	价格	9	遵循报价程序	16	态度
3	交货	10	沟通系统	17	形象
4	历史效益	11	美誉度	18	包装能力
5	保证	12	业务预期	19	劳工关系记录
6	生产设施/能力	13	管理与组织	20	地理位置
7	技术因素	14	操作控制	21	以往业务量

表 4-2 分层次、有权重的供应商评价准则

序号	评价准则	子准则
1	质量水平（0.25）	顾客拒收度（0.6）
		工厂检验（0.4）
2	响应性（0.03）	紧急交货（0.7）
		质量水平（0.3）
3	纪律性（0.04）	诚实（0.75）
		程序遵循度（0.25）
4	交货（0.35）	交货可靠性（1.0）
5	财务状况（0.06）	财务评价等级（1.0）
6	管理水平（0.06）	企业制度执行情况（0.75）
		业务水平（0.25）
7	技术能力（0.08）	解决技术问题的能力（0.8）
		产品线宽度（0.2）
8	设备设施（0.13）	机器设备完好率（0.6）
		基础设施水平（0.2）
		布局合理性（0.2）

表 4-3 合作伙伴综合评价指标体系

层级	指标			
第一层	合作伙伴综合评价指标体系			
第二层	企业业绩评价 A	生产能力评价 B	质量系统评价 C	企业环境评价 D
第三层	企业发展前景 企业信誉 订单交付质量 成本分析 员工福利	制造/生产状况 设备状况 财务状况 人力资源状况 技术合作	质量管理资源 质量检验试验 制造质量保证 供应质量保证 产品开发质量 质量认证体系	社会文化环境 自然地理环境 经济技术环境 政治法律环境
第四层	根据以上因素选择可观测指标	根据以上因素选择可观测指标	根据以上因素选择可观测指标	根据以上因素选择可观测指标

三、供应链合作伙伴的评价与选择

随着经济全球化的迅速发展，企业间的竞争转移到供应链之间，供应链管理中的合作伙伴关系的构建及管理逐渐成为研究热点。企业建立供应链合作伙伴关系不仅能够提高自身的管理水平和绩效，同时也能够大幅度提高整体竞争能力。下面介绍几种常用的供应链合作伙伴选择方法。

（一）供应链合作伙伴选择的常用方法

1. 直观判断法

直观判断法是指预测者凭着已往的知识经验和综合分析能力，或依靠群众的智慧和经验进行预测的方法，是一种传统的预测方法，又称"经验判断"。直观判断法是由局部、个别到特殊的分析推理方法，具有极大的灵活性和广泛性。它的确定在于带有明显的主观性，因此常用于选择企业非主要原材料的合作伙伴，或用于确定合作伙伴的初期名单。

2. 招标法

招标法是指招标单位与投标单位如何联系的方式、方法。一般分为公开招标或非公开招标两类。其中非公开招标又可分为邀请招标和议标等几种。另外，在公开招标这一类中，根据招标单位的多少，也可分为单独招标和联合招标。单独招标是一个招标单位进行招标。联合招标是几个或一批招标单位为各自的目的同时招标。单独招标和联合招标有各自的优缺点。但工程招标一般宜采用单独招标方式。在实际工作中，一次性招标和分阶段招标也可视作招标方式的分类。

3. 协商选择法

协商选择法是指在合作方较多、企业难以抉择时，也可以采用协商选择的方法，即由企业先选出供应条件较为有利的几个合作伙伴，同他们分别进行协商，再确定适当的合作伙伴。协商选择法与招标法相比，协商方法由于供需双方能充分协商，在服务水平、服务质量和服务价格等方面较有保证。但由于选择范围有限，不一定能得到价格最合理、条件最有利的供应来源。当外包时间紧迫、投标单位少、竞争程度小、技术条件复杂时，协商选择方法比招标法更为合适。

4. 采购成本比较法

采购成本比较法是通过计算分析针对各个不同伙伴的采购成本，选择采购成本较低的合作伙伴的一种方法。当物资质量、信誉、履约率及销售后的服务均能满足要求时，采购成本就成为我们选择供应商的主要因素。在这种情况下，宜用"采购成本比较法"来评价、选择供应商。采购成本比较法，是根据物资采购总成本（包括物资价格、运费及其他采购费用）来评选对象。

此外，还可以采用层次分析法、ABC分析法、神经网络算法等。

（二）建立供应链合作关系的注意事项

良好的供应链合作关系首先必须得到最高管理层的支持，并且企业之间要保持良好的沟通，建立相互信任的关系。在战略分析阶段，需要了解相互的企业结构和文化，消除社会、文化和态度之间的障碍，并适当地改变企业的结构和文化。同时，在企业之间建立协调、统一的运作模式或体制，消除业务流程和结构上存在的障碍。

在合作伙伴评价和选择阶段，总成本和利润的分配、企业文化的兼容性、财务的稳定性、合作伙伴的能力和定位（包括地理位置分布）、管理的融合性等都将影响合作关系的建立，必须增加与主要供应商和用户的联系，增进相互之间的了解（对产品、工艺、组织、企业文化等），相互之间保持一定的一致性。

在实施阶段，相互之间的信任最为重要，良好愿望、柔性、解决矛盾冲突的技能、业绩评价（评估）、有效的技术方法和资源支持等都很重要。另外，建立供应链合作关系后需要定期或不定期的动态考核，促进合作伙伴不断成长。

思考与练习

（1）详细说明供应链企业合作关系的含义，讨论一般合作关系与战略合作伙伴关系之间的区别。

（2）供应链企业之间合作的基础是什么？

（3）如何建立伙伴选择的评价指标？最主要的指标包括哪些？

（4）供应链企业运作不协调现象包括哪些？举例说明。

（5）供应链管理的协调性与供应链激励之间的关系是什么？

案例讨论

日用品制造商的第三方物流合作伙伴选择

王小军受聘到一家日用品制造商——Y 公司任物流总监。他通过对第三方物流提供商进行调研分析后，发现一个令人惊讶的现象：为 Y 在同一个城市内提供市内分销配送的三家公司（两大一小），彼此间做同样的服务，但价格差异却很大，最高的一家价格甚至是较低一家的两倍之多（表4-4）。

表4-4 服务价格差异

物流商	物流价格（举例）	物流商业性质
N	3.7元/tkm	Y公司所在集团参股的第三方大型物流企业
M	3.0元/tkm	第三方大型物流企业
W	1.8元/tkm	第三方小型物流企业（搬家公司）

注：本表数字经过处理，以防止泄露企业信息

这样的选择结果，究竟是怎么来的呢？

虽说物流商选择在制造商的供应链环节中，不像产能规划、产品战略、库存模式那样直接影响企业的全面成本，但好歹每年几千万甚至几亿元投进去，至少也要明白所选的第三方物流商究竟怎样呀！他决定做一个详细分析。

相关资料：Y 公司的背景及储运作业方式

Y 公司拥有上百个规格品种的产品，年营业额达百亿人民币。

Y公司月70%销量来自经销商（全国共600多家），其余的来自一些重点零售客户（key account，以下简称KA）和特别渠道，如机构、学校等。

因此，Y公司有一个由生产技术为主导的供应链部门负责公司产成品的仓储、运输、调拨计划、需求和供应计划、销售订单处理等业务，并在武汉、成都、西安等城市分别设有区域配送中心（regional distribution center，RDC）。这些区域配送中心负责支持各自区域的销售活动。

每周，Y总部计划部门会根据各区域配送中心所覆盖地区的销售预测、部门设定的库存目标、当前库存和生产基地的供应周期，向生产基地下达补货计划。每年，除了管理人员的薪酬、办公。费用和IT系统支出外，大部分的物流支出（总共约2亿元）是花在仓储、分装、运输领域。

仓储方面的主要支出是配送中心的支出。Y公司所有的配送中心采用外包租赁形式，包给了不同的第三方物流，也就是租赁他们的仓库。配送中心的主要职责是收发货、仓储、分拣、轻度加工和按订单配送，其中轻度加工主要是服务Y公司的不定期的促销活动，这往往需要诸如贴标签、再包装等工作。

运输主要包括：从生产基地到区域配送中心的干线运输、从配送中心到经销商的支线运输和配送中心到零售商的配送。运输的整体费用占Y公司储运支出的80%。虽然有少量的车辆，但大部分运输活动均采用外包——Y会在配送中心所在区域寻找基于该市范围内的物流商。

Y公司的物流业务模式对其物流合作伙伴也有许多不利。例如，Y公司有上百个单品，在这种情况下，多个品种规格产品的存放就是一个难题：是每个仓库都平均备货？还是把单个品种存放在一个仓库中？Y公司目前把销量小的规格品种存放在一个仓库中。而现在下游分销客户订货平均包含10多个品种，为了完成配货，物流商需要在各个地点的仓库分别装货，完成配货需要花费大概一整天的时间，而物流商真正运输的时间平均只有一天的时间，从而大大增加物流商的物流成本。

产品规格增加还导致物流商运输工具装载能力下降。仅以60 t的火车皮为例，如果装载单品种，可以满载60 t。但是客户一般订货平均有10多种规格的产品，数量大小不一，装载能力就下降到50 t，从而使吨均运输费用增加了20%。假如对规格进行有效管理，使得车皮装载能力提高到53 t，大约吨均运输费用降低5%，则物流企业每年可以节约运输费用400万元左右。这种装载问题同样存在于厢式货车（市内配送）等固定容积运输工具。

原来是不得已而为之

面对Y公司的奇事，王小军决定深入研究了一下。

每年六七月，Y公司都会举行物流服务商招标会，确定下一年度的物流服务商，也顺势对区域的经销商、KA物流策略进行相应调整。

搞招标会，设想得挺好，看起来也不是很难：只要生产技术部储运经理的分析报告往招标会上一放，然后各物流商针对分析报告内容提交各自的解决方案，最终储运经理根据这些解决方案，确定一家第三方物流公司，这次招标活动就算圆满结束了。至少在一年时间里，Y公司不用再为换物流服务商的事情操心，很多公司都采用这种方法。但每当这个时候，问题经常接踵而来。正如Y公司所抱怨的，与中标物流企业确定服务价格、协商具体服务合同条款真是个麻烦事。要知道，一场招投标活动，招方、投方各有算盘：招方担心物流商报价有假，在投标现场故意砸价，其实真正合作起来，服务条款难以保证，物流商到时候还可能会借机涨价；投标的物流商担心合作难以持久，成本不好换算，如果为Y投入人力、物力，甚至购买新物流设备，那么资金压力太大。

结果这样的选来谈去，最后Y公司也看花了眼，忙去查探当地同行中哪个物流公司的口碑好，价格嘛，其实反而放在一边。

这一打听，虽然能缩小范围，但终究还剩下几家得挑。Y满心想这几家中选个大物流商，但如今人家大物流商实力渐长，店大欺客，物流成本谈不下来。换用个小物流商，虽然服务口碑也不错，但以它的配送能力，又没法兼顾区域内的全面市场。

这时，公司内部又有话了：如果全选集团外的配送商，他们又不是只接我们一家的，万一到了旺季，无法保证对我们的服务怎么办？岂非白白把市场送给了对手品牌？因此还是应该把部分业务给Y公司自己参股的物流公司才好。

到底应该选哪一种物流服务商呢？到头来，Y公司只好大小通接，就出现了这一幕：彼此间同样的服务，价格差异却很大，生产商也无法管理。大物流商说嫌价高，你去找小物流商啊；小物流商说，你嫌我送远地方的货物送得慢，你去找价高的送啊！

物流企业的委屈

其实，物流提供商也一肚子委屈。

报价高的那家N大型运输公司的管理者虽然隶属于Y公司，但合作条件上其实与第三方物流公司相同，抱怨说：我知道自家的价格肯定不比对手有竞争力，但我绝不是店大欺客。

这宗大单落到N公司头上，不仅意味着巨大的业务量，同时也意味着它得承担Y公司的物流风险：因为现在Y公司要求的报价单毕竟与过去投标的报价单有了不同，物流公司的解决方案报价明明白白列出了N公司的成本底线。细分到细节，成本透明且没有任何弹性空间。一旦遭遇淡季或是其他原因引起的销量变化，N物流公司就有亏本的危险。而M物流公司除了Y公司之外还有别的客户，因此一些如叉车、货架、人工等的服务资源都可能被共享，成本可以摊薄。那N物流公司要是跟W物流公司比呢？N物流公司可以说小物流商W是故意砸价，但口说无凭，从专业角度讲，如果W企业在报价时采用作业成本法（activity based costing）来具体分析各项仓储配送活动的成本，则真有可能会报价低！比如，同样的两个仓库都用30个工人30天的成本完全摊到每月每箱的报价中，而不管Y公司的业务是否全时使用，W作为小型物流公司，在报价中，可能考虑到业务真正耗用的人工有时多、有时少，因此是按比例分摊的人工成本，当然搬运工人这项的报价就比N低。

既然理论上（方案中）真存在这样的情况，Y公司基本就无法考虑W的报价是真实的低成本低价，还是恶性地报低价格。而且Y公司在运作中的确也不觉得W物流公司的服务差多少，并且跟Y公司这样的企业合作，W物流公司也很听话呀。Y还拿W物流公司和M物流公司的价格去找N物流公司，一再表示别人的报价比N公司低，可N公司的管理者说了：我也没有办法改变呀。

大物流商的价格谈判麻烦点，大多会提出最低运输量的要求（他们所谓的保本业务量），不过他们多少运作还算正规；小公司价格是低，也好操控，但是不是先报低价胜标，再等日后找各种借口要求涨价？要是那样，招标岂不是白搞了，或届时再搞？选择物流提供商是大的好还是小的好，招投标又如何去管理呢？

讨论：

（1）根据本案例材料，请分析应该选择大型的物流供应商还是小型的物流供应商。

（2）如何改善公司的物流业务模式，达到与合作伙伴物流模式相适应的效果。

（3）如何有效管理产品规格品种，提高运输工具的装载能力。

（4）第三方物流行业内的不正当竞争导致管理投标困难，如何管理招标投标？

即测即练

第五章

供应链绩效评价与激励

学习重点

（1）供应链绩效评价的原则；
（2）供应链绩效评价的内容；
（3）供应链绩效评价的方法与实践；
（4）供应链企业激励机制的特点与内容。

第一节 供应链绩效评价概述

供应链整合管理往往能带来效率提升，从而推动供应链企业利润快速或稳定增长。作为一种新的管理思想和管理理念，供应链高效管理的价值已充分被企业关联受益人感知。美国咨询公司 PRTM 通过调查表明[①]，企业通过实施供应链管理，可以在"降低管理成本""加快资金周转""提升交付能力"等多个方面提高效益，然而仅依赖管理者模糊的感知不足以支撑供应链企业制定或优化各类精细化管理策略，因此明晰供应链运作绩效，展开科学的评价与激励机制也变得尤为重要。

企业的绩效评价研究发展到现阶段，已经从单纯的以财务为导向发展到前瞻的以战略为导向，并在绩效考核中充分重视其他利益相关者的利益。供应链的绩效评价随着企业绩效评价的发展也在逐步发展，由于它不仅关注企业自身的绩效，也充分关注与企业相关的供应商等其他供应链链条上的企业利益与企业关系，评价结构更复杂，从而引起了企业管理者和研究人员的广泛关注。

一、供应链绩效评价的内涵

（一）供应链绩效

高级汉语大词典将"绩效"定义为"功效，工作的成绩"，新牛津词典将 Performance

---

① Pittiglio Rabin Todd&Mcgrath (PRTM). Strategic Supply Chain[EB/OL]. (2012-10). https://www.pwc.com/gx/en/operations-consulting-services/publications/supply-chain-management.

解释为"履行或完成一项任务的行为和过程（the action or process of carrying out or accomplishing an action, task, or function）"，韦氏字典还将实现目标的"能力（ability）""激励（stimuli）"和"机制（mechanism）"等含义囊括在了绩效（performance）词项下，常见于个人、项目和组织的绩效研究。

具体到"供应链绩效"，大部分机构或学者都认为它是一个宽泛的概念，既包括供应链运作机制与行为，也包括运作结果与影响。由于供应链是一个网链结构，供应链绩效包含这个网链结构中所有参与者的共同行为、展现出的整合能力与最终达到的结果，同时也包含供应链运行过程中的有效性与高效性。

在更广阔的领域内，供应链与价值链的概念往往是交替使用的。除了供求关系，价值链的概念更加侧重表达供应链产生附加值的过程，因此可以用来突出供应链各方的广度及各方相互关联和互惠互利的性质。从价值角度给出供应链绩效的定义，即供应链各成员通过信息协调和共享，在供应链基础设施、人力资源和技术开发等内外资源的支持下，通过物流管理、生产操作、市场营销、顾客服务、信息开发等活动增加和创造的价值总和。

考虑到具体实践层面，随着行业发展、市场背景和政治局势的不断更新，供应链绩效有着不断丰富的内涵与外延，在内外部环境不确定性不断增加的今天，供应链绩效也以愈加复杂多维的形式呈现。

（二）供应链绩效评价

供应链绩效评价是指围绕供应链管理的目标，对供应链绩效展开的事前、事中和事后分析评价。供应链绩效评价与单个企业绩效评价有很大的不同，不仅包括对关键节点企业的运营绩效评价，而且包括企业间的协同绩效评价。比较常见的是从供应链的核心企业构成形态上分析，其绩效评价系统往往由供应商绩效、核心企业绩效、销售商绩效和协同绩效等多个子系统组成，很多学者和评价机构都对供应链各子系统绩效展开过评价。

除了核心企业构成分类法，考虑到供应链绩效的能力评价、过程性评价等多维内涵要素，很多学者还对供应链整体绩效评价提出了大量新型供应链绩效评估体系或评估模型及关键性度量指标，供应链绩效评价形式日益多样，各有侧重。比如，马士华[1]认为供应链绩效应该从内部绩效、外部绩效和综合绩效三个角度考虑，据此设计了供应链绩效评价指标体系；刘小平[2]考虑到供应链不同层次的绩效，提出了从战略、战术和操作层面上分层评估供应链绩效的模型；霍佳震[3]考虑到所有者、经营者和最终顾客，从流程角度分析供应链绩效并选择指标，构建了结果层、运作层和战略层绩效评价指标体系。

二、供应链绩效评价的意义

供应链绩效评价是供应链管理中非常重要的内容，对于衡量供应链目标的实现程度及提供经营性决策支持都具有十分重要的意义。

---

[1] 马士华. 供应链管理[M]. 武汉：华中科技大学出版社，2021.
[2] 刘小平，李洪福. 供应链绩效评估策略及其指标体系[J]. 物流技术，2002(08)：26-28+35.
[3] 霍佳震，马秀波. 供应链绩效评价体系构造及对灰关联法的改进[J]. 工业工程与管理，2004(06)：15-20. DOI:10.19495/j.cnki.1007-5429.2004.06.004.

毋庸置疑，与其他针对不同对象的评价一样，供应链绩效评价能够对供应链的构成和管理起到重要的指导作用，尤其是在重新设定商业目标、战略和具体实施过程中发挥作用。另外，科学的供应链绩效评价还能够促进供应链成员之间的相互了解与合作，也能够提高揭示战略效果、识别成功和潜在机会的预测能力。

三、供应链绩效评价的原则

供应链绩效评价强调供应链的整体系统性，需要遵循从战略到运营，逐层分解的原则，评价内容需要根据行业特点，包含影响供应链协同管理的企业或部门运作过程、战略目标、竞合关系等关键要素。

在实际操作时，通常需要参照评价目标建立评价指标体系。从有效建立供应链绩效评价指标体系的角度看，供应链绩效评价指标应满足以下基本原则。

（1）目标性。绩效评价指标体系在一定程度上是供应链企业运作的标杆，因此评价指标体系需要与供应链战略目标相一致，瞄准整个供应链当前和未来的竞争力，有必要的话，还需要突出战略关键指标。

（2）系统性。供应链需将所有节点企业的独立机能与相互关系统一协调于系统整体之中，因此指标体系必须从供应链整体的最优化入手，评价指标需要全面系统多层次。

（3）动态性。指标体系中的评价指标必须随供应链整体战略目标和企业内外部环境的变化而变化，为了及时捕捉新环境和新形势下供应链绩效，评价指标体系必须实时更新，具备较高的动态性。

（4）流程性。指标体系必须包含评价供应链业务流程的关键指标，强调在满足客户需要的服务水准下，以最小成本完成全流程价值实现或增值。

除了以上基本原则，供应链绩效评价指标体系的构建还要根据研究目的灵活调整，如很多学者根据特定供应链特点指出指标体系需要将评价指标与分析指标结合，或将面板指标与发展序列指标相结合等。总之，绩效评价需把绩效度量范围扩大到最能反映供应链核心绩效的关键信息上去。

第二节　供应链绩效评价的内容

一、供应链企业内部绩效

供应链节点企业的内部绩效是供应链整体绩效的核心组成部分，也是决定企业外部供应链关系的关键决定因素。供应链企业内部绩效即包括供应链核心企业的供应商绩效（包括供应商的供应商）、核心企业绩效、销售商绩效（直至更下游的终端销售商）等多个企业绩效子系统。

很多学者和评价机构都对供应链各节点公司绩效展开过评价，其中针对供应商评价的研究最多，如 Dickson 早在 1966 年就提炼出 23 项供应商绩效评价准则[1]。进入 21 世

---

[1] Dickson G W. An analysis of vendor selection system sand decisions[J]. Journal of Purchasing, 1966(2): 5-17.

纪后，评价标准随经济发展和时代特征变迁，学者们和企业家们强调在供应商绩效评价时需要考虑配送服务质量、反应度和信息共享等因素。针对下游分销商，通常有分销商绩效评价体系。针对各种类型的核心企业，绩效评价标准不同，有以配送中心为供应链核心企业绩效的评价模型；也有以包括产需率、产品循环周期和成本在内的供应链核心企业绩效指标。

事实上，不同行业供应链中，企业运作特点差别巨大，随着外部环境的不断变化，供应链风险增加，供应链企业绩效评价必须与时俱进，及时更新。通常情况下，分析与评价供应链企业内部的绩效，往往从资源（resources）、产出（output）及柔性（flexibility）等多种维度[①]展开，维度与维度间是相互作用和彼此平衡的。

（一）资源维度

资源维度下考察企业绩效评价需要考虑两个主要问题：一是企业资源的异质性，即企业的资源是有较大的差异的；二是企业资源的不完全流动性，即各个企业中有价值的资源常常是稀缺的和难以模仿的。资源评价是高效产出的关键，通常包括对知识产权、技术专利、库存水平、人力资源、设备利用、能源使用和成本等无形及有形资源的评价，但考虑到所在行业的差异，需要有针对性地设计评价指标，考察企业形成、利用并保护这些有价值的资源的能力。

（二）产出维度

与资源维度类似，产出维度也需要考虑行业及产出特点，但整体来说，产出评价相对统一，主要指中间和最终产出的数量与质量评价。产出对象包括产品和服务，评价内容包括客户响应程度、质量评价等多种综合形式。

（三）柔性维度

为了防止企业绩效评价时的静止性、单一性和被动性局限，需引入柔性维度评价维度。现代企业能力与绩效，与企业对环境因素和不确定性的认知及利用水平等许多方面密切相关，而这些方面的评价即柔性评价，主要分析企业在变化的环境中快速响应的能力。学者们采用不同的分类标准将其分为范围柔性和响应柔性，资源柔性和能力柔性，市场柔性、产品柔性和竞争柔性等不同方面。

二、供应链企业合作绩效

评价供应链整体绩效，不能忽视各子系统与整体之间的联系、影响和制约。供应链企业源自不同的利益主体，所形成的合作关系错综复杂。由于信息不完全性和机会主义行为，供应链企业间的合作绩效并不是简单的"1 + 1 > 2"的固定模式，其内涵非常复杂，是供应链绩效评价的难点。随着近些年来政治经济等环境风险因素的增加，供应链企业合作稳定性下降，越来越多的学者和机构将供应链企业合作绩效作为一个独立的问题加

---

① Beamon B M. Measuring supply chain performance[J]. International Journal of Operations & Production Management, 1999, 19(3): p.275-292.

以系统的考虑。

目前,交易成本理论、资源理论、社会学理论和组织学习理论等从不同角度和层次解释了供应链中企业的合作行为,分析了供应链企业间的合作动因、行为和关系,这些分析有助于我们对合作绩效的理解。Baird 和 Lyles 等[1]认为合作绩效可以从双方对合作目标的实现程度来进行解释;孙锐和王海燕[2]认为合作绩效是双方通过研究开发、生产制造、物流管理、市场营销、顾客服务等活动来创造或增加的价值总和。总的来说,合作绩效的考察视角必须是参与合作的多个供应链企业,是合作双方或多方绩效的同时改善,而不仅仅是一方的改善。一般从目标实现、满意程度和继续意愿几个维度测量,相比于企业内部绩效,合作绩效的评价引入的定性指标常常会更多一些,从而与合作绩效的内涵契合。

(一)交易成本维度

按照交易成本理论分析,在供应链系统结构中,供应链企业合作的过程实际上也就是为了使交易成本最小化的过程。各节点企业应该通过沟通与合作,形成良性循环的运作系统,使得在交易中减少重复性成本,通过降低信息不对称减少投机行为,形成置信承诺降低运作风险等。因此,交易成本维度衡量供应链企业合作绩效的主要标准是合作目标完成前后的成本控制问题。

(二)资源整合维度

与交易成本维度不同,资源整合强调评价供应链企业是否通过合作达到了资源合理利用从而实现价值最大化的目标。由于企业资源的异质性和不完全流动性,利用合作企业的资源来获得竞争优势也是供应链合作价值的体现。供应链合作就是一种为了弥补自身资源的不足,从而使用或获取其他企业有价值资源的方式。供应链中每个节点企业不断强化自身核心资源,并且将自己的一部分薄弱业务外包出去,吸收其他企业的核心资源参与自己的生产,形成一种"强强联合"的运作形式。因此,资源整合维度主要衡量合作企业整合异质资源为供应链带来新的竞争优势的程度。

(三)社会愿景维度

交易成本维度和资源整合维度是从传统的成本和收益角度衡量合作绩效的,然而供应链企业是社会中的企业,企业行为不可避免要受到周边环境的影响,社会愿景维度认为企业的供应链合作关系的形成与维持乃至合作绩效受到社会网络的影响。企业供应链合作意愿不但和企业自身利益有关,同时也和企业的社会网络嵌入型有关,多个企业在网络中相互熟悉,有过良好的合作经验,企业之间的文化相似等,都有利于新的联盟的形成,企业的地位和声誉也会对供应链的合作绩效产生影响。测量不同对象对供应链继续合作的愿景对供应链合作绩效的实现有十分重要的意义。

---

[1] Baird L S, Lyles M A, Orris J B. Formalized Planning in Small Business: Increasing Strategic Choices[J]. Blackwell Publishers Ltd., 1994(2).

[2] 孙锐,王海燕. 电子商务环境下供应链合作联盟绩效评价研究[J]. 北京邮电大学学报(社会科学版),2004,6(3):27-32.

三、供应链整体绩效

供应链整体绩效是企业内部绩效与企业合作绩效的整合,在进行测度时可以按照"企业内部+企业合作"的维度整合,也可以从其他角度(如美国供应链协会推行的供应链运作参考模型,supply chain operations reference,SCOR 模型)来整合测量。

虽然学者们对供应链绩效的测量采用了不同的评价指标,但总的来说可以分为客观指标和主观指标两大类。

(一)客观指标

客观指标大多依赖于各种客观数据,以财务数据(如销售金额、投资收益率)为主,还包括合作时间和市场成长率等,通过对这些客观数据进行统计分析来衡量目标绩效。客观指标的优点在于指标明确,评价过程受人为因素影响小,相对误差也较小。

(二)主观指标

主观指标主要描述不易直接采用客观指标测量的问题,如供应链战略目标合理性、供应链企业合作满意度等。当评价供应链绩效时,由于其内涵的复杂性,很多评价内容难以采用客观指标展开科学测度。比如,合作愿景,采用合理的主观指标评价法可使对该问题的描述更完善,测度更准确。主观指标一般能够更全面地测度复杂内涵的问题,但由于会受到评价人员主观影响而显得波动性较大。

在实践中,大部分学者都建议采用主观与客观相结合的方法来测量。如在测度供应链企业合作绩效时,交易成本维度和资源整合维度的大部分指标由客观指标(共享库存管理效率、合作项目存活率、市场与财务绩效指标等)测度,小部分由定性指标(如获利能力、学习能力的提升程度)测度。社会愿景维度多从不同角度测量不同对象对合作的满意程度,需要仔细分析不同对象(合作企业管理者、股东等)对运作绩效、合作关系或合理能力等方面的满意度关键影响因素,以主观指标为主。

第三节 供应链绩效评价的一般方法

供应链绩效评价方法包括选择模型、指标和汇总评价的方法。在供应链的绩效评价模型方面,供应链运作参考模型和平衡计分卡模型是最流行的,目前谈论较多的还有 ROF 模型[资源(resources)、产出(output)和柔性(flexibility)]、作业成本模型(activity-based costing,ABC)等。不同的角度设置有不同的目标,会导致采用不同的评价指标。

一、供应链运作参考模型法

随着对供应链绩效评价问题的深入,业界专家和学者们都普遍认同供应链绩效评价指标体系必须包含评价供应链业务流程的关键指标,从而考察供应链是否在满足客户需要的服务水准下,以最小成本完成全流程价值实现或增值。这种观念注重供应链系统性和整体性,突出整个供应链的价值增值能力,要求基于系统全面的供应链业务流程分析。

Lummus 等将供应链全流程分为供应、过程管理、配送和需求管理 4 个部分,而 Roger 在此基础上强化了顾客服务这一流程,并配套提出了有形的外在绩效、可靠性、响应性、可信性等 4 个指标。后续学者和研究机构随着经济发展和研究深入不断优化并细化流程类评价指标,对这个问题的研究不断精进,形成了一系列可供参考的供应链运作评价模型,供应链运作参考模型法即供应链绩效评价参考通用模型设计指标体系展开评价与分析。

目前全球应用最为广泛的是美国供应链协会于 1996 年 11 月由美国供应链协会推行的 SCOR 模型,该模型评价模式涵盖了从供应商的供应商到客户的客户全供应链流程,是一个集成的启发式模型,目的在于帮助供应链运作方建立和改进企业供应链运作并参考标准的流程模型规范复杂的流程管理。最初包括计划、采购、生产、配送四大部分,随着经济的发展又逐步增加了退货流程。

我国电子商务协会供应链管理委员会参考 SCOR,针对中国供应链管理模式和中国企业供应链管理的显示需求,于 2003 年推出《中国企业供应链管理绩效水平评价参考模型》(Supply Chain Performance Metrics Reference Model,SCPR)。经过一系列公司的应用,SCOR 和 SCPR 皆获得了普遍的认可和推广[①]。参考模型可以帮助供应链企业清晰地描述、测度、管理和控制流程,并且可依据特定的目标来做出调整。

参考模型提供了一套规范的、跨行业的供应链建模方法,清晰地描述了供应链的运作过程,便于分析供应链的现状,易于不同部门、不同组织间对供应链运作的理解和沟通。此外,还建立了供应链管理系统的整体框架,将常见的业务流程再造。结合标杆管理和最佳实践分析法,可集成作为供应链管理实施的指导,从而能够快速构建出符合企业特点的供应链管理流程。参考模型通过流程模块构建来描述增值过程的方法具有很好的适应性和灵活性。这些构造模块包含了若干个用一套通用的定义来构建的过程。模型对于构造和评价不同企业网络、不同作业流程的不同情况提供了良好的支撑。

(一) SCOR 模型

SCOR 模型是不断更新的,由 5 个主要部分组成,如图 5-1 所示,分别是计划、采购、生产、配送及退货流程。模型提供了从供应商到用户的标准流程描述,其结构具有较好的通用性,不同企业、行业的供应链都可以根据此结构来构建。它以流程为核心,不受职能部门设计的约束。模型进一步分为 4 个层次,如图 5-2 所示,基础层定义模型基础流程,提供企业横向的交叉流程和纵向的流程层级;配置层流程图用于描写物流与信息流如何在供应链中流动,确定流程之间的相互依赖和相互影响,识别供应链之间的因果关系;要素层将配置层所定义的流程进一步分解为连续的流程单元,描述其详细的流程要素信息,同时定义了企业在所选择的目标市场中成功竞争的能力,包括流程要素定义、流程要素信息输入与输出、标杆应用、最好实施方案和支持方案的系统能力等;操作层定义了取得竞争优势和适应企业变化条件的方案,公司在这一层执行特殊的供应链管理实践。

---

① 具体详见本章第四节。

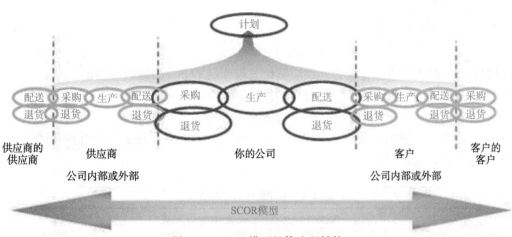

图 5-1　SCOR 模型整体流程结构

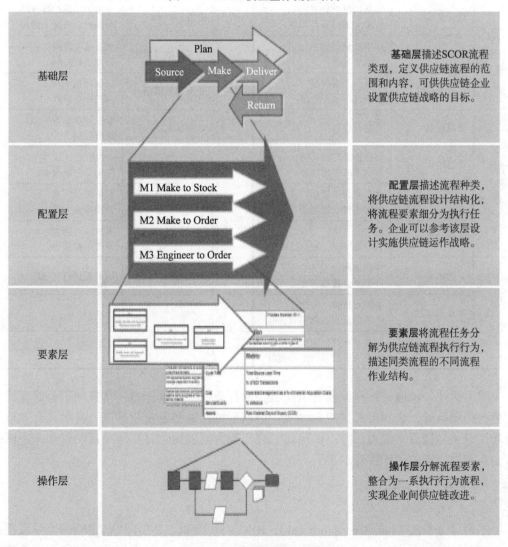

图 5-2　SCOR 模型层次结构

（二）SCPR 模型

SCPR 吸取了包括 SCOR 的各绩效模型的长处，并结合大量中国企业的供应链实证数据抽象，对来自成熟工业社会的供应链绩效指标做了必要的修改和移植，共有五大类，18 个二级指标和 45 个三级指标（表 5-1）。利用操作简洁、实用的 SCPR 评价软件工具，企业就能够对其供应链绩效水平有一个全面的、定量的评估，了解供应链管理投入的产出效应，准确地描述供应链管理效果和存在的问题，可以帮助企业针对性地找到供应链管理工程导入方式。

表 5-1　SCPR 评价指标体系

一级指标	二级指标	三级指标（部分）	一级指标	二级指标	三级指标（部分）
订单反应能力	反应速度	订单信息处理方式 订单完成总平均周期	业务标准协同	业务指标协同	与系统功能的耦合性 与现有业务能力的相关性
	反应可靠性	订单处理准确率 订单满足率		业务标准覆盖面	业务活动协同 管理活动协同
	反应适应性	销量预测准确率 按照订单生产比率		业务标准灵活性	持续优化机制 内外标准协同
客户满意度	产品质量	质量合格率		业务标准执行力	业务标准是否尽知 执行控制力
	产品价格	同比价格比较优势 平均单品促销频率	系统适应性	系统拥有成本	一次性投入成本 使用、升级成本
	客户服务水平	客户抱怨处理率 异常事件处理能力		系统实现方式	系统建设方式 系统接入方式
	产品可靠性	准时交货率 客户抱怨率		系统扩展性	系统改进能力 新增用户能力
节点网络效应	系统覆盖率	协同使用供应链管理系统 外部节点覆盖深度		系统建设风险	服务提供商专业能力
	节点互动性	是否支持移动应用 能否信息跟踪和实时提醒			
	系统依赖性	业务对系统的依赖程度 业务人员对系统依赖程度			

综上所述，供应链管理流程是供应链企业打造核心竞争能力、掌握渠道、建立成本优势的关键措施，合理参考供应链绩效评价模型可以帮助各企业迅速、科学、有效地评价和提升供应链管理能力，并以供应链管理工程为范例优化对其他项目的管理，进而提升企业和供应链的运作管理水平。

二、平衡计分卡法

平衡计分卡法（balanced score card，BSC）是 20 世纪 90 年代初由哈佛大学教授罗伯·卡普尔（Robert Kaplan）和大卫·诺顿（David Norton）开发出的一种组织绩效管理方法，这种方法作为企业战略管理落地执行的一个重要工具，最初适用于独立的企业绩效评估，后应用范围得到了拓展，逐步应用在供应链上。与 SCOR 模型法类似，这种管理方法作为一种战略构想的实施方案，主要用于构建供应链绩效评价指标体系并在评价过程中和评价后推进改进策略。

（一）企业绩效评价平衡计分卡模型

如图 5-3 所示，传统的平衡计分卡具有 4 个评价维度：财务、市场与客户、内部流程和学习与成长，主要的思想是通过投资员工使其学习与成长、提高内部运作效率从而让市场与客户满意并买单，最后反映在财务指标上。财务类指标包括生产率提高指标、资本利用率和投资战略指标等；市场与客户类指标包括市场份额、客户保留率、顾客满意度、顾客获利水平等；内部流程从质量、时间、柔性和成本 4 个方面选取具体指标；学习与成长类指标强调未来投资的重要性。由于其战略与实践结合的指导思想，《哈佛商业评论》曾将平衡计分卡评为最具影响力的管理学说之一。

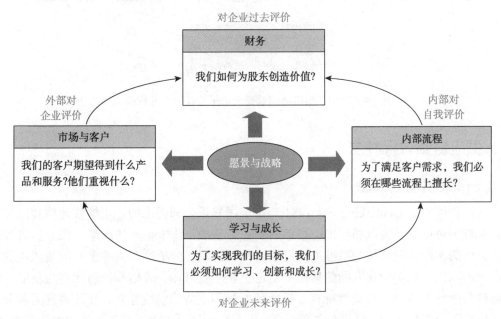

图 5-3 传统平衡计分卡基础分析框架

（二）供应链绩效评价平衡计分卡模型

平衡计分卡作为战略管理工具，研究对象可以拓展到供应链上，其指标的设置重点在于"平衡"二字：即财务和非财务指标需要平衡；供应链短期与长期目标指标需要平衡；结果性指标与过程性指标需要平衡；内部指标与外部群体指标的平衡等。平衡计分卡法在 20 世纪末被引入我国后，迅速被国内学者展开拓展应用性研究。2002 年，马士华教授在传统企业平衡计分卡基础上，提出了可实践的供应链平衡绩效计分法（balanced score card-supply chain，BSC-SC），认为供应链绩效评价应该从两个方面考虑：供应链整体运作和供应链上下游节点企业之间的关系，并将传统公司绩效评价维度更新为适用于供应链的客户、流程、价值和创新与发展 4 个方面，如图 5-4 所示。其中供应链客户维度包括供应链订单完成的整周期、客户保有率、客户接受的供应链灵活反应程度和客户价值率等指标；供应链流程维度包括供应链订单有效提前期、供应链生产的时间柔性、供应链持有成本情况和供应链目标成本的实现情况等指标；供应链价值维度包括供应链资本收益率、现金周转率、供应链客户的销售增长及利润和库存天数等指标；创新与发展维度包括流程改进效率、新产品开发循环期、新产品销售占比和组织信息共享度等指标。

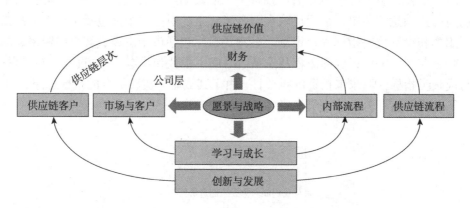

图 5-4　应用于供应链绩效评价的平衡计分卡分析框架

三、供应链绩效标杆法

（一）标杆管理思想

标杆管理（bench marking）是 1981 年由美国施乐公司提出的公司绩效评估和优化方法。标杆法可以概括为以那些出类拔萃的企业为基准，将本企业的产品、服务和管理措施等方面的实际状况与这些基准进行定量评价和比较，分析这些基准企业的绩效达到优秀水平的原因，利用所获取的信息作为制定企业绩效目标、战略和行动计划的基准。绩效标杆一般分为 3 种：战略性标杆、操作性标杆和支持活动性标杆，往往表现为各分指标或模块整合指标的对比性评价与追赶，本质上是一种以实践与过程为导向的管理方式。作为评价方法，标杆法往往与其他绩效评价战略体系（如前述运作参考模型、平衡计分卡等）相结合，其基本思想包括系统优化、持续改进和不断完善。

（二）供应链绩效标杆管理

供应链的绩效标杆管理是一种新型的标杆管理方法，是将标杆管理的思想、工作方法贯穿于从供应商、制造商、分销商、第三方物流到最终用户的整个供应链过程。与其他供应链绩效评价方法相比较，标杆法的突出优势在于：第一，避免了纯粹定量或纯粹定性分析的缺陷，通过参照同类供应链标杆指标，更为直接、方便地找出其本身存在的不足。第二，标杆法有助于供应链企业从长期战略角度思考和确定未来目标，克服其他评价方法只能从短期策略角度进行考量和评价的缺点。标杆法可以清楚地显示供应链在其行业中所处的竞争地位,从而便于供应链决策者制定有针对性的中长期竞争战略,可以清晰地呈现出供应链绩效评价的目标性原则。

由于供应链绩效评价的系统性原则,往往涉及多层次多种类指标,不可能用单一指标的等级来表示,而且评价的结果该如何分析也需要有一个基准,所以标杆法必须结合其他评价体系构建法使用。一般情况下,基于标杆法的供应链绩效评价的实施步骤[①]如下。

(1)建立绩效评价指标体系。可以选择 SCOR 或者 BSC 等方法,基于对应行业运作特征构建供应链绩效评价指标体系。

(2)属性值标准化。属性值标准化是指要确定各项指标的目标值,并以该目标值作为参考。目标供应链可以是该行业中占据领先地位的供应链,或是行业中符合所有或绝大多数成功标准的供应链,也可以是公司期望达到的供应链绩效水平。在进行属性标准化这一步骤时,需要计算供应链的每个标准化属性值。一种是属性值越大越好(如利润率),另一种是属性值越小越好(如返工率)。

(3)根据评价体系模型计算或汇总得到综合评价。计算或汇总方法很多,一般情况下是参考层次分析法(analytic hierarchy process,AHP)设置指标权重,最后加权得到。

绩效评价指标的标杆值的选取是绩效评价中的一个核心步骤,然而,确定绩效指标的标杆值确实是一个难点。首先是技术方面的障碍。由于供应链企业制定的标准必须贴合供应链的实际,所以绩效指标的标杆值不能过高也不能过低,并且应是动态更新的,能够真实地反映供应链绩效不断改进的轨迹。其次是数据获取方面的障碍。指标标准需要从多个角度去考虑,应参考多个层面多个渠道的数据来源。比如针对经济效益或财务类指标,考虑到指标含义的一致性,供应链企业可以建立定量指标标杆库动态更新;而针对顾客服务类指标,在指标标杆选择时方法更为灵活,可以采用定性定量结合专家评判和问卷调查法实现横向和纵向对比。其中最为复杂的应属供应链流程类指标的标杆设定,由于供应链流程本身的复杂性,标杆设定必须抓住流程评价的关键环节,包括特定流程对战略的影响程度、对相关企业的影响程度、对该环节必须进行自制与外购的选择等。

四、层次分析法

AHP 方法是一种定性与定量相结合的层次权重决策分析方法,由美国匹兹堡大学运筹学家托马斯·I. 萨蒂(Thomas I. Satty)教授于 20 世纪 70 年代初提出,适用于多准则、多目标的复杂问题的评价或决策分析,能够有效地处理难以完全用定量分析法解决的复杂问题。AHP 方法在 20 世纪 80 年代引入我国,自提出至今,已得到了广泛的拓展研究与应用,其理论与实际研究皆非常成熟。

(一)传统层次分析法在供应链绩效评价体系的应用

1. 层次分析法与供应链绩效评价模型

AHP 法首先把问题层次化,按问题性质和总目标将此问题分解成不同层次,构成一

---

① 陈艳,安海宁,徐占功. 基于标杆法的精益建筑供应链绩效评价[J]. 企业经济,2013,32(01):59-62. DOI:10.13529/j.cnki.enterprise.economy.2013.01.004.

个多层次的分析结构模型，每一个节点都是多个低层指标（或供决策的方案、措施等）相对于高层指标（或准则、目标）的相对重要性权值的确定或相对优劣次序的排序问题。供应链绩效评价时，AHP 也需要结合其他方法展开综合评价，以 SCPR 模型为例，结合表 5-1，我们可以得到供应链绩效综合评价层次分析框架，如图 5-5 所示。

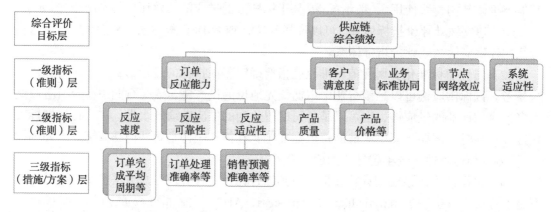

图 5-5　基于 SCPR 模型的层次分析法框架图（部分）

2. 层次分析法的基本步骤

层次分析法应用广泛，其使用步骤可以分为 4 个部分。

（1）建立层次结构模型。如图 5-5 所示，在深入分析实际问题的基础上，将有关的各个因素指标按照不同属性自上而下地分解成若干层次，同一层的子因素指标从属于上一层父因素指标，同时又支配下层指标或受到下层指标的作用。

（2）构造成对比较阵。为了使评价或判断定量化，关键在于设法使每个子因素指标的相对优越程度得到定量描述。一般对单一准则（父指标）来说，两个子因素指标进行比较总能判断出优劣，层次分析法采用标度方法，对不同情况的评比给出数量标度。从层次结构模型的第二层开始，对于从属于（影响）上层父因素指标的子因素指标，用成对比较法参考比较尺度构造成对比较阵（其中"1～9 标度"的互反性矩阵因其可操作性强得到了最为广泛的应用），直到最下层。

（3）计算权向量并做一致性检验。对于每一个成对比较阵最大特征根及对应特征向量，利用一致性指标、随机一致性指标和一致性比率做一致性检验。若检验通过，特征向量归一化后生成权重向量，若不通过则需重新构造成对比较阵。

（4）计算组合权向量并做组合一致性检验。计算最下层对目标的组合权向量，并根据公式做组合一致性检验，若检验通过，则可按照组合权向量对表示的结果进行评价，否则需要重新考虑模型或重新构造部分子模块。

3. 供应链绩效评价指标体系中层次分析法的应用

具体来说，假设在同一层次上有 n 个因素（如图 5-5 模型中，以一级指标"订单反应能力"为例，包含 3 个子因素指标，分别为 I1"反应速度"、I2"反应可靠性"和 I3"反应适应性"，$n=3$），请专家对某行业该指标集中 3 个指标进行两两比较，综合排序，确定底层指标对于上一层指标的相对重要性。对于给定的第 i 个因素和第 j 个因素做相互比较判断，便可以得到一个表示相对重要性的数字 u_{ij}，如此构成 n 阶互反矩阵判断矩阵 **P**（表 5-3），数值标度准则可参考 1~9 标度法。由矩阵理论可以证明 **P** 的特征根总和 $\sum_{i=1}^{n} \lambda_i = n$，且最大特征根 $\lambda_{max} \geq n$，其对应的标准特征向量各分量的绝对值定义为各因素的权重。

当判断矩阵满足任意 $u_{jk} = u_{ik}/u_{ij}$ 时，我们称矩阵 **P** 为一致性矩阵（consistent matrix），此时有 $\lambda_{max} = n$，其他特征根均为 0，λ_{max} 对应唯一的单位特征向量，这时可精确地获得我们所需要的权重。然而对于复杂事物，各影响因素会使人们采用两两比较法，不可能做出非常精确的评估，从而存在估计误差，为了衡量判断矩阵 **P** 的一致性，萨蒂建立了检验判断矩阵的一致性指标 CI（consistent index）检查决策者判断思维的一致性：

$$CI = \frac{\lambda_{max} - n}{n-1} = \frac{-\sum_{i \neq max} \lambda_i}{n-1}$$

显然，当 $\lambda_{max} = n$ 时，CI = 0，判断矩阵完全一致；CI 值越大，判断矩阵的一致性越差。一般说来，决策者判断一致性的难度随着判断矩阵的阶数的增加而增大，为了度量不同判断矩阵是否具有满意一致性，引入判断矩阵的平均随机一致性指标 RI[①]。n 阶矩阵的平均随机一致性指标值如表 5-2 所示。

表 5-2　平均随机一致性指标 RI

n	1	2	3	4	5	6	7	8	9	10
RI	0.00	0.00	0.58	0.90	1.12	1.24	1.32	1.41	1.45	1.49

当阶数 n 大于 2 时，判断矩阵一致性指标 CI 和同阶平均随机性指标 RI 值的比值称为判断矩阵的随机一致性比率 CR：

$$CR = \frac{CI}{RI} \times 100\%$$

当 CR 小于 10% 时，一般认为判断矩阵具有满意的一致性，说明权数分配合理；否则就必须调整判断矩阵，直到取得满意的一致性为止。

以某行业供应链的 SCPR 模型评价指标体系为例，假设专家给一级指标"订单反应能力"的 3 个二级指标两两比较得到的权重判断矩阵 **P**，如表 5-3 所示，则按前述计算步骤可得 λ_{max} = 3.0092，CI = 0.0046，相应的 3 阶 RI = 0.58，则 CR = 0.0079 < 0.1，满足一致性要求。

表 5-3　一级指标"订单反应能力"的 3 个二级指标的权重判断矩阵 **P**

	I1 反应速度	I2 反应可靠性	I3 反应适应性
I1 反应速度	1	2	3
I2 反应可靠性	1/2	1	2
I3 反应适应性	1/3	1/2	1

---

① RI 是根据大量随机构造的指定阶数的正互反判断矩阵求出的平均一致性指标。

如有多位专家参与判断，则权重判断矩阵可以经过调整，并需重新经过一致性判断。

假设综合 10 位专家的评判，其算术平均综合判断矩阵为 $P' = \begin{bmatrix} 1 & 1.02 & 1.58 \\ 0.98 & 1 & 1.34 \\ 0.63 & 0.75 & 1 \end{bmatrix}$，可得修正后 $\lambda_{max} = 3.002,483$，$CR = 0.002 < 0.1$，则实际归一化权重向量为 $w_1 = (0.421, 0.299, 0.279)^T \approx (0.42, 0.30, 0.28)^T$。

在针对每一个节点确定好权重向量并通过一致性检验后，即可汇总形成的组合权数。

AHP 法有很多优点，其中最重要的一点就是适用性强，简单明了。它不仅适用于存在不确定性和主观信息的情况，还允许以合乎逻辑的方式运用经验、洞察力和直觉。但这同时也是 AHP 法为人所诟病的地方。很多学者质疑其权重确定和评价方式主观性重且绝对，特别是与更绝对的定性指标评价方法搭配后，评价结果往往显得生硬，因此提出了一些针对性的升级方法。

（二）模糊层次分析综合评价法

基于上述传统 AHP 的诟病点，AHP 也在定性指标评价方面得到了多方面的完善，比较常见的是将模糊函数理论引入作为评价方法，形成模糊层次分析法（Fuzzy-AHP）综合模型。

Fuzzy-AHP 模型是一种改进的评价方法，它首先依托 AHP 的层次结构建立指标体系，确定各个指标的权系数，根据模糊函数确定定性指标相对于判断集各元素的隶属度；然后采用模糊综合法得到本层分析指标的评价值；在逐层得出结果后基于汇总评价方法得到评价结论并做出改进。Fuzzy-AHP 可以用于单个指标节点分支，也可作用于整个指标体系，可以根据供应链绩效评价指标体系的特点选择其使用范围。

设 $U = \{u_1, u_2, \cdots, u_n\}$ 为 n 种因素指标构成的集合，称为因素集；$V = \{v_1, v_2, \cdots, v_m\}$ 为 m 种决断所构成的集合，称为决断集。首先，按照前述层次分析法可以获得各因素指标 $U = \{u_1, u_2, \cdots, u_n\}$ 的权重向量，可将其视为 U 上的 Fuzzy 集，记为 $A = \{a_1, a_2, \cdots, a_n\}$，其中 $\sum_{i=1}^{n} a_i = 1$，a_i 表示第 i 个因素的权重。然后，m 个决断也并非都是绝对地肯定和否定，故综合的决策 B 也应看作为 V 上的 Fuzzy 集，这里的 Fuzzy 集可以采用记为 $B = \{b_1, b_2, \cdots, b_m\}$，其中 b_j 反映了第 j 种决断在决断总体 V 中所占的地位。根据单因素指标的特点，可以采用模糊统计试验的频数统计法，或三角、梯形模糊数获得指标评价模糊集。

假定有一个 U 与 V 之间的 Fuzzy 关系 $R = (r_{ij})_{n \times m}$，利用 R 就可以得到一个 Fuzzy 变换 $\tilde{T}_R$，这样便不难构造一个 Fuzzy 综合决策模型。

Fuzzy 综合评判模型有 3 个基本要素：

（1）因素集 $U = \{u_1, u_2, \cdots, u_n\}$；

（2）决断集 $V = \{v_1, v_2, \cdots, v_m\}$；

（3）单因素决策（即 Fuzzy 映射）：

$$f: U \to F(V)$$

$$u_i \mapsto f(u_i) = (r_{i1}, r_{i2}, \cdots r_{im}) \in F(V)$$

由 f 可诱导出一个 Fuzzy 关系

$$\boldsymbol{R}_{\tilde{f}} = \begin{bmatrix} r_{11} & r_{12} & \cdots & r_{1m} \\ r_{21} & r_{22} & \cdots & r_{2m} \\ \vdots & \vdots & \cdots & \vdots \\ r_{n1} & r_{n2} & \cdots & r_{nm} \end{bmatrix}$$

由 R 再诱导一个 Fuzzy 变换

$$\tilde{T}_R: F(U) \to F(V)$$

$$A \mapsto \tilde{T}_R(A) = A \circ R$$

这意味着三元体 (U, V, R) 构成了一个 Fuzzy 综合评价模型。它像一个"转换器"，若输入一个权数分配 $A = \{a_1, a_2, \cdots, a_n\} \in F(U)$，则输出一个综合决策 $B = A \circ R = (b_1, b_2, \cdots, b_m) \in F(V)$，即

$$(b_1, b_2, \cdots, b_m) = (a_1, a_2, \cdots, a_n) \begin{bmatrix} r_{11} & r_{12} & \cdots & r_{1m} \\ r_{21} & r_{22} & \cdots & r_{2m} \\ \vdots & \vdots & \cdots & \vdots \\ r_{n1} & r_{n2} & \cdots & r_{nm} \end{bmatrix}$$

其中，$b_j = \bigvee_{i=1}^{n}(a_i \wedge r_{ij})$，$j = 1, 2, \cdots, m$。在模糊运算中，有限的情况下，$\vee$ 可以设定为 sup（max），$\wedge$ 设定为 ini（min），也可以参考最大隶属度原则、加权平均原则或其他适用原则设定更为合适的模糊运算规则。

对综合决策结果 $B = \{b_1, b_2, \cdots, b_m\}$ 的量化方法主要有以下 3 种。

1）按照最大隶属度原则确定被评价对象最终所对应的评价等级

按照这种方法，选取 $b_k = \max_{j=1}^{m} b_j$。由于 b_k 在 B 中最大，故选择对应的 v_k 作为综合评判的结果。将决断集 V 中各评语等级赋值，就可以得到指标的量化处理结果。

2）模糊向量单值化

首先将决断集的各评语等级赋值，设 C 是评语等级赋值行向量，B' 是归一化后的 B 所对应的行向量，则 $X = B'C^{\mathrm{T}}$ 即为综合模糊评判的量化结果。

3）隶属度对比系数法

通常用结构优良度或者比例相对数来计算隶属对比系数。

经过多轮实践可以知道，Fuzzy-AHP 模型对企业的供应链实践活动有一定的现实指导意义，它不仅能给出供应链绩效的评价结果，还可以分析供应链绩效差的原因，即评价结果不理想的一些指标，从而发现某些环节的不足，设置具体的改进目标与计划，提高供应链绩效，提升供应链管理水平，有利于供应链整体的可持续发展。

五、供应链绩效评价的其他常见方法

（一）数据包络分析法

数据包络分析法（data envelopment analysis，DEA）由威廉·W. 库珀（William W. Cooper）教授等 1978 年首次提出，是用于测度待评价对象相对绩效的一种常用非参数方法。四十多年来，DEA 在理论和应用方面都得到了广泛而深入的发展，已经成为一种广受欢迎且十分有用的绩效评估工具。

DEA 方法中待评价对象通常被称为决策单元，它将多个输入转化成多个输出，通过线性规划的方法评估决策单元的转化效率。如果决策单元为一个企业，那么转化效率则可被定义为运作绩效，当然如果决策单元为一个供应链，即可定义供应链绩效。

数据包络分析已经被证明是估计系统效率和有效边界的最有效的方法，而且该法可以处理多投入多产出的情况，可以同时衡量多个同行指标间的相对效率。早期将 DEA 应用到供应链绩效评价是使用 DEA 直接套用供应链网络结构展开的，即将供应链条上企业按输入输出重组分析形成数据包络，但随后这种分析方法面临了种种挑战，因为一些与供应链成员相关的措施不能简单地归类为供应链的输出和输入。事实上，对于这些措施，供应链成员之间可能存在这样或那样的冲突，都是传统模型无法解决的，所以单纯的最小化供应链总成本或最大化供应链总收益并不能很好地解决可能会出现的冲突。因此，很多学者致力于将改进的 DEA 模型应用到供应链绩效评价中。

DEA 方法作为一种非参数方法，可以展开供应链的全要素效率测度，即在计算效率时可以考虑所有的投入和产出指标，所以在处理复杂供应链绩效评价时具有明显优势。而且它并不需要投入产出指标的先验信息，也不要求在效率评价之前事先指定投入和产出的权重，而是可以自由选择权重来最大化决策单元的效率值，从而避免了各种主观因素的影响。最后，DEA 方法不仅仅局限于效率供应链本身，还可以根据评价结果发现供应链内部的局限和不足之处，并据此找到改进的方向。

（二）系统动力学方法

系统动力学（system dynamics，SD）的思想最早于 1956 年由美国麻省理工学院杰伊·W. 福莱斯特（Jay W. Forrester）教授提出，是一种利用计算机仿真动态地研究社会系统行为的方法。系统动力学方法以控制论为理论基础，通过反馈机制的建立来研究系统行为。由于系统的复杂性和边界较大，故而为了更好地分析系统的行为，系统动力学将研究对象进一步划分为若干个子系统，并在子系统之间和子系统内部建立因果关系，而且系统动力学会构建系统流程图并建立变量之间的数量方程式，因此可以在因果分析基础上进行计算机仿真。由于系统动力学通过计算机仿真，对所研究对象的行为及演化趋势进行动态分析，很多学者使用系统动力学分析供应链成员企业的行为及其趋势，并将其结果作为供应链绩效评估依据，为决策的制定提供依据。

供应链在其生命周期运作过程中具有明显的动态特性，由于市场的变化和不可预测性，原供应链体系随时会根据市场的需求又组成新的供应链，因此供应链具有供需过程不断变化和重构的动态性，为此需要建立供应链的动态合作机制、动态的协调机制和动态的合同体系等，这些都体现出供应链的动态性。而且供应链系统是存在延迟性的，一方面由于供应链的各个节点企业在地域上是分散的，使得从需求产生到下单、生产、配送货物、运输、入库等一系列活动都存在一定时间的延迟；另一方面核心供应链的战略思想的落实和效果呈现也是存在延迟的，如果供应链上的节点企业在信息共享和协同合作方面做得不够理想，静态环境下可能不易监测。再加上供应链系统内部各要素之间的关系也不是简单的线性关系，呈现复杂的非线性关系，这些供应链绩效评价特点可以因系统动力学具有的动态性特点，得到不错的解决。

第四节　供应链企业的激励

一、建立供应链企业激励机制的重要性

经过供应链绩效评价，供应链企业往往会找到影响整体绩效或关键部分绩效的主要因素，进而分析出改进目标，但针对该目标的改进策略执行却不一定是件简单的事情，这是因为供应链管理与企业内部管理存在着很大的差异。

企业内部有着完善的组织结构和严格的等级制度，管理者的意愿可以通过组织机构以行政命令的方式下达并强制执行。管理职能的实施基础是完善的组织结构、严格的行政隶属关系及完全的信息。但是在供应链管理中，情况完全不同。供应链中的所有参与者都具有独立的法人地位，彼此之间不存在任何行政上的隶属关系。整个供应链是靠某种共同利益所产生的凝聚力暂时维系在一起的，是一种动态联盟。通常供应链中也有一个起主导作用的所谓的核心企业，但核心企业的意愿不可能像在一个企业内部那样可以方便地、无条件地强制执行。

经过前期供应链的绩效评估，如果发现核心企业自身存在绩效弱势环节，出于供应链绩效提升的目的，相关优化策略还可以直接推行，但如果是供应商或客户企业存在绩效弱势环节或存在合作效率低下的情况，那么相关优化策略直接推行就很可能面临一系列阻力，那是因为为了整体利益而过分损害某个局部利益的指令在企业内部是可以执行的，但在供应链中只能导致参与者的退出或阳奉阴违。核心企业对参与者也不可能拥有完全的信息，毕竟每个参与者都有属于自己的核心竞争优势和商业机密，并且由于供应链的动态性，过度的信息共享也就意味着危险的降临。此时针对这些核心改进措施的激励机制就成为供应链优化的关键。

二、供应链企业激励机制的特点

供应链企业激励机制的设计是改进供应链绩效的关键。在供应链中，核心企业占主导地位，一般由它来对整个供应链进行组织协调和控制。如果供应链薄弱环节出现在供应商或销售商运作管理流程中，那么为寻求供应链整体绩效的优化，核心企业需整合供应链成员企业共同设置科学合理的激励机制。

在整个供应链管理当中，供应链激励机制的主要表现体现在核心企业通过科学合理

的方式寻求供应链成员企业配合以提升供应链绩效。然而在多方谈判过程中，核心企业往往利用核心优势施压，供应链成员企业往往强调其关键资源，扩大过往努力、强调环境压力等困难因素以获取谈判优势，形成了一种信息不对称的"委托-代理"关系。此时供应链核心企业是委托人，对成员企业信息处于信息劣势；供应链成员企业是代理人，对自身企业拥有私人信息或信息优势。核心企业出于自身利益最大化的动机来最大化整个供应链的利益时，因其不可能越过行政命令来指挥其他成员企业的行动，通常只能通过契约来寻求支持并约束它们的行为。因此核心企业在设计激励契约时，必须充分考虑成员企业的利益，从而保证激励机制是多方获利且可持续的。具体来说，供应链企业激励机制需要满足两个基本特点：参与约束性和激励相容约束性。

（一）参与约束性

供应链成员企业在新的供应链合作关系基础上，接受新契约所能获得的利益应不少于不参与这供应链、不接受这个契约时的所得。只有满足了这条约束，整个供应链才可稳定地存在。否则的话，作为独立法人的成员企业一定会退出这条供应链而选别的机会。

（二）激励相容约束性

对供应链成员企业来说，执行新契约的收益不但应该大于其采取其他行动的收益，而且在执行新契约时供应链核心企业和其他供应链成员的收益也必须至少保持不能降低，最好大家的收益皆稳定可增加，这样才能保证供应链关系的稳定。

市场上所有的参与者都是"理性的，即在一定的条件下总是要追求自身利益的最大化，供应链中的参与者也不例外，所以只有满足这两个特点的激励制度才会被有效地实施，这是核心企业在设计对成员企业的激励机制时必须要考虑的关键因素，因为要供应链中的参与者讲牺牲和奉献是不可能的。核心企业应在满足上述两个基本特点的基础上再来寻求最优的激励机制以实现自身利益的最大化。

三、供应链企业间的契约激励

供应链契约，又称为供应链合同合约，是落实激励机制，保证买卖双方协调，优化供应链运作绩效的有效工具。根据供应链企业激励机制的特点，供应链契约的实施即便一次达不到最好的效果，至少也应该达到帕累托优化，即基于供应链契约，保证供应链核心企业和其他成员企业的利益都至少比不建立该契约之前差。

有效的供应链契约主要通过两个方面改善供应链运作：降低总成本与风险共担。供应链绩效评价后的供应链绩效优化契约需要针对供应链运作薄弱点展开设计，但不能削弱原有供应链的其他方面的运作效率。降低供应链总成本的契约包括降低库存总成本，如供应商管理库存（verdor-managed inventory，VMI）、增强信息共享水平（如宝洁-沃尔玛销售信息实时共享）、减少沟通成本（改善节点企业相互之间的沟通）、减少投资总成本（共同投资关键项目）等。实现风险共担的供应链契约主要应对供应链中的不确定性，包括市场需求、资源供应与价格、核心技术的研发投入实现等，契约是双方共担由各种不确定性带来的风险的重要手段。

四、供应链企业激励机制的内容

如果供应链个别企业内部运作效率低下，则只需启动企业绩效改进策略或者供应链更换成员企业即可。大部分供应链绩效差的原因都在于成员间的协调不足，如供应链成员企业只注重自身利益的最优化和供应链成员企业间信息扭曲等，激励机制需要与之对应，这里将其归为两大类。

（一）针对成员目标冲突的供应链激励机制

由于供应链不同阶段属于不同的所有者，当每个阶段企业都努力追求自身利益的最大化而不考虑与其他供应链成员的衔接时，就会导致供应链失调，从而使整体供应链绩效降低。在这里，需要解决的是采购、库存、生产、运输和分销之间的协调问题，因为每个阶段的最优化目标都有可能相冲突。比如，管理者希望通过过量采购或超前采购而从制造商获得数量折扣，但是这种采购却引起库存的增加；而对于运输与分销环节，供应商总希望通过运输的规模来降低运输成本，但由此却引起了库存成本的上升和顾客服务水平的下降。这是由于各个企业在最优化自身的计划时，并未与其他供应链成员进行必要协商或协商不足。

为了消除目标冲突，实现供应链协调，提升供应链绩效，必须克服以下两个障碍。

（1）独立决策下不科学的批量订单。为了应对需求风险，供应链下游企业常常缩小订单量，又在需求增加时激增订单批量，导致订单变动性增加；为了获取上游企业的批量折扣，下游企业又往往增加订单批量，导致出现额外运输或库存成本。除此之外，下游企业还会担心制造商的生产能力有限或供应商供应的不稳定性，不得不提前博弈以获得更多的定货量；有时为了获得运输的规模经济，供应链成员企业往往积累小批量的配送批量，但这导致了库存费用的增加和顾客服务水平的下降。

（2）环境不确定因素的单独应对。以价格不确定为例。由于优惠购物季的存在，消费者和制造商均对特定时段的价格波动和需求有预期，商业促销导致超前采购，超前采购期定货量大增，而过后订购量又极少，不利于供应链的平稳运作；另外其他突发因素下的短期折扣活动也往往导致需求量剧烈波动，供应链内采购库存运输量等均呈现极大变动性，其变动幅度还因牛鞭效应明显高于零售商销售量的变动幅度。

针对这些问题设计的供应链激励机制主要有回购机制、数量折扣机制、收益共享机制、风险共担机制、二部定价机制、数量弹性机制、收益成本共享共担机制等。

首先，为了应对需求风险规避下的零售终端订货量低的问题，供应商往往利用回购机制或数量折扣机制激励零售端。回购机制指供应商承诺对零售商没有卖掉的产品以小于批发价的价格进行回购，数量折扣机制指供应商对零售商加大的采购量提供优惠的折扣价格，二者皆可以减轻零售商需求端风险下的利润损失。故这类机制可以引导零售商增大采购量，达到最优匹配水平。

其次，为了应对供应风险规避下的零售终端订货量高的问题，供应商往往采用二部定价机制或数量弹性机制。二部定价机制，又称特许权费机制，指零售端预缴纳一定份额的特许权费，从而享受后期优惠的价格和稳定优先的供给。数量弹性机制指零售商的实际订货量可以在其提前提交的订货量基础上进行一定范围的变动，零售商在对下一个销售周期进行预测之后，提供给供应商一个订货量，供应商以此为基数组织生产，零售商在获得了确定的市场需求之后，可以在供应商允许的范围内确定最后的实际订货量。这些机制均可以保证整条供应链在一定范围内共担风险，规避前期订货量过高的问题。

最后，为了应对环境不确定因素，供应链除了信息互享互通外，往往采用收入或成本共担机制。以收入共享为例，供应链成员间约定零售商将一定比例的销售收益交付供应商以获得较低的批发价格，成本共担同理。这些机制可以有效促进供应链成员间共担风险，共享收益，从而共同应对价格波动等环境不确定因素，也同时促进供应链成员间信息互通，减缓不确定因素在供应链上的扩大传递效应（牛鞭效应）。

除此之外，还需要警惕局部激励违反整体优化原则，即供应链激励契约应整合考虑供应链整体的运作优化，两个企业之间的局部激励也有可能与供应链整体优化目标不符，导致总体利润下滑的情形，此时需要供应链整体协同，关键成员企业集体参与供应链激励机制的更新设定。

（二）针对信息不对称的供应链激励机制

供应链各成员在掌握关键信息时处于不对等的地位，有些是信息结构问题，有些则是出现了道德风险，使得供应链整体达不到最优。

1. 由信息结构问题造成的供应链失调，往往引发"双重边际效应"或"牛鞭效应"

双重边际效应指每个成员在决策时只考虑自身的边际效益，而没有考虑其他成员的边际效益，使得单方决策影响到市场需求，进而导致供应链利益在各成员之间分配时每一方获利减少。这是由供应链成员之间不合作而导致的结果。也就是说不同个体的有限理性导致了决策的不一致，进而影响了系统的全局最优决策，从而出现了系统利润下降的现象。其结果就是：集中化供应链，即由一个决策者控制并协调整条供应链来最大化利润，比每个企业最大化自己利润的分散化供应链能获得更多的利润。

牛鞭效应，是经济学上的一个术语，指供应链上的一种需求变异放大现象，是信息流从最终客户端向原始供应商端传递时，无法有效地实现信息的共享，使得信息扭曲而逐级放大，导致了需求信息出现越来越大的波动，此信息扭曲的放大作用在图形上很像一根甩起的牛鞭，因此被形象地称为牛鞭效应。一般将处于上游的供应方比作梢部，下游的用户比作根部，一旦根部抖动，传递到末梢端就会出现很大的波动。牛鞭效应产生的根本性原因在于供应链中广泛存在的信息的时滞，使得整条供应链系统对于最终市场上需求信息的微小波动产生衰减震荡或发散震荡，而逐级上传使得这种波动越来越大，这种波动实质上是供应链企业为了应对供应链的不确定性需求而产生的结果。

双重边际效用和牛鞭效应本身有一部分原因与供应链成员目标冲突重合，因此成员目标冲突下的激励机制也可以帮助缓解双重边际效用和牛鞭效应，同时还可以选择其他激励机制从提高预测的精确度、实现信息共享、合理分担库存、缩短提前期等角度配合缓解短缺情况下的博弈行为。

2. 由逆向选择或道德风险造成的供应链失调

供应链成员间存在信息不对称的现象，特别是在合作关系建立之前。当企业选择供应链合作伙伴时，往往缺乏伙伴方的深入信息，导致选择伙伴时达不到原定要求，即造成供应链成员选择时的逆向选择。一旦因伙伴选择不当，会使合作伙伴关系"先天不足"，给以后的合作带来无穷后患。在供应链关系建立后，由于信息的不对称，供应链合约的代理方在履行协议时还可能存在道德风险，导致供应链的危机。在整个供应链管理环境中，委托人往往比代理人处于一个更不利的位置，代理企业往往会通过增加信息的不对称，从委托合作伙伴那儿得到最大的收益。比如，供应商因自身生产能力上的局限或是为了追求自身利益的最大化而不择手段，偷工减料、以次充好，所提供的物资达不到采购合同的要求给采购带来风险。

为了应对这些问题，供应链应加强信息数据库建设，将供应链成员合作关系进行分类，如战略合作关系、长期合作关系、短期合作关系、交易合作关系等，并据此投入不同的信息成本完善激励机制的设定。因此，激励机制应包含更多参数或措施以应对更多可能的选择，如混合的二部定价与奖惩弹性机制，配合一定程度上提高违约惩罚成本同时给予履约奖励等措施以实现供应链整体绩效优化。

思考与练习

（1）结合"在线研读"和"案例讨论"等材料，重新总结供应链绩效评价的意义。

（2）供应链绩效评价的基本原则有哪些？选一个具体的供应链，尝试基于这些基本原则设计评价指标体系，并思考还需要增加哪些新的评价原则。

（3）供应链整体绩效就是所有供应链企业内部绩效与两两之间合作绩效之和吗？如果不是，你认为应当如何汇总分析呢？

（4）根据本章介绍的供应链绩效评价的一般方法，结合思考与练习（2），设计一个完整的供应链绩效评价方案，具体形式可参考"在线研读"。

（5）企业内部激励与供应链企业激励在管理方法方面有哪些异同？

（6）讨论不同供应链契约的作用和适用环境，对周围商务契约展开调研，分析是否与理论研究一致，讨论造成异同点的主要原因，体会理论与实践的联系。

案例讨论

希腊比雷埃夫斯——"一带一路"上的标志性工程

自中国 2013 年提出"一带一路"倡议，多年来，"一带一路"从理念变为实践，从蓝图变为现实。"一带一路"已成为世界上范围最广、规模最大的国际合作平台，截至 2021 年 10 月，已有 141 个国家和包括 19 个联合国机构在内的 32 个国际组织签署了"一带一路"合作文件，比雷埃夫斯港就是其中一个代表性合作项目工程。

比雷埃夫斯港是希腊最大港口，位于雅典西南约 10 km 处。2016 年，中国远洋海运集团有限公司（简称中远）成功中标比雷埃夫斯港港务局私有化项目，正式成为港务局控股股东并接手运营管理，当年直接和间接为当地 1 万多人创造了就业。该港现已成为地中海地区最大港口和全球发展最快的集装箱码头之一，如图5-6所示。

图5-6　希腊比雷埃夫斯集装箱码头鸟瞰图

在比雷埃夫斯集装箱码头的总部大楼内，中文标语总是在英文标语的上方，两侧墙上挂着中国长城和雅典卫城的照片。当金融危机来袭，希腊瞬间成为国际金融市场的弃儿，为此希腊不得不将比雷埃夫斯经营管理权转让给中远，中远是世界上最大的散货运输和码头经营企业。自2010年起，中远已对比雷埃夫斯投入了超过6亿美元的资金，这也让中远成了希腊最大的外国投资企业。

中远不仅仅是投入资金而已，它对于希腊在全球贸易中的未来地位有着远大设想，几乎可重振希腊曾经的荣光。挂在集装箱码头总部的地图清晰地显示了这种设想：从标注为星号的比雷埃夫斯港出发，向北箭头通过亚德里亚海指向中东欧，向西箭头穿过地中海抵达伊比利亚半岛，西南方向箭头指向非洲海岸，还有东北方向箭头经过爱琴海和黑海直指俄罗斯。比雷埃夫斯将成为中国在欧洲的门户，中国借此地将产品覆盖至整个欧洲、中东和非洲地区，同时也可经由此地通过苏伊士运河。如果货物在比雷埃夫斯港卸下，在港口自贸区直接装上火车，往北穿过巴尔干半岛便可抵达捷克共和国首都布拉格。这样通过比雷埃夫斯港转运，相比以前经过鹿特丹和汉堡港口的路程，中国至欧洲主要市场的运输时间可缩短一个星期。2013年，惠普公司就决定将亚洲运货至欧洲的卸货地点从鹿特丹转移到比雷埃夫斯。由于其转运、仓储和清关服务都可享受欧洲免关税待遇，现在比雷埃夫斯每年可获得约10亿美元的物流和海关收入，这不仅可覆盖中远的投资，还有结余，因此现在就有人提出要扩建，要在比雷埃夫斯和雅典之间建立铁路走廊。

比雷埃夫斯仅仅是中远在苏伊士运河两端投资升级的一个物流枢纽，这样的物流枢纽能使得各方获益，而不仅仅是中远。现在几乎所有的亚洲航运公司都在使用比雷埃夫斯集装箱码头，另外还有30家欧洲航运公司也在使用。

比雷埃夫斯之所以能取得成功，是因为其经营不仅采纳了自由贸易标准，而且接轨了中国的规则。集装箱码头总部的走廊上有一个屏幕，屏幕上显示了自2010年起比雷埃夫斯的发展情况：仓储规模和集装箱吞吐量基本上每年翻一番。这也使得比雷埃夫斯重新成为欧洲最繁忙的十大港口之一，但在这里上班的 1 500 名希腊工人并没有抱怨，因为这里的工资要远远超过旁边由比雷埃夫斯港口管理局所经营的那部分。如果沿着两边的中间地带开车经过时，一眼就可看出希腊人更希望在哪边工作：左边是陈旧老化的橙色脚手架，右边则是恢宏的蓝色中远集装箱码头。正是由于中国对其互联设施的投入和建设，希腊重新找到了战略要地的感觉。

参考文献：希腊比雷埃夫斯——中国进入欧洲的大门：全球供应链、超级城市与新商业文明的崛起．新华社，（全球连线）"一带一路"上的标志性工程，http://www.xinhuanet.com/2021-11/20/c_1211454417.htm．

讨论：

（1）根据本案例材料，请分析供应链战略布局对提升供应链绩效的重要性。

（2）在科学的供应链战略布局下，试搭建物流服务供应链绩效评价的指标体系。

（3）请指出 3~5 个关键绩效评价指标，并阐述理由。

即测即练

自学自测　扫描此码

第六章

供应链的生产计划与控制

> **学习重点**
>
> （1）生产计划与控制的主要原则；
> （2）环境稳定性对生产计划与控制的影响；
> （3）供应链生产计划与控制的主要思想；
> （4）供应链生产计划与控制的基本方式；
> （5）供应链环境下的集成生产计划模型。

第一节 生产计划与控制基本理论

物质资料的生产是人类赖以生存和发展的基础与条件，是人们为了满足社会需求创造产品和提供服务的有组织的活动，生产计划与控制即针对创造产品和服务的活动展开计划和控制的理论与方法。

一、从"中国制造"到"中国创造"

从现代经济发展角度讲，凡是将所投入的生产要素转换成有效用的产品和服务的活动均可称之为生产，其中将原材料和半成品加工处理为成品的过程（物质资料的生产）一般称作制造，生产制造丰富着我们的物质生活，是创造幸福生活的基础。

中国制造（made in China）就是世界上认知度最高的标签之一，因为快速发展的中国和其庞大的工业制造体系，这个标签可以在广泛的商品上找到。从服装到电子产品，中国制造是一个全方位的商品，它不仅包括物质成分，也包括文化成分和人文内涵。中国制造在进行物质产品出口的同时，也将人文文化和国内的商业文明连带出口到国外。

随着几十年的发展，特别是供应链范围内的生产计划与控制理论和方法的创新与实践，中国制造从最开始的以"价""量""速度"取胜转变成"以质取胜"。在此基础上，通过供应链管理手段整合上游技术开发环节和下游品牌与营销管理，"中国制造"正在迈向"中国创新"，这不但是迫切要求也是全球红利。

二、生产系统与生产过程

（一）生产系统

生产系统是将投入转化为理想产出的资源转换系统。

这里投入指进入资源转换系统的任何东西。投入有 3 个不同类型：基本投入、资源和反馈。基本投入是促使一个系统开始运作并被加工处理成产出的东西，往往来自采购流程；资源是支持加工处理基本投入所需的投入，如劳动力、资本、新机器等都是资源；反馈是一种信息投入，它可使系统成为自适应系统，指按照预定目标资源转换系统所处理出的任何东西。

产出也包括两种基本类型：基本产出和反馈式产出。基本产出是处理系统所产生的结果。它们是处理系统的主要任务；反馈式产出是组织向它的供应商所提供的信息，是关于组织所收到的投入的质量等方面的信息。

在供应链管理环境下，系统更需要反馈监测系统的运作状态。反馈对于改变投入要求、处理方法或生产的产出来说是至关重要的。企业需要知道它们的产品或服务是否符合顾客的要求，是否与供应链整体战略相匹配。

（二）生产过程

生产过程是指从生产计划和生产准备开始，经过一系列的加工，直至成品生产出来，创造产品的使用价值和增加价值，并作为商品出售满足社会需求的全部过程。生产过程包括生产准备过程、基本生产过程、辅助生产过程和生产服务过程，其中基本生产过程还包括工艺生产过程和检验过程。

生产过程是指围绕完成产品生产的一系列有组织的生产活动的运行过程，所以生产管理就是对生产过程进行计划、组织、指挥、协调、控制和考核等一系列管理活动的总称，简称为生产计划与控制。

在一条供应链中，完整的生产过程可能被分解为好几个不同企业完成，那么在不同的生产阶段，生产计划与控制就需要协同展开，从而达到供应链生产计划与控制目标。

（三）生产系统类型

不同供应链的生产系统均具有各自不同特征，透彻了解其特征是使系统运作富有效率的前提条件。

（1）生产系统根据供应链产出的标准化程度划分为标准化生产系统和定制化生产系统。标准化生产系统即产出具有高度一致性（如牙膏、药品、计算机、商业性航空运输等）的生产系统；定制化生产系统指其产出是根据某种具体情况或个体顾客要求而设计制作（如大型船舶制造、出租车运输等）的生产系统。

（2）生产系统根据供应链产出的产量、品种与专业化程度划分为大量生产系统、成批生产系统和单件生产系统。

（3）生产系统根据供应链产出的有型性划分为服务（生产）系统、产品制造系统和产品服务一体化（生产）系统。

三、生产计划与控制的原则

（一）生产计划

生产计划具体保证生产产品的数量、质量、品种和进度，目的是使企业的生产任务在规定工期内交付，以满足客户要求。生产计划要根据企业的生产能力来制定，主要从两个方面入手：一方面是生产的效率，另一方面是人力、物力及资源的配备。

生产计划包含的内容有很多，计划执行过程中需要用到很多要素，为了最终产品按时交付，需要对数量、质量有着严格的要求，人员、物料的配备也必须严格把关。我们需要制定出符合客户要求又符合企业自身现状的生产计划，合理地安排计划执行的每一个步骤，满足每一个阶段下的需求和标准，从而促使生产有序进行。

（二）生产控制

生产控制就是在给定工期内，对于已经编制好的生产计划，在实施的过程中对计划进行监控、检查，与之前设置的计划相比较，看是否出现偏差。如果实际计划与原先制定的不符合，那么就必然要分析出现错误的原因，进而制定措施或调整当前计划，不断地循环上述过程，直至计划的顺利完成，实现产出交付物。

（三）生产计划与控制的原则

生产控制系统的主要原则包括动态循环原则、系统性原则和应急管理原则。

1. 动态循环原则

生产控制与生产计划都是动态、反复循环的过程。生产项目确定开始后，计划就按照制定的标准进行，如果实际进度和原先制定计划有差距时，首先分析原因，其次采取相应措施，调整实际的计划，让后续计划也可以如期进行，确保产品可以按时交付。然而，干扰因素不是只有一次，调整后可能又有新的因素出现，就会出现新的偏差，就必须按照上述原则重新进行调整，使计划重新回到原来的标准上。而且生产项目往往是一个周而复始的活动，控制在整个计划过程中进行不断监测就形成了循环体系，对计划产生循环的保障作用。因此，整体体现出非常明显的动态循环特征。

2. 系统性原则

为了控制生产进度计划，首先应准备各种关于产品物料、生产、质量的计划，计划面向的对象层次各不相同，计划的内容从粗到细不等，这些使项目计划构成了一个系统。特别是，在一个供应链中，各企业相关部门主体和不同类型的人员都会参与到项目中，这就需要建立专门的系统以对应项目实施的完整组织系统。为了确保项目的进展，各成员企业应该设置专门的职能部门或人员负责项目的各个部分，包括检查、统计、分析和调整。不同成员企业对项目的生产计划与控制负有不同的责任，并共同组成一个自上而下连接的生产项目控制系统。

3. 应急管理原则

有些生产项目的生产环境复杂，有些生产项目工期时间跨度大，这些皆可能导致众多影响项目计划的因素出现。需要生产计划负责人根据经验和学习，把所有影响因素和可能性预估出来，使管理层在生产项目启动之前对风险进行分析，制定生产应急预案，使得项目更加可控。

在生产控制期间，一旦出现预估的风险因素，就立即启动应急预案，并同时设置缓冲来缩短工作时间，或更改工作之间的前后顺序关系，以便项目计划最终可以在截止日期之前完成。一般情况下，生产计划与控制系统下的应急管理方案需要提前得到供应链成员企业的确认，同时要保证供应链的社会责任感。在某些突发非常规因素的特殊情况下，关键企业的应急方案也应该符合社会效益和供应链的整体利益，尽量避免出现因私忘公、因小失大的现象。

四、生产计划与控制的环境

一个生产系统的投入和产出都是面向环境的，因此环境是影响生产系统稳定性的最关键因素之一。生产系统环境的稳定性从狭义观点来看指的是供应链供需的稳定性，从广义的观点来看指的是社会政治经济整体环境的稳定性。

众所周知，政治、社会的稳定性与经济发展稳定性相互作用，互相促进，良好的生产计划与控制有赖于社会政治与经济环境的整体稳定，故而大型供应链或核心企业无一不在寻求稳定的政治社会环境。

现代化发展过程中不同的国家政策导向，对社会稳定带来的影响也大为不同。比如，日本、韩国等一些东亚国家成功成为了社会较为稳定的高收入国家，而拉美的一些国家则长期陷入经济发展停滞与社会动荡不安的所谓"中等收入陷阱"，其中的一个重要原因就是前者在发展过程中，及时地加强了以民生为重点的社会建设和改革力度，变相地进行了收入分配制度的改革，解除了人们在医疗、养老、教育等方面的后顾之忧，从而成功化解了影响社会稳定的种种焦虑和不安情绪。但受到2020年以来疫情的影响，在新的政治、卫生、经济格局下，全球不同国家的稳定性评估又展开了新一轮的刷新。

中国政府一向致力于维持中国社会环境稳定，并为此做了长足的努力。首先，由于认识到贫穷是社会不稳定的最大根源，而经济发展可以帮助消灭贫穷，带来社会稳定。中国作为世界上最大的发展中国家，持续坚持发展这个硬道理，快速增强国家的综合实力，不断改善人民群众的生活水平，这极大维护了社会稳定。其次，我们还认识到，如果在经济现代化过程中出现严重的收入分配不公、社会两极分化和社会阶层固化等问题，那么经济发展得越快速，社会矛盾也就越尖锐，因此通过深化收入分配制度改革，如提高居民收入在国民收入分配中的比重，增加低收入者收入、调节过高收入和取缔非法收入等，来尽快扭转收入分配差距扩大的趋势，实现经济发展成果由人民共享，从源头上化解产生社会深层次矛盾的根源。完善市场经济体制，增加诸如从农村向城市流动之类的社会向上流动机会，以优化社会结构，减少人们因为相对剥夺感所带来的破坏倾向和社会不稳定因素。最后，利用既有的经济建设成果来加强以民生为重点的社会建设，也能够极大地促进社会的和谐稳定。

虽然由于历史的原因和现实的发展水平限制，我国在教育、社会保障、医疗等人民群众最关心的切身利益上的发展空间依然较大，一部分群众生活还比较困难，但依托于我国的体制优势，以民生为重点的社会建设、与经济发展水平相适应的保障制度在不断建立健全，使人民群众学有所教、劳有所得、病有所医、老有所养、住有所居，从而有力实现社会的长期稳定。

综上，在稳定的政治、社会与经济环境下，我国供应链或生产企业的外部环境始终保持平稳健康，这为企业和供应链的生产计划与控制创造了非常良性的运作环境。

第二节　供应链环境下的生产计划与控制

一、相对于传统企业生产计划与控制的优势

传统的企业生产计划与控制是以本企业的物流需求为中心展开的，缺乏和供应商的协调，其计划与控制通常没有将供应商的生产与供应能力和分销商的销售与库存等问题考虑在内，因此往往对供应链的不确定性估计不足，使得生产计划所能发挥的作用极其有限，生产控制任务繁重且收效较低。

在供应链环境下的生产计划与控制整合价值链体系，与传统生产体系相比，优势体现在信息来源、决策模式、反馈机制和运行环境几个方面。[1]

（一）信息来源

供应链具备纵向和横向的信息集成过程，这里的纵向指供应链上下之间的信息集成，而横向指生产相同或类似产品的企业之间的信息共享。

在供应链制定生产计划过程中，上游企业的生产能力信息将被直接纳入生产计划的能力分析中，通过在主生产计划和投入产出计划中分别进行的粗、细能力平衡，上游企业承接订单的能力和意愿都反映到了下游企业的生产计划中。同时，上游企业的生产进度信息也和下游企业的生产进度信息一道作为滚动编制计划的依据，其目的在于保持上下游企业间生产活动的同步。

另外，企业在编制主生产计划时，如果分析企业本身或其上游企业的生产能力无法承受需求波动所带来的负荷，或是所承接的订单通过外包所获得利润大于企业自己进行生产的利润，可能会转向外包。由于企业对该供应链客户有着直接的责任，因此也需要承接外包的企业的生产进度信息来确保对客户的供应。外包决策和外包生产进度分析是集中体现供应链横向集成的环节。

（二）决策模式

供应链环境下的生产决策往往是分布式群体决策，即相关成员企业共同参与决策，互相协同。每个成员企业都拥有本阶段的相关核心数据，并分享关键数据库给供应链其他成员，并且拥有一定的查询权、管理权和决策权。由于每个企业的决策都将影响供应链其他成员企业的后续决策，为达到较高的供应链绩效，必须引入决策协调机制，这同时也是供应链生产控制的一部分内容。

---

[1] 马士华. 供应链管理[M]. 武汉：华中科技大学出版社，2021.

(三）反馈机制

生产计划执行的好坏需要实时传递到生产系统中的监督或控制子系统，即生产信息反馈。传统的企业生产信息多呈现为由下至上的链式反馈机制，而供应链环境下则不然。结合信息来源部分的纵向和横向来源，供应链的生产项目往往呈现网格化管理模式，因此以网络结构下的网点传播模式为主，而且信息多是双向传播，有着更为高效的信息反馈系统。

（四）运行环境

随着外部环境越来越复杂，企业生产计划面临的不确定因素越来越多，其中包括供应链内部因素和供应链外部因素。在供应链环境的整体决策模式下，供应链内部不确定因素被内化进入生产计划与控制环节，生产系统的整体计划与控制只需面临外部不确定因素，故而对供应链成员企业来说，环境不确定性得到了一定程度的缓解。然而这同时也要求生产计划与控制系统必须具备更高的柔性和敏捷性，也就是说，在面临外部不确定因素时，供应链的计划与控制机制需要整条供应链迅速协调，即达到各阶段都能适应柔性生产的目的。

传统的企业生产计划与控制是趋向于僵化的生产模式，这与企业所处的供应链环境之间存在不匹配的地方，因此供应链环境下企业在生产计划与控制方面整体皆需要优化。

二、供应链生产计划与控制思想

（一）制造资源计划（MRP Ⅱ）

MRP Ⅱ 是在传统企业 MRP 基础上发展起来的，因为相同的首字母，故而有了 MRP Ⅱ 一称，是一种适用于多品种、多层级制造系统的管理理念与技术。

传统的 MPR 是企业的一种生产和库存管理工具，其目标是在控制库存的前提下，确保企业生产的正常运行。在 MRP 理论未发展的时候，很多企业对于组装产品部件的相关需求关系采取独立采购模式，大量无关联采购导致部分库存超高的同时部分库存紧缺，最终造成制造企业的存货与生产不协调。为了应对这个难题，MRP 将企业生产过程中使用到的原材料、半成品、产成品等视同于物料，通过分析物料按照组成和需求之间的关系，分解成物料清单（bill of material，BOM），根据物料清单计算出各种原材料的最后的需求时间和半成品的最后的生产时间。MRP 的逻辑是采用生产主计划（master schedule）所制定的需求，运用物料清单，将时间往前推移，将其分解成装配件、零部件、和原材料在各阶段的需求数量，与现有库存和在途库存对照后生成净需求。

MRP Ⅱ 是在 MRP 基础上发展出的供应链环境下的生产管理方法，与生产协同的职能部门不只传统 MRP 的采购与库存，还包括财务、人力、供应商生产能力、销售等各种资源的协同优化，其目标是不断提高经营效益，模型如图 6-1 所示，图中供应商信息、销售计划和订单等信息被视为重要输入，体现了供应链的前后端一体化协同。

MRP Ⅱ 是一个计算机化的生产计划与控制系统，对制定多品种，复杂结构产品的物料需求计划优势明显，可显著降低计划编制的工作量，极大地提高计算的准确性，同时

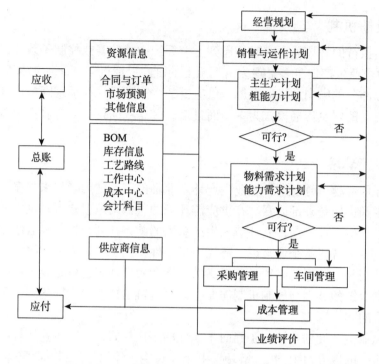

图 6-1　MRP Ⅱ 流程图

MRP Ⅱ 为财务部门提供了准确的数据，为公司准确了解经营状况提供依据。

虽然 MRP Ⅱ 在供应链环境下的生产计划方面表现不俗，但由于它使用固定提前期作为运算基础，而计划实施过程中受到工艺装备的状态、工人操作技能、物流运输条件、生产组织调度水平、供应商供货能力等因素影响，会出现实际作业进度与计划偏离的问题。故而对计划执行过程的控制效率低，效果差是 MRP Ⅱ 的主要缺点。

（二）准时制（JIT）

JIT 生产，是日本丰田公司为了适应战后国内资源匮乏，以及市场对汽车小批量多品种的需求而提出的一种生产方式，它的基本思想是"在恰当的时间、恰当的地点，以恰当的数量、恰当的质量提供恰当的物品"。JIT 是一套以减少各项库存、消除浪费为目标的方法，是利用看板管理来实现的。

JIT 特点是按需求生产，消除库存，最终实现零库存的目标，这一理念对解决订货生产模式下的高库存、生产周期长的问题发挥了重要作用。但是准时制生产的实施需要具备一些条件，第一生产线需要按照产品类别进行布局，使得零件从原料投入到成品产出有明确的流动路径，一般形式为单件流或混流的 U 形线。第二需要保持平稳的生产过程，JIT 生产模式对生产线各工序产能的均衡性、设备故障率、设备维修效率都有着很高的要求，同时为了实现以天为周期的多品种小规模生产，需要实现产品间的快速换型。第三需要避免产品的质量缺陷造成的生产停顿，无论是针对原材料还是过程质量，JIT 要求零缺陷。这些前提条件对企业的生产管理提出了较高的要求，其生产方案本身就包含了生产控制和微调的内容，但缺乏中长期计划的制定，一旦出现产生大范围或大幅度影响的不确定因素，JIT 系统的抗压能力有限。

在供应链环境下，制造企业的 JIT 生产必须匹配 JIT 采购模式。一般情况下，JIT 采购的供应商数量要尽量少，因此供应商评价与选择显得尤为重要，采购团队往往包含供应商企业的生产管理人员、技术人员、运输配送搬运负责人等全面处理 JIT 生产系统的协调。JIT 生产系统的建立意味着供应链合作企业之间营造了一种主动交流、紧密合作、相互信任的和谐氛围，共同承担长期协助的义务。

（三）约束理论（TOC）

生产计划与控制的目标是实现市场需求与生产能力的平衡，然而在企业或供应链经营过程中，实现需求与能力的动态平衡是非常困难的，这些困难来自于生产计划与控制体系对需求变化的不适应或是来自于资源不足与分配不均的问题。为了识别并消除那些阻碍系统目标实现的因素，以色列物理学家兼企业管理顾问艾利·高德拉特（Eliyahu M. Goldratt）博士在其研究的最优生产技术（optimized production technology，OPT）的基础上进行研究发展后得出了约束理论（theory of constraints，TOC）。TOC 认为任何制造或服务型系统一定存在一个或多个约束，才造成这些系统的有限产出，这些约束可能是某项设备制造能力，也有可能是某种资源数量或是市场需求等，强调只有采取措施打破这些约束，才能提高系统的产出，并强调任何对非约束资源的改善活动都是无效的。

以 TOC 为核心的供应链生产计划与控制体系是面向约束资源来制定的，供应链体系将整合供应链资源，将有限的资源分配到关键环节，来实现物料供应与生产能力的平衡，通过不断消除瓶颈，来持续提升生产系统的能力。

TOC 通过"鼓-缓冲-绳子（drum-buffer-rope，DBR）"，分 4 个主要的步骤来实现的生产计划与控制活动。首先，识别系统内的瓶颈，并将系统内的资源划分为瓶颈与非瓶颈资源，在瓶颈处设置称作"鼓（drum）"的控制点；其次，根据有限能力法来安排生产任务，并在瓶颈工序前设置缓冲（buffer），包括时间缓冲和库存缓冲，制定基于瓶颈资源的产品出产计划；再次，对缓冲物料的数量与质量进行管理与控制，避免瓶颈工序出现生产等待的现象；最后，通过"绳子（rope）"来控制非瓶颈的物料流动，是通过使用倒排的模式对非瓶颈资源制作作业计划，来确保非瓶颈与瓶颈工序的产量匹配。

供应链环境下往往是通过"计划前期""计划中期"和"计划后期"这 3 个阶段安排 TOC 生产计划进程的[①]。在"计划前期"，企业首先需要明确企业自身目前可以获得的资源状况及可用资源的具体类型，将资源划分成稀有资源和普通资源两大类，将稀缺资源与核心产品相匹配，大众资源与普通产品进行匹配。如此为企业后续进程的合理生产奠定了思想基础，营造了具有认同感的认知环境，为生产提供了保障。在"计划中期"，企业需要重视库存的存在，以库存管理为组织内部管理的重点。同时加强约束理论对于企业的库存管理提供了理论指导，帮助企业了解到自身运行中"鼓"，就"鼓"的作用点来合理地控制"缓冲"，力求定好与"缓冲"相关的作用路径及作用点等，控制好"缓冲"的位置和长度，以防生产堆积的出现。与此同时，还需要确定"绳子"的长短与受力点及其作用方向等，来达到 DBR 生产模型的合理运行。此外，企业还应考虑市场需求波动，

---

① 徐杭雁. 供应链管理环境下企业生产计划与控制的研究——基于约束理论视角.

包括竞争对手及消费者偏好的变化,实时对前期制定的生产计划进行修整,同时结合平衡思想达到企业各方面的平衡,以减少资源浪费,降低库存,实现高效生产。在"计划后期",企业需要考虑消费需求的变化及上下游企业的影响作用,将供应链上各节点看成一个系统,并根据平衡理念和约束理论来探究这些节点之间产生的作用,这不仅有利于企业更好地应对环境变化,有利于企业对于生产计划的调节和控制,还有利于企业的技术进步及优质产品的生产。

(四)三种生产计划与控制思想的比较

MRPⅡ系统是基于主生产计划,结合物料清单与库存信息来编制物料需求计划与生产作业计划,基于成品的交货时间利用无限能力排产法自后向前安排各工序的作业。JIT生产计划与控制模式是依靠看板管理及拉动式生产模式来实现的,生产过程中的提货指令与生产指令从仓库开始向生产工序的反方向传递,各级生产作业单元根据上级工序的要求,也按无限能力排产法来组织生产及物料供应。TOC通过识别生产系统内的约束资源,分别针对瓶颈资源与非瓶颈资源制定作业计划,使得生产系统获得最高产出的同时提高了生产资源的利用效率。MRPⅡ、TOC、JIT三种方法体系在体系追求的目标、作业模式、计划方式、信息传递等环节有着各自的特点。

MRPⅡ的优点在于其强大的运算能力和计划的整体性,然而使用固定提前期的计划制定模式,约束资源考虑不足,执行层面的控制力不足等问题造成了MRPⅡ在作业层面上的不适应。JIT的优势在于按需求生产,无库存或少库存,并可提供作业过程的实时信息,但实施JIT系统所需的基础条件高,而且整体计划性弱又缺乏中长期计划的指导,这些劣势降低了JIT在企业计划层面的作用。TOC的优势在作业计划层面,生产系统内瓶颈资源被有效利用使得系统产出最高,但缺乏企业战略决策方面的指导。

由于MRPⅡ、JIT、TOC三种体系都存在不足之处,使得单一体系或多或少都存在一定的应用局限性。供应链生产计划与控制体系各环节所对应的任务对象、任务目标、决策过程有很大的差异,为了获得一个高效的生产计划与控制体系,就必须在体系内的各环节使用最适合的理论方法。一些西方发达国家的生产实践和研究表明,尽管MRPⅡ、JIT、TOC这三种理论各有利弊,并且在控制模式、运行机制、对基础数据的要求和适用范围等诸多方面存在不同,但他们不是对立的而是相互补充的。供应链生产管理应该针对产出特征,将MRPⅡ、JIT、TOC等思想和方法应用到最适用的生产计划环节,从而最大限度发挥效益。比如,利用MRPⅡ的强大运算能力来处理物料需求管理,利用TOC分别对瓶颈与非瓶颈资源分别制定作业计划,同时对车间瓶颈资源进行管理,车间作业与物料按需交货,利用JIT的理论实施,利用看板管理使生产通过时间最短。混合体系充分发挥了各单一体系的优势。

三、供应链生产计划与控制的基本方式

参考前述思想,供应链生产计划与控制的基本方式可以总结为水池式、瓶颈式、推动式、拉动式四种方式。

（一）水池式生产方式

水池式生产方式是一种传统生产方式。这种方式着眼于保持库存量以维持生产过程的正常进行，对供应商、客户及生产环境的动态信息需求相对较少，以较大的安全库存应对各种不确定因素，稳定生产计划。水池式生产方式在不确定因素导致的库存较低的情况下谨慎生产，防止生产系统中断。水池式生产方式下，生产控制手段即较高的库存水平，有着很大的弊端，也是现代生产管理亟须优化的内容之一。

（二）瓶颈式生产方式

瓶颈式生产方式即 TOC 生产方式，识别系统内的瓶颈，在瓶颈处设置称作鼓点控制，并在鼓点前设置缓冲以保证生产稳定，通过使用倒排的模式对非瓶颈资源制作作业计划，来确保非瓶颈与瓶颈工序的产量匹配。

（三）推动式生产方式

推动式生产方式即按照前期计划完成生产，着眼于前期信息，用以管理和控制物流。每批原材料提前准备好，按照零部件生产需求送货，继而零部件按产品装配需求提前加工完毕送往装配线，产品则按客户需求提前装配按期发送。

（四）拉动式生产方式

拉动式生产方式即 JIT 生产方式，按照订单和需求完成生产计划，通过看板将需要展开的生产需求迅速传递到供应端完成流程的拉动作业，从而实现生产的快速转换与维护、精益品质保证与防错自动化、柔性化生产、均衡化和同步化，达到零切换调整、零库存、零浪费等极限目标。

信息化时代背景下，各产业的原材料供应、生产制造、销售经营主体之间的联系越来越紧密。在供应链模式下，相关信息数据的全方位集成及信息合作的广泛执行，有助于制造企业在生产计划的制定中采用更科学的思路和方式。制造企业应当充分研究供应链模式具备的特点，积极改革传统生产管理模式，实现对生产计划的科学化制定、灵活化推进和精细化管理，保证生产过程的连续性、平行性、节奏性和随机扰动下的适应性和稳定性，持续提高企业核心竞争力，并推动相关产业稳定发展。

第三节　供应链集约生产计划模型

集约生产计划，是供应链中核心制造企业联合其他成员企业，根据市场需要和自身资源，确定未来一定时期内（一般为 3~18 个月）资源与需求平衡所做的中长期总体规划，预测市场将来一定时期内的产品输出、劳动力管控、仓储平衡、人员等一系列亟待解决的问题做出的客观性描述，是对产品、资源、库存及人员等决定性因素进行总体规划。[1]

供应链集约生产计划需要充分考虑不确定性的影响，这是因为中期计划模型是根据当前信息和未来情况为未来分配资源，而且环境的不稳定性、不可靠性使得这个问题变

---

[1] 张魏巍. 面向供应链的 JT 公司集约生产计划优化研究[D]. 赣州：江西理工大学，2019.

得愈加繁杂。实际生产过程中,核心制造商携供应链成员企业面对市场大环境,各种不确定因素都有可能影响生产计划的制定与实施,包括外界环境的不确定(如市场需求预测偏差,以及政府、环境等其他不可控性影响因素)、供应商的不确定性(供应商在实际生产过程中可能遇到的机器故障、上游供货延迟、物流配送滞留、临时订单穿插等一系列问题)、制造商自身的不确定性(因为生产管理、机器设备、生产技术等因素,无法宏观地把握市场需求与企业实际生产能力的平衡,不能够及时应对调整生产计划,使库存能够最大程度地满足客户及市场需求等)、需求数量和种类的不确定性等。

传统的生产计划可以通过加大库存来一定程度地保持生产的平衡运行,但在 JIT、TOC 等理念下,加大库存不仅增加库存费用,还无法满足客户需求多变的个性化要求。因此,相比于传统生产计划管理,供应链环境下的集约生产计划要综合考虑多方因素,制订符合实际的生产制造计划,并能够灵活调整,保证生产加工的顺畅进行,极大程度地满足客户需求。

一、传统生产计划模型

传统的企业制定生产计划,通常会考虑企业自身的生产能力、资源约束等因素,建立满足企业利润最大化的最优模型,但由于管理和协调范围有限,企业的销售收益和生产成本费用往往交由不同的部门负责,即销售部门的任务是不遗余力增加订单、扩大销售量,而生产部门根据预订的订单和预估的销售量制订生产计划(图6-2)。

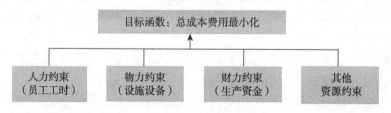

图6-2 传统生产计划模型的一般模式

考虑到企业利润实现周期与生产周期的不同步,生产环节与设计、采购和销售等部门的相对割裂,生产计划与控制比较常见的模型为构建目标函数为总成本的成本最优生产计划模型,即将生产加工费用、库存消耗、缺货成本和风险成本等总成本费用的最小化作为目标函数。其中风险成本指的是在将产品正式交付客户之前,因为一些突发性因素(如客户要求到货时间延迟、生产材料价格突然上涨等)产生的生产制造计划调整成本或相对程度的资金亏损。

约束条件通常考虑设置将生产过程消耗的生产设备、生产工时、企业资源等都要在可用资源范围内,且尽可能满负荷生产;另外企业生产产品量尽量与市场需求达到平衡。

二、供应链环境下集约生产计划模型

供应链系统下的集约化生产规划不仅要考虑企业内部的资源,还要考虑供应厂商的供料能力和消费者的实际需求,建立集多家供应、加工、外包、经销、消费于一体的供应链。比如，某家生产常规电动机、专用电动机生产制造商供应链计划环境下集约生产计划模型如图 6-3 所示。

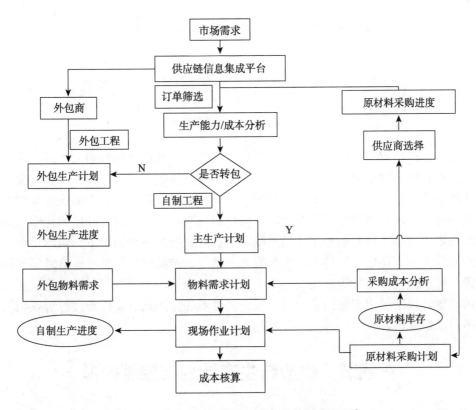

图 6-3　供应链计划环境下集约生产计划模型①

在供应链集成管理环境下，生产计划系统的总优化目标是：在生产周期内，各生产影响因子允许的前提下，根据工单业务要求，通过供应链协调生产制造加工总计划，使供应链整体效益最大，而整体效益又可以细分成多个子目标。

优化目标 1：供应链中长期总利润最大。供应链中长期总利润即产品销售额减供应链总生产费用支出，其中总生产费用包括生产加工费用、物料采购费用、劳动力支付、解雇赔偿、雇用费用、培训费用、原材料存储费用、产品存储费用、原材料运输成本、产品运输成本、缺货成本等。

优化目标 2：供应链成员企业满意度最高。供应链成员企业满意度高可以具化为各产品最大缺货之和最少，产品交货期最短等。

优化目标 3：企业内外供应链管理流程最优。管理流程最优包括雇佣、解雇的工人数量之和最小、人员交流与培训最多等，人员交流与培训可以具化为空闲人力实践的交流培训的最大可能规划等。

约束条件不但需要考虑本企业生产过程消耗的企业人力、物力、财力资源和市场需

---

① 张魏巍. 面向供应链的 JT 公司集约生产计划优化研究[D]. 赣州：江西理工大学，2019.

求,而且需要实现供应链平衡,如考虑平衡供应商供应与客户的需求,供应链员工交流与培训等,如图6-4所示。

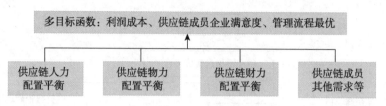

图 6-4　供应链生产计划模型的一般模式

另外,生产过程是复杂难以控制的工程系统,在实现多目标规划最优的同时,还要兼顾生产过程中各种不确定因素,仅以确定不可变环境的规划模型是不能够完全表述当今企业的生产现状的。在实际生产过程中,市场环境的变动会影响产品售价及相关原材料价格的变动,生产过程中机器的故障、供应商的实际生产能力、在途的运输时间等一系列不确定因素都可能影响生产计划的制定与执行。所以一般情况下,集约化生产计划模型需要将需求不确定、供应商的生产能力不确定、产品销售价格、运输时间等一系列变量设为随机或模糊变量集成在模型中,约束条件也不能要求全部能够满足,而应该在随机或模糊环境下设定变量约束参数,综合多种不确定因素寻求模型理想解或帕累托解而非绝对的最优解。

第四节　供应链生产计划与控制模拟

一、供应链生产计划与控制模拟策略

以真实工作实务为载体的供应链生产计划与控制模拟对本部分的学习有很大的助力,本节建议结合课程实践或实训的设计完成学习和理解。

当前完成供应链生产控制模拟的教学策略很多,包括桌游类、沙盘类、软件模拟类等。

(一)桌游类

供应链生产控制桌游类游戏一般由教师或团队成员自己设置参与者角色,将生产控制相关领域的采购、销售、库存控制、拣货、配送、生产计划、计划调整等各项职能的负责人角色赋予团队不同成员。游戏可以自行设置人员卡牌、产成品半成品和原材料卡牌、随机事件卡牌、生产线和车间仓库卡牌等。玩中学、学中玩,生动形象。桌游类游戏既能锻炼参与者的逻辑思维能力,又能加深对供应链生产控制知识的理解和掌握。

(二)沙盘类

沙盘推演类模拟游戏一般需要自制或采购沙盘模具,如图 6-5 所示。参与者的操作直接反映到模具的变动上,游戏流程简单清楚。供应链生产计划与控制流程可以与采购、销售全面融合,多人协同、分组对抗。通过沙盘推演类游戏,学生将对流程的理解更为深刻、克服眼高手低的不良作风,有效实现理论与实践的结合。

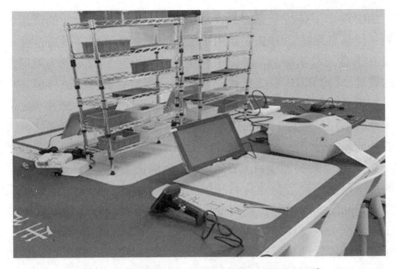

图 6-5　供应链生产计划与控制沙盘模拟模具[①]

（三）软件类

软件类模拟游戏一般通过对抗、成绩核算或任务提示的方式，引导或激励学生完成对应岗位的实践工作。系统一般会建立一系列相关流程，设置各阶段子任务，强化训练学生掌握对应岗位的全部技能。软件类模拟游戏在生产计划的计算、实践和控制效果展示方面有着极大的优势，可以展示不同决策的直观效果，相比单纯卡牌和沙盘推演的直观推断或人工简单推演，结果更具有可参考价值。

各类模拟游戏并不是孤立的，如卡牌和沙盘模拟就可以有效结合，完成人员谈判和实操的综合生产思维训练，而卡盘、沙盘推演和软件模拟也可以同时操作，其中软件协助迅速完成谈判或推演后的生产计划，有助于加速综合类模拟的运行进度。以上模拟场景需要有针对性地设计教学内容和过程，采用任务驱动、项目导向的教学模式，以及恰当地运用现代教育技术手段便于学生掌握基本的理论和知识。帮助学生掌握构建供应链的方法与技能，会进行供应链合作伙伴的选择，掌握供应链管理环境下的生产计划与控制、库存控制、采购与物流管理的方法与技能。并且可以借助企业实地考察调研培养学生发现、分析和解决问题的基本方法和手段，加强学生创新能力的培养。

二、基于 ERP 系统的生产计划与控制实训

ERP（enterprise resource planning）即企业资源计划，由美国高德纳咨询（Gartner Group）公司于 1990 年提出，理念是一套企业资源的综合管理计划与控制方法体系，形式上是以 MRP 和 MRPII 为基础发展的下一代制造业系统和资源计划软件。除了 MRPII 已有的生产资源计划、制造、财务、销售、采购等功能外，还有质量管理，实验室管理，业务流程管理，产品数据管理，存货、分销与运输管理，人力资源管理和定期报告系统。目前，在我国 ERP 所代表的含义已经被扩大，用于企业的各类软件，已经统统被纳入

---

① 智慧供应链物联沙盘[EB/OL]. http://www.bjzwhz.com/303.html.

ERP 的范畴。ERP 跳出了传统企业边界，从供应链范围去优化企业的资源，是基于网络经济时代的新一代信息系统。ERP 主要用于改善企业业务流程以提高企业核心竞争力。

ERP 建立在信息技术基础上，是以系统化的管理思想，为企业决策层及员工提供决策运行手段的管理平台。ERP 系统支持离散型、流程型等混合制造环境，应用范围从制造业扩展到了零售业、服务业、银行业、电信业、政府机关和学校等事业部门，通过融合数据库技术、图形用户界面、第四代查询语言、客户服务器结构、计算机辅助开发工具、可移植的开放系统等对企业资源进行了有效的集成。为了帮助教学或培训模拟，很多 ERP 团队开发了对应的实训项目，如金蝶 K3 供应链实训项目[①]。此类实训项目给定一个特定行业的供应链生产制造企业背景和供应链企业生产及相关系统的组织结构、实训目标产品类型、产品组成清单等一系列变量及关系，学生可以参照软件运作引导体验生产制造中的工程数据关系、计划管理、车间管理、生产管理以及其他与生产计划与控制相关的采购管理、销售管理、库存管理等作业的实践操作，实验包括的模块内容大致如图 6-6 所示。其中实验流程始于基础资料设置，然后根据需求和生产能力进行 MRP 计算后，根据运算结果投放计划订单后完成采购和生产及控制业务流程，具体如图 6-7 所示。

图 6-6　金蝶 ERP-K3 实训模块整体内容

---

① 齐晓磊，何亮. 金蝶 ERP-K/3 培训教程——财务/供应链/生产制造[M]. 第 3 版. 北京：人民邮电出版社，2021.06.

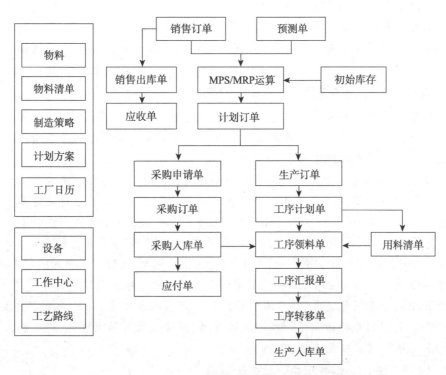

图 6-7 金蝶 ERP-K3 实训业务流程图

此类实训的目的是通过学生应用计算机对供应链系统软件的采购、生产、仓储、销售各模块流程的实际操作,进一步深化学生对所学理论知识的理解与应用,强化学生对工业企业业务流程的熟悉和提升学生在信息处理平台上对企业资源与各种业务活动的整合能力。通过此类实训模拟,有助于为企业、社会培养能把先进的供应链管理理念与信息技术和企业运作模式相结合的高级应用型人才。

思考与练习

(1) 用自己的语言总结,传统企业生产计划与控制在供应链环境下要在哪些方面做出改进呢?

(2) 在国家倡导"绿色制造"的今天,供应链集约生产计划还需要增加哪些目标函数和约束条件呢?

(3) 由于不同生产系统的生产过程存在差异,请思考并举例说明至少两类供应链生产计划与控制方式的异同。

案例讨论

疫情下的供应链生产与控制——装备制造业基地齐齐哈尔加快复工复产

黑龙江省齐齐哈尔市是我国重要的装备制造业基地。受疫情影响,2020 年 1 月和 2 月齐齐哈尔市规模以上工业首次出现负增长,工业总产值同比下降 1.5%,工业增加值同比下降 0.2%。齐齐哈尔市开展一系列应对措施,中国一重集团有限公司(简称中国一重)、中车齐齐哈尔车辆有限公司（简称齐车公司）等企业在做好防疫工作的同时，主动施策，推进复工复产，齐齐哈尔市 2020 年一季度规模以上工业增速取得 0.5% 的增幅，实现由负转正。

一、钢花飞溅，"大国重器"生产如火如荼

疫情肆虐的冬天，齐齐哈尔天寒地冻，可一走进中国一重厂区的生产车间，却是一番红火的景象——在万吨水压机的锻造下，大型构件钢花飞舞。在铸造车间内，红色钢水散发着热量，看得人心潮澎湃。

2020 年一季度以来，中国一重先后签订福建大东海热连轧机组、浙江三澳核电厂一期工程反应堆压力容器等一批制造合同。中国一重财务总监说，为应对疫情带来的不利影响，企业临时组建 19 支"应对疫情、保障生产"青年突击队，开展"先锋走在前"行动，关键岗位安排党员到岗，重点工作安排党员先上。铸锻钢事业部炼钢分厂工人说"戴上了口罩，做好了个人防护，论干劲，和疫情之前没啥两样。"针对承担的国家重大项目，中国一重成立重大项目办公室，加强与用户和供应商协作，推进项目按时保质完成。2020 年一季度，中国一重累计完成 19 台石化反应器、35 件轧机机架、2 台电铲、1 台盾构机等制造任务，向国内市场输出了一批"大国重器"，营业收入同比增长 52.47%，利润总额同比增长 103.37%，实现首季"满堂红"。

二、"车龙"奔腾，海外用户订单连续兑现

齐车公司是我国铁路货车的主要生产基地。走进厂区，等待交付客户的一辆辆崭新铁路货车停在整备线上。在生产车间内，一大批新造出的车轮整齐排列，如奔腾的"车龙"，工人正有条不紊地焊接车厢，电焊发出的光芒不断在车间内闪耀。2019 年以来，齐车公司从海内外争取到不少订单。齐车公司一方面严格落实防疫措施，一方面不断优化生产方案，持续改善作业环境，提高作业效率。自 2 月 13 日复工复产以来，齐车公司连续兑现用户订单。3 月 4 日，出口澳大利亚的 134 辆煤炭漏斗车装船发运；3 月 9 日，首批出口必和必拓公司的矿石车装车发运；4 月 9 日，出口韩国的浓硫酸罐车发运；2020 年一季度末，企业完成中国国家铁路集团有限公司四列 212 辆 C70E 型敞车和一列 46 辆 NX70 型平车订单。"在不到 2 个月的时间内，企业接连向海外用户兑现订单，国内订单也有条不紊推进。铁路是国民经济的动脉，铁路货车就是承载着重要物资的'细胞'，我们把车辆制造好，就是在用我们的方式为经济发展添上一把劲儿。"齐车公司工作人员说。

三、做好服务，政府多举措支持复工复产

为推动复工复产，齐齐哈尔市成立了市县两级工作专班，对全部规模以上工业企业派专人驻厂，全力推动企业复工复产。针对企业可能存在的困难，齐齐哈尔市提高服务时效性，推行政务服务网上办理。充分利用复工复产企业应急诉求平台、紧急事项诉求服务热线和"云平台"，畅通反馈问题渠道。"到目前为止，企业服务热线收到求助电话 1 200 多个，有效诉求得到解决，缩短了企业办事时间，减轻了企业实际负担，在特殊时期保障了企业的运转。"齐齐哈尔市工业和信息化局负责人说。

齐齐哈尔市还从一些"小事"做起，解决企业的急、难问题。这个市城区较为分散，中国一重等企业遇到了人员返岗难、物流运输难等情况，齐齐哈尔市成立工作专班，派

出人员协调解决这些问题。

同时，齐齐哈尔市建立24小时企业用工监测机制，发布岗位需求5 700余个，帮助170余家企业网上招聘1 500多人。这个市还与北京、江苏等20多个省市实现了"点对点"衔接，开通客运专车、专列和服务保障车辆1 078辆次，帮助5万余人顺利返岗复工，实现了"出家门上车门，下车门进厂门"。

截至2020年4月19日，齐齐哈尔市314户规模以上工业企业，开复工企业达313户，规上企业人员返岗率95.1%，产能利用率85%左右。

资料来源：新华网."大国重器"生产如火如荼——装备制造业基地齐齐哈尔加快复工复产见闻. 2020.04.20. http://m.xinhuanet.com/2020-04/22/c_1125891038_6.htm.

讨论：

（1）供应链环境变动情况下的生产计划调整与控制的重点是什么？

（2）对比国内外疫情后的社会经济环境，思考稳定的社会经济环境对供应链生产计划与控制的意义。

（3）在后疫情环境下，试讨论并给出新的供应链集约生产计划和控制体系框架。

即测即练

第七章

供应链管理环境下的库存管理

> **学习重点**
>
> （1）了解供应链管理中的库存问题；
> （2）掌握库存控制策略；
> （3）掌握供应商管理库存方法；
> （4）掌握多级库存管理方法。

第一节　供应链库存作用与问题

一、库存的相关概念与作用

（一）库存与库存的作用

库存表示用于达到将来目的的、暂时处于闲置状态的资源，包括供应链上所有的原材料、在制品、半成品和产成品。供应链之所以会存在库存，是因为供给与需求之间的不匹配。钢铁制造商为降低单位成本而进行大批量采购形成库存，零售商为提高产品可得性而预测未来需求进行提前采购。企业则通过持有库存降低成本或提高产品可得性水平。

（二）周转库存

周转库存（cycle inventory）是指用于满足供应商相邻两次供货之间所发生的需求的平均库存量。周转库存是大批量生产、大批量运输或大批量采购的结果。企业之所以大批量生产或采购是为了在生产、运输、采购中能够利用规模经济降低成本。但是，随着批量的增大，库存量和相应的库存持有成本也会增加。例如，某在线图书零售商每月平均销售约十整车的图书。它必须制定每次的补货量和补货周期。零售商既可以每月一次性订购十整车的图书，也可以每三天订购一整车的图书。供应链管理者需要进行权衡，是选择大批量订货、持有较多的周转库存，还是选择频繁订货、持有较少的周转库存、支付较高的补充订货成本。

（三）安全库存

安全库存（safe inventory）是指为了应对需求超出预期的情况而持有的库存，是为了应对不确定性而持有的。如果世事都是完全可预测的，那么只需要周转库存就可以了。由于需求不确定，有可能超过预期，因此企业需要持有安全库存以满足超出预期的高需求。确定安全库存量是管理者面临的一项关键决策。例如，玩具零售商必须为假日购物旺季计算安全库存。如果安全库存太多，玩具卖不出去，在假期之后就不得不打折出售。如果安全库存太少，玩具将失去销售机会，也就失去了由销售带来的利润。因此，选择安全库存就意味着要做出权衡，要在过量库存带来的成本与库存短缺造成的销售损失之间做出权衡。

（四）季节性库存

季节性库存（seasonal inventory）是指为了应对可预测的季节性需求波动而建立的库存。企业采用季节性库存，在需求淡季积累库存，为需求旺季做准备。在需求旺季，企业的生产能力通常将无法满足所有的需求。如果企业具有数量柔性，能以较低的成本迅速改变生产系统的生产速率，那么它可能没有必要持有季节性库存。但是，如果改变生产速率的成本比较高，那么保持稳定的生产率并在淡季建立库存是更有利的。因此，供应链管理者在决定持有多少季节性库存时，需要在持有额外季节性库存的成本与拥有更具柔性的生产率所带来的成本之间进行权衡。

二、供应链管理环境下的库存问题

供应链管理环境下的库存问题与传统的企业库存问题存在诸多不同，这些不同点体现了供应链管理思想对库存的影响。传统的企业库存管理是站在单一企业的角度来看待库存管理，根据本企业的库存确定经济订货批量和订货点。然而，供应链管理环境下的竞争模式发生改变，企业竞争已转向供应链竞争，这种企业视角下的库存管理方法已无法满足供应链管理的需求。本节将探讨供应链管理环境下，使用传统的库存控制方法所产生的问题。

（一）缺乏供应链系统观念

虽然供应链的整体绩效取决于各个供应链节点的绩效，但企业作为独立的单元，以自身利益最大化为目标，而有些目标与供应链的整体目标可能是不同的，甚至有可能产生冲突。例如，如果以自身利润最大化作为目标，供应链中供应商和制造商可能都希望另一方持有大部分库存。如果双方都只看重自身的利益，那么强势的一方必然会强迫另一方持有库存，而完全不会考虑哪一方持有库存更合理。因此，这种冲突结果必然导致供应链整体绩效的下降。

（二）对客户服务水平的理解存在偏差

供应链管理的绩效应该由用户来评价，或者以对用户的反应能力来评价。但是，不同企业对用户服务的理解与定义各不相同，导致实际用户服务水平存在较大差异。许多企业用订货满足率来评估本企业的客户服务水平，但该指标无法评估供应链整体的客户服务水平。比如，一家计算机工作站的制造商要满足一份包含多个产品的订单要求，产品来自不同的供应商，用户要求一次性交货，制造商要等各供应商的产品都到齐后才可以一次性装运给用户。这时，用客户订单满足率来评价制造商的客户服务水平是恰当的，但这种评价指标并不能帮助制造商识别哪家供应商的交货迟了或早了。传统的订货满足率评价指标也不能评价订货的延迟水平。两条具有 90%的订货满足率的供应链，可能在如何迅速补给余下的 10%订货要求方面的实际操作有很大差别。另外其他的服务指标也常常被忽视，如总订货周转时间、平均回头订货率、平均延迟时间、提前或延迟交货时间等。

（三）缺乏准确的交货状态信息

当顾客下订单时，他们总是想知道什么时候能交货。在等待交货的过程中，企业可能会对订单交货状态进行修改，特别是当交货被延迟以后。我们并不否定一次性交货的重要性，但我们必须看到，许多企业并没有及时而准确地把推迟的交货订单的修改数据提供给用户，结果当然会使用户不满。企业花费了一周的时间安排用户交货计划，实施的结果却是 30%的订单是在承诺交货日期之后交货的，40%的实际交货日期比承诺交货日期延迟了 10 天之久，而且交货日期修改过几次。交货状态数据不及时、不准确，不仅会给本企业的库存管理带来问题，还会给用户的后续工作造成麻烦。

（四）信息传递效率低

在供应链中，各供应链节点企业间的需求预测、库存状态、生产计划等都是供应链管理的重要数据。这些数据在供应链节点企业之间传递，要做到有效地快速响应用户需求，必须实时地传递信息。为此需要对供应链的信息系统模型做相应的改变，通过系统集成的办法，使供应链中的库存数据能够实时、快速地传递。但是，目前许多企业的信息系统各自独立，没有很好地集成起来。当供应商需要了解用户的需求信息时，得到的常常是延迟的甚至是不准确的信息。由于延迟会引起误差和影响库存量的精确度，短期生产计划的实施也会遇到困难。例如，企业为了制订生产计划，需要获得关于需求预测、当前库存状态、订货的运输能力、生产能力等方面的信息，这些信息需要从供应链上不同节点企业的数据库中获得，数据调用的工作量很大。数据整理完后制订主生产计划，然后再运用相关管理软件制订物料需求计划，这样一个过程一般需要很长时间。时间越长，预测误差越大，制造商对最新订货信息的有效反应能力也就越小，进而导致生产产品过时、库存增加等问题。

（五）库存管理策略单一

无论是生产企业还是物流企业，控制库存的目的都是保证供应链运作的连续性和应对需求的不确定性。在了解和跟踪不确定性因素的前提下，要利用跟踪到的信息来制定相应的库存控制策略。这是一个动态的过程，因为不确定性也在不断地变化。许多企业对所有的物品采用统一的库存控制策略，物品的分类没有反映供应与需求中的不确定性。在传统的库存控制策略中，多数策略是面向单一企业的，采用的信息基本上来自企业内部，库存控制没有体现出供应链管理的思想。如何建立有效的库存控制方法，并能体现供应链管理的思想，是供应链库存管理的重要内容。

（六）缺乏合作与协调性

供应链是一个整体，需要协调各方活动才能取得最佳的运作效果。协调的目的是使满足一定服务质量要求的信息可以无缝地、流畅地在供应链中传递，从而使整个供应链能够根据用户的要求采取一致的行动，形成更加合理的供需关系，适应复杂多变的市场环境。如果企业的产品由多种零部件组成，而各零部件又由不同的供应商提供，那么企业进行产品组装时，就必须对不同供应商的交货期进行协调，要求所有供应商的交货必须与装配活动同步。如果供应商之间缺乏协调与合作，其中任何一个供应商的延误都会导致产品交货期延迟和服务水平下降，同时库存水平也会增加。

供应链的各节点企业为了应对不确定性，都设有一定的安全库存。然而，在供应链体系中，组织的协调涉及更多的利益群体，各节点企业相互之间缺乏信任，信息共享程度低。为了应对市场的波动，企业不得不维持一个较高的安全库存。

企业之间存在的障碍有可能使库存控制变得更为困难，因为各自都有不同的目标和绩效评价指标，拥有不同的仓库，也不愿意与其他部门共享资源。在分布式组织体系中，企业之间的障碍对集中控制库存的阻力更大。

要进行有效的合作与协调，企业之间需要制定有效的激励机制。企业内部一般有各种各样的激励机制以加强部门之间的合作与协调，但是当涉及企业之间的激励时，困难就大得多。问题还不止于此，信任风险的存在也加深了问题的严重性，企业之间缺乏有效的监督机制和激励机制也是供应链各企业之间合作不稳固的原因。

三、供应链的不确定性与库存

（一）供应链中的不确定性

为实现供应链整体绩效最大化的目标，供应链上各企业的目标必须与供应链的目标协调一致。供应链中各企业的客户需求、供应能力、响应水平等不确定性，致使企业在进行供应链规划中难以实现供应与需求的匹配。供应链中的不确定性主要源于客户市场需求的不确定性和供应链满足顾客需求能力的不确定性。企业在供应链规划中必须识别和应对供应链的不确定性，才能实现企业目标与供应链目标的协调一致。

1. 客户需求的不确定性

企业必须明确所服务顾客细分市场的需求，一个特定顾客细分市场中的顾客需求通常具有类似的需求，不同顾客细分市场的顾客可能有着完全不同的需求。例如，24 小时便利店能够满足顾客对便利性的需求，而大型超市（如华润万家、沃尔玛等）能够满足顾客对产品多样性的需求。24 小时便利店和大型超市服务于两个不同的顾客细分市场。一般反映目标市场需求不确定性的指标主要有以下内容。

（1）一次订购的产品数量。紧急订单的一次订货量可能会很少，而批量采购的订货量则可能很大。

（2）顾客愿意忍受的响应时间。对于紧急订单而言，顾客所能忍受的响应时间很短，而提前批量采购的订单所允许的响应时间会较长。

（3）顾客所需的产品品种。如果从一个供应商处能够获得生产所需的所有零部件，那么顾客通常愿意支付更高的价格；而如果需要在多个供应商处进行单品采购，那么顾客通常希望获得规模经济。

（4）顾客所需的服务水平。紧急订单的客户期望高水平的产品可得性。如果订单里的所有零部件不能及时供货，顾客可能会另寻卖家。而对于批量订单，顾客一般会提前订货，所以对供货时间的要求较低。

（5）顾客所需产品的价格。紧急订单的顾客对价格的敏感度较低，而批量订货的客户往往追求低价格。

（6）顾客期望的产品更新速度。高端百货店的顾客期望商城所出售服装有更多的创新和新设计，而沃尔玛的顾客对产品创新没有那么敏感。

2. 供应链的能力导致的供给不确定性

在考虑需求不确定性的同时，考虑供应链的能力所带来的不确定性也非常重要。当消费电子行业引入一种新型元件时，该元件生产过程的优质率很低并经常发生停产的情况，那么企业很难按预定计划交货，从而导致电子制造商面临较高的供给不确定性。因此，供应源的能力将影响供给不确定性。频繁停产、不可预测、产出率低、质量差、供给能力有限、供给能力不具柔性、不断发展的生产工艺等都会带来供给的不确定性。

供应不确定性在很大程度上还受到产品所处生命周期的影响。刚刚推向市场的新产品由于设计和生产工艺的不断改进，致使供给不确定性较高。相反，成熟产品的供给不确定性较低。

（二）供应链不确定性与库存的关系

能力、库存、时间、信息和价格是应对供应链不确定性的 5 种基本杠杆。信息越准确，零售商面临的需求不确定性就越小。零售商可获得的供应能力越大、订货提前期越短，零售商所需的季初库存越少。如果库存过多，那么零售商可能需要降价以刺激需求。

持有库存是实践中应对供应链不确定性最常用的杠杆之一。由于不知道来店的顾客会购买哪款商品，品牌专卖店会持有一定的库存。由于需求的不确定性，汽车经销商持有各种汽车库存。在使用库存杠杆应对不确定性时，供应链必须考虑持有库存的成本。

第二节　供应链环境下的库存控制策略

一、库存控制的相关参数

（一）库存持有成本

库存持有成本是指在一定时间内持有单位产品的库存所需支付的成本。与库存数量无关的固定成本主要包括仓库折旧、仓库职工每月的固定工资等。与库存数量相关的变动成本主要包括以下四项。

（1）资金占用成本。该项成本是指产品库存所占用资金的机会成本，反映这部分资金失去的盈利能力。通常资金占用成本是库存持有成本项目中最大的一部分，可用持有库存的货币价值的百分比来表示。

（2）空间占用成本。该项成本主要反映周转库存变化而导致的空间成本变化。如果企业支付的货物存储费用以仓库中存储货物的实际数量来计算，就属于直接空间占用成本。企业通常是租赁或购买一定空间来存储货物的，但只要周转库存的增加不改变对存储空间的需求，那么，空间占用成本增加为零。

（3）库存搬运成本。搬运成本应当只包括那些随订货数量变化而变化的收货成本。尽管搬运成本与订货数量的变化相关，但通常其数量仅在一定范围内变化时，其搬运成本不变，这时库存持有成本中增加的搬运成本为零。如果需要增加搬运人员来应对收货数量的增加，那么在库存持有成本中需要加上增加的搬运成本。

（4）库存服务成本。这项成本主要指库存保险及税金。根据产品的价值和类型，产品丢失或损坏的风险越高，就越需要较高的风险费用。另外，由于许多国家将库存列入应纳税的财产，所以高水平库存将导致较高的税费。保险及税金将因产品不同而存在很大的差异。

（二）固定订货成本

固定订货成本是指企业为实现订货而发生的那些不随订货批量大小变化而变化，却在每次订货时都要发生的所有成本的总和。固定订货成本包括所有因发出或接收额外订单而增加的成本。那些与订货数量无关的固定订货成本主要包括以下组成部分。

（1）采购员时间成本。采购员时间是指采购员下达额外订单所增加的工作时间（即加班时间）。只有在采购员全负荷工作时，才需要考虑该成本。一个空闲的采购员进行订货所产生的增量成本为零，不会增加订货成本。因此，电子订货可以大幅降低采购员的时间成本。

（2）运输成本。运输成本通常与订货数量无关。例如，如果每次货物交付时都安排一辆卡车，那么装运半车货和卡车满载的成本是完全一样的。零担运输定价也包括不随装运数量变化而变化的固定成本部分和随着装运数量变化而变化的可变成本部分。

（3）收货成本。主要包括处理订货的差旅费、邮资、通信费用、验收货物及对单和更新库存记录等相关的支出。其中一些与订货数量无关的收货成本应计算在订货成本中，而与订货数量相关的收货成本不应计算在其中。

（4）其他成本。每一种情况下都可能存在一些仅和订货次数有关，而与订货数量无关的需要考虑的特殊成本。

（三）缺货损失成本

缺货损失成本是指由库存供应中断而造成的损失。其主要包括因原材料供应中断而造成的停工损失、因产成品库存不足而造成的延迟发货损失和丧失销售机会的损失（还应包括商誉损失）。如果生产企业通过紧急采购代用材料来解决库存材料的中断问题，那么，缺货成本将表现为紧急额外购入成本（即紧急采购成本大于正常采购成本的部分）。当一种产品缺货时，顾客就会购买竞争对手的产品，进而造成企业直接利润的损失，如果失去顾客，还可能给企业造成间接或长期损失。在供应物流方面，原材料、半成品或零配件的缺货，意味着机器空闲甚至生产设备全部处于关闭状态。

二、规模经济下的库存控制策略

订货批量（lot size）是供应链的某一环节一次生产或采购的数量。周转库存是供应链中因生产或采购的批量大于顾客需求而产生的平均库存。在供应链中持有周转库存是为了利用规模经济降低成本。在不考虑需求波动的影响并假设需求稳定的情况下，大批量生产或采购有利于供应链的某个环节利用规模经济降低成本。那么每次订货量的多少将影响库存持有成本、固定订货成本和缺货成本。通常，某种产品的全年库存持有成本随着订货批量的增加而增加，而订货批量的增加会减少订货次数，进而减少全年固定订货成本。同时，订货批量的增加会减少缺货发生的次数，进而减少缺货成本。

管理者需要权衡订货批量与库存持有成本之间的关系，寻找使材料成本、库存持有成本和固定订货成本之和达到最小的经济订货批量。

（一）单一产品的最优订货批量（经济订货批量）

需求稳定的情况下，如何确定单一产品的最优采购或生产批量？以品牌电脑专卖店为例，每次专卖店售完其现有库存的电脑产品时，采购主管都会发出一个批量为 Q 台的补货订单。包括运输成本在内，专卖店每次订货的固定成本为 S 元。采购主管必须确定每次从供应商处订购的电脑数量。

1. 已知条件

（1）假设供应商不提供价格折扣，且无论订单数量多大，单位采购价格均为 C（元/台）。

（2）每单位产品每年的库存持有成本为 $H = h \cdot C$。库存成本占产品单位成本的比例为 h，也称库存持有成本费率。

（3）每次订货的固定成本为 S。

2. 假设条件

（1）需求是稳定的，单位时间需求为 D（台/年）。

（2）不允许缺货，也就是说库存可以满足所有需求。

（3）补货提前期为常量（初始假设为 0）。

采购主管要确定订货批量使门店总成本最小，在确定批量时必须考虑 3 种成本：年材料成本、年订货成本和年库存持有成本。

3. 未知变量

Q 表示订货批量。

4. 年总成本函数

（1）年材料成本：

$$C_1 = C \cdot D \quad \text{（7-1）}$$

（2）年订货成本：

$$C_2 = \left(\frac{D}{Q}\right) S \quad \text{（7-2）}$$

（3）年库存持有成本：每次订货量为 Q，则平均库存为 $Q/2$，年库存持有成本如公式（7-3）所示。

$$C_3 = \left(\frac{Q}{2}\right)hC \tag{7-3}$$

（4）年总成本函数：

$$\text{TC}(Q) = C_1 + C_2 + C_3 = CD + \left(\frac{D}{Q}\right)S + \left(\frac{Q}{2}\right)hC \tag{7-4}$$

年总成本函数是关于订货批量 Q 的一次函数，如公式（7-4）所示，年总成本函数对 Q 求一阶导数，并令导数等于 0，得到最优订货批量，又称经济订货批量（economic order quantity，EOQ），用 Q^* 表示。

$$Q^* = \sqrt{\frac{2DS}{hC}} \tag{7-5}$$

此时，周转库存为 $Q^*/2$，单位产品在系统中的流动时间为 $Q^*/(2D)$。当最优订货批量增大时，周转库存和流动时间也随之增加。最优订货次数 n^*，如公式（7-6）所示。

$$n^* = \sqrt{\frac{hCD}{2S}} \tag{7-6}$$

（二）经济生产批量

在经济订货批量模型中，隐含假设整批产品同时到货。虽然对于零售商接收补货来说，这可能是一个合理的假设，但这一假设不符合企业生产过程的实际。在生产环境下，产品以一定的速率 P 逐渐生产出来。那么，在生产正在进行时，库存以 $P-D$ 的速率上升，当生产停止时，库存按速率 D 下降。在这种情况下，经济订货批量模型可以变形为经济生产批量（economic production lot，EPL）模型，如公式（7-7）所示。

$$Q^p = \sqrt{\frac{2DS}{(1-D/P)hC}} \tag{7-7}$$

由公式（7-7）可知，经济生产批量模型是经济订货批量模型乘以一个校正系数。当生产速率远高于需求消耗速率时，该校正系数趋近于 1。

（三）能力约束的订货批量

由于在多数供应链环境下，整批货物多是同时到货的，因此这里假设整批货物同时到货。在经济订货批量模型和经济生产批量模型中，均隐含批量订购的所有产品均能装上一辆卡车。但事实上，卡车的运输能力是有限的，这里假设卡车的运输能力为 K。如果经济订货批量 Q^* 小于 K，零售商应在每一订单中每次订购 Q^* 单位产品。如果经济订货批量 Q^* 大于 K，那么零售商就必须支付多于一辆卡车的运输费用。在这种情况下，需要将订购 K 单位产品（满载）的成本与订购 Q^* 单位产品的成本进行比较，然后确定最优订货批量。如果订货成本 S 主要是来自于卡车的成本，那么订货批量超过一辆卡车的运输能力绝对不是最优的选择。在这种情况下，最优订货批量应选择经济订货批量（Q^*）

和卡车运输能力（K）中的较小者。

第三节　供应商库存管理

为了适应供应链管理的要求，供应链管理环境下的库存管理方法必须做出相应的改变。本节将结合国内外企业的实践经验及理论研究成果介绍一种先进的供应链库存管理技术与方法——供应商库存管理（vendor managed inventory，VMI）。

一、VMI 的基本思想

VMI 是指按照双方达成的协议，由供应链的上游企业根据下游企业的物料需求计划、销售信息和库存量，主动对下游企业的库存进行管理和控制的库存管理方法。在实践中供应链服务企业也可以代替供应商从事 VMI 服务，在全球采购中比较普遍。

VMI 要求供需双方信息共享和计划协同，供需双方在共同的协议下由供应商控制和管理库存。库存的所有权可为供应商或者需求方所有，取决于双方的协议规定。因为供应商具有主控权，所以供应商可以灵活地调度库存的使用情况，比如供应给不同的用户从而更好地控制库存成本，结算也是根据双方的协议执行。

VMI 一般被认为是供需双方之间的一种合作性策略，以对双方来说都是最低的成本优化产品的可得性。VMI 的目标是通过供需双方的合作，真正降低供应链上的总库存成本。

VMI 策略的关键措施主要体现在以下几个原则中。

（1）合作性原则。在实施该策略时，相互信任与信息透明是很重要的，供应商和用户（零售商）都要有较好的合作精神，才能够相互保持较好的合作。

（2）互惠原则。VMI 解决的不是关于成本如何分配或谁来支付的问题，而是如何减少成本的问题。该策略可使双方的成本都减少。

（3）目标一致性原则。在框架协议的指导下，双方都明白各自的责任，观念上达成一致的目标。例如，库存放在哪里、什么时候支付、是否要管理费、要花费多少等问题都要回答，并且体现在框架协议中。

（4）总体化原则。供需双方能共同努力消除浪费并共享收益。

VMI 的主要思想是供应商在用户的允许下设立库存，确定库存水平和补给策略，并拥有对库存的控制权和决策权。精心设计的 VMI 系统，不仅可以降低供应链库存水平、降低成本，而且用户还可获得高水平的服务，改进资金流，与供应商共享需求变化的透明性并获得更多用户的信任。

二、VMI 的常见形式

（一）"制造商一零售商" VMI 模式

这种模式通常存在于制造商作为供应链上游企业的情形中，制造商对其客户（如零售商）实施 VMI。制造商是 VMI 的主导企业，负责对零售商的供货系统进行检查和补充，这种模式多出现在制造商是一个比较大的产品制造企业的情况下，制造商具有相当的规模和实力，完全能够承担起管理 VMI 的责任，如美国的宝洁发起并主导对大型零售商的 VMI 模式的实施。

（二）"供应商—制造商"VMI 模式

这种模式通常存在于供应商是供应链上实施 VMI 的上游企业的情况中，制造商要求其供应商按照 VMI 的方式向其补充库存。此时，VMI 的主导企业可能还是制造商，但它是 VMI 的接受者，而不是管理者，此时的 VMI 管理者是该制造商的上游的众多供应商。

例如，在汽车制造业，这种情况比较多见。一般来说，汽车制造商是这一供应链上的核心企业，为了应对激烈的市场竞争，会要求它的零部件供应商为其实施 VMI 的库存管理方式。由于很多零部件供应商的规模很小、实力很弱，所以完全由这些供应商完成 VMI 可能比较困难。另外，由于制造商要求供应商按照 JIT 的方式供货，所以，供应商不得不在制造商的周边建立自己的仓库。这样会导致供应链上的库存管理资源重复配置。又如，调研发现，采用这种 VMI 方式的供应商，为了保证对制造商的供应，要比原有模式多出 5%的成本。虽然表面上看这些库存管理成本是由供应商支付的，但是实际上仍然会分摊到供货价格中，最终对制造商也是不利的。

此外，这种 VMI 模式并不能保证对制造商装配环节的配套供应，装配线中断的概率很高。

（三）"供应商—3PL—制造商"VMI 模式

为了克服第二种模式的弊端，创造出了新的方式："供应商—3PL—制造商"VMI 模式。这种模式中引入了一个 3PL 企业，由其提供一个统一的物流和信息管理平台，统一执行和管理各个供应商的零部件库存控制指令，负责完成向制造商生产线上配送零部件的工作，而供应商则根据 3PL 的出库单与制造商按时结算，这种模式在全球采购中更具优势。

这一模式的优势主要有四点。

（1）3PL 推动了合作三方（供应商、制造商、3PL）之间的信息交换和整合。

（2）3PL 提供的信息是中立的，预先达成框架协议，物料的转移标志着物权的转移。

（3）3PL 能够提供库存管理、拆包、配料、排序和交付，还可以代表制造商向供应商下达采购订单。

（4）供应商的物料提前集中在由 3PL 运营的仓库中，使得上游的众多供应商省去了仓储管理及末端配送的成本，从而大大提高了供应链的响应性并同时降低了成本，因此，也有人将这种 VMI 模式称为 VMI-Hub。

这种模式最大的阻力还是来自制造商企业内部。制造商企业的管理人员对 3PL 是否可以保证 VMI 业务的平稳运作存在怀疑和不理解，也有人担心引入 3PL 后会失去自己的工作，还有人认为 VMI 业务可以带来利润，因此希望把这一业务保留在公司以获得额外的"利润"。因此，为了使 VMI 能够真正为供应链带来竞争力的提升，必须对相关岗位的职责进行重新组织，甚至对企业文化进行变革。

三、VMI 的实施

（一）实施 VMI 的前提条件

VMI 把库存控制的决策权交给了供应商，对供需双方来说都是一个挑战。实施 VMI 应具备以下 3 个基本前提条件。

（1）供应链上下游供需双方建立互信的战略伙伴关系。要求需求方的供应商提供足够透明的库存变化信息，以便供应商能及时准确地做出补充库存的决定。

（2）需求方应和供应商共同建立 VMI 执行协议框架和运作规程，建立起对双方都有利的库存控制系统。库存信息管理在 VMI 中具有重要意义，必须依靠先进的信息技术，建立先进的 VMI 运行平台。

（3）信息技术系统的应用。在 VMI 实施的信息技术支持方面，主要包括 ID 代码、EDI/Internet、条形码技术/RFID、连续补货程序等。

（二）VMI 实施的步骤

（1）确定目标。确定 VMI 的目标，根据企业的不同情况，目标的确定可以从以下几个方面着手：降低供应链上产品库存，抑制"牛鞭效应"；降低买方企业和供应商成本，提高利润；增强企业核心竞争力；提升双方合作程度和忠诚度。

（2）建立客户信息系统。实施 VMI，首先要改变订单的处理方法，供应商和客户一起确定供应商的订单业务处理过程中所需要的信息和库存控制参数，然后建立一种订单的标准处理模式，最后把订货、交货和票据处理各个业务功能集成在供应商处。要有效地管理客户库存，供应商必须能够获得客户的有关信息。通过建立客户信息系统，供应商能够掌握需求变化的相关情况，把由客户进行的需求预测与分析功能集成到供应商的系统中。

（3）建立销售网络管理系统。供应商要很好地管理客户库存，就必须建立起完善的销售网络管理系统，保证自己的产品需求信息和物流畅通，为此，必须保证自己产品信息的可读性和唯一性，解决产品分类、编码的标准化问题，解决商品存储运输过程中的识别问题。目前，我国大部分的企业都实施了 MRPⅡ 或 ERP 系统，这些软件系统都集成了销售管理的功能。通过对这些功能的扩展，可以建立完善的销售网络管理系统。

（4）建立供应商与客户的合作框架协议。实施 VMI 的双方要达成一致的目标，就要明确各自的责任和义务，事先对实施的具体细节用一个框架协议确定下来，确定应用模式、订单的业务处理流程，设定库存控制方式、信息的传递方式、费用如何分摊等。这个框架协议由双方共同监督实施，双方根据 VMI 具体运行状况，经过协商对框架协议条款进行修改，消除不合理环节，减少浪费。

还要对相关的违约责任进行规定，如供应商错发货或延迟供货引起的损失和费用如何承担；如果用户信息系统出错，提供的错误信息导致供应商出错，损失费用如何分摊；如果用户取消订货但由于信息系统或沟通渠道的原因，导致供应商已经送货，谁对这批存货负责等。

（5）组织结构的变革。实施 VMI 后，为了适应新的管理模式，需要对组织机构进行相应的调整。供应商要建立一个 VMI 职能部门，负责对 VMI 服务的监控和维持与客户之间的关系。

（三）VMI 实施的评估

在实施初始阶段，必定会存在诸多意外和不确定因素，这样就会导致 VMI 在开始实施时可能不会达到预期目标，所以设立一个 VMI 的评估体系对 VMI 的实施情况进行评估，然后对其进行调整和完善，以便在长期内全面地实施 VMI，同时还需要制定一个评估的时间周期，并且保证双方企业采用一致的评估口径和基准，这样才能保证对 VMI 的实施效果有比较客观的评估。具体评估包括以下几个过程。

（1）确定评估的目标对象。

（2）确定评估的指标。主要根据 VMI 给供应商和客户带来的利益进行设立，如产品库存水平满意度、节约成本满意度、产品的到货率、双方企业合作与信任满意度、双方企业核心竞争力保持满意度等。这些指标可以通过 VMI 的工作人员根据实施过程的调查综合评定给出。

（3）确定评估指标的权重。

（4）评价等级与量化数据。

通过评估系统对 VMI 实施前后进行比较，如果实施 VMI 后的效果比较理想，就可以进行下一阶段，继续实施 VMI；如果得出的评估结果不满意，就必须对 VMI 的实施进行完善和调整，直至得出理想的结果。

第四节　联合库存管理策略

VMI 被认为是比较先进的库存管理方法，但是库存费用和意外损失等均由供应商承担，这无疑加大了供应商的风险。为了克服 VMI 系统的局限性和规避传统库存控制中的"牛鞭效应"，联合库存管理（jointly managed inventory，JMI）应运而生，它是一种在 VMI 的基础上发展起来的，供应商与用户权利责任平衡和风险共担的库存管理模式。

一、JMI 的基本思想

联合库存管理是一种协调的库存管理模式，实际是组建一个协调中心，以解决供应链系统中由各节点企业相互独立运作模式导致的需求放大现象，提高供应链同步化程度的一种有效的库存控制方法。

联合库存管理思想最早体现于地区分销中心。传统的分销模式是分销商根据市场需求直接向制造商订货，从发出订单到货物到达需要一定的时间，为了避免这段时间内因缺货而带来的损失，分销商不得不进行库存备货，造成巨大的库存成本。而采用地区分销模式后，大量库存由地区分销中心储备，各个分销商只需要少量的库存，从而减轻了分销商的库存压力。

地区分销中心的实质是将分销商的一部分库存转移过来进行管理，从分销中心的功能得到启发，对现有供应链库存管理模式进行拓展，即形成以协调中心为指导的联合库存管理模式。

JMI 的基本思想是建立协调中心，更多地体现了供应链节点企业之间的协作关系，包括纵向和横向一体化两方面的协作：横向是指处于同一级别的分销商、零售商之间的合作；纵向是指上游企业和下游企业间的合作。强调供应链节点企业同时参与、共同制定库存计划，从而使供应链管理过程中的每个库存管理者都能从相互协调的角度来考虑问题，保证供应链相邻两节点之间的库存管理实体对需求预测水平的高度一致，实行同步化运作，从而部分消除了供应链环节之间的不确定性和需求信息扭曲导致的供应链的库存波动与需求变异放大现象。

JMI 是一种风险共担的库存管理模式。这种模式在供应链中实施合理的风险、成本与效益平衡机制，建立合理的库存管理风险的预防和分担机制，在进行有效激励的同时，避免供需双方的短视行为及供应链局部最优现象的出现。通过协调管理中心，供需双方共享需求信息，从而起到提高供应链的运作稳定性作用。从相互之间的协调性考虑，充分利用供应链资源，在满足顾客需求的同时使供应链库存达到最低。

二、供应链 JMI 的模式

JMI 是一种基于协调中心的库存管理思想，相邻节点需求的确定都是供需双方协调的结果，库存管理不再是独立运作过程。供应链联合库存管理有两种模式。

（一）集中库存模式

各供应商的零部件都直接存入核心企业的原材料库中，转变各供应商的分散库存为核心企业的集中库存。集中库存要求供应商的运作方式是按核心企业的订单要求，实行小批量、多频次的配送方式并直接送到核心企业的仓库中补充库存。在这种模式下，库存管理的重点在于核心企业根据生产的需要，保持合理的库存量，既能满足需要，又能使总库存成本最小。

集中库存控制模式有以下几个方面的优势。

（1）由于所有供应商的库存都转移到了核心企业的原材料仓库中，所以供应链系统的库存控制问题实际上就转化成了普通企业的库存量控制问题，而且通过对核心企业库存量的控制，能够对整个供应链的库存量进行控制。

（2）从供应链整体看，联合库存管理减少了库存量和相应的库存设立费及仓储作业费，从而降低了供应链系统总的库存费用。

（3）在减少物流环节、降低物流成本的同时，提高了供应链的整体工作效率。

（4）供应商的库存直接存放在核心企业的仓库中，不仅保障核心企业的零部件供应和取用方便，而且核心企业可以统一调度、统一使用管理、统一进行库存控制，为核心企业快速高效地生产运作提供了强有力的保障条件。

（5）核心企业通过对各个供应商的原材料库存量的控制，实际上也就控制了各供应商的生产和配送运作，从而达到整个供应链优化运作的目的。

（6）这种库存控制方式也为连续补充货物（continuous replenishment program，CRP）、QR、JIT 等创造了条件。

（二）无库存模式

供应商和核心企业都不设立库存，核心企业实行无库存的生产方式。此时供应商直接向核心企业的生产线上进行连续小批量多频次的货物补充，并与之实行同步生产、同步供货，从而实现需要的时候把所需品种和数量的原材料送到需要地点的操作模式。这种准时制供货模式效率最高且成本最低。但是对供应商和核心企业的运作标准化、配合程度、协作精神要求也高，操作过程要求也比较严格。

三、JMI 的实施

（一）JMI 的实施策略

1. 建立供需协调的管理机制

为了发挥联合库存管理的作用，供需双方应从合作的精神出发，建立供需协调管理的机制，明确各自的目标和责任，建立合作沟通的渠道，为供应链的 JMI 提供有效的机制。建立供需协调管理机制应从以下几个方面着手。

（1）确立共同合作目标。要理解供需双方在市场中的共同之处和冲突点，通过协商形成共同的目标，如客户满意度提高、利润的共同增长和风险最小化等。

（2）确定联合库存的协调控制方法。包括库存如何在多个需求商之间调节与分配，库存的最大量和最低库存水平，安全库存的确定，需求的预测等。

（3）建立信息沟通渠道。为了提高整个供应链的需求信息的一致性和稳定性，减少由多重预测导致的需求信息扭曲，应增加供应链各方对需求信息获得的及时性和透明性。

（4）形成利益的分配和激励机制。要有效运行基于协调中心的库存管理，必须建立一种公平的利益分配制度，并对参与协调库存管理中心的各企业（供应商、制造商、分销商或零售商）进行有效的激励，防止机会主义行为，增加协作性和协调性。

2. 充分利用信息系统

为了发挥联合库存管理的作用，在供应链管理中应充分利用目前各合作方的信息系统，并加以集成从而实现信息的实时准确交互。但各方的信息系统可能不兼容，因此应采用一些新技术把各个系统有机地结合起来，如建立一个池（pool）作为一个共同的信息交互平台，各方的数据可以在这里进行格式转换。

3. 建立快速反应系统

一方面，快速反应系统目前被认为是一种有效的管理策略，这套系统有相对成熟的发展模式，对 JMI 的实施能起直接的借鉴作用；另一方面，在电子商务时代，产品根据客户需求定制的比例增加，这就意味着多品种、小批量成为供应链的特点，因此快速反应系统更需要供需双方的密切合作，协调库存管理中心的建立则为快速反应系统发挥更大作用创造了有利的条件。

4. 充分发挥第三方物流的作用

3PL 是供应链集成的一种技术手段，为客户提供各种服务，如产品运输、订单选择、库存管理等。3PL 的产生是由一些大的公共仓储公司通过提供更多的附加服务演变而来的，另外一种产生形式是由一些制造企业的运输和分销部门演变而来的。

（二）JMI 绩效评价

1. JMI 绩效评价的原则

（1）以价值为中心。采用能反映供应链管理模式下库存控制流程的绩效指标体系，在界定和衡量管理绩效时力求精确，以有价值的结果为中心来对绩效进行界定。

（2）总体性原则。拟定供应链库存控制系统的总体目标，重点对关键绩效指标进行分析。

（3）关联性原则。绩效评价指标要能反映整条供应链库存控制情况，而不仅仅是反映单个节点企业库存控制。

2. JMI 绩效评价指标体系

根据联合库存控制的基本特征和目标，联合库存绩效评价指标应该能够恰当地反映供应链整体库存控制状况及上下节点企业之间的运营关系，而不是单独地评价某一节点企业的库存运营情况。联合库存绩效评价指标体系如图 7-1 所示，一般来说，可以选取以下指标。

（1）库存控制成本。供应链作为一个系统，其库存控制成本是指由于库存控制活动而转移出供应链系统之外的相关库存费用之和，因此需要将整条供应链上的所有节点企业作为一个整体来系统考虑供应链库存控制成本。这个一级指标下控制的二级指标包括储存成本、订货成本、缺货成本、丢单成本、运输成本、搬运（或装卸）成本和库存信息传递成本。

（2）客户服务水平。客户服务是指系统供应外部订货和使客户满意而进行的有关各项库存管理活动的总和，它是一项综合性活动，是以成本效益方式在实物配送中提供有意义的"增加价值"的过程。因此客户服务水平是一个关键的库存绩效评价指标，供应链环境中库存控制绩效在客户服务水平指标下，采用可以量化评价的因素指标，选取了准时交货率、订单完成时间、交货准确率、库存物资损毁率这 4 个二级指标。

（3）库存控制质量。库存控制质量的主要指标包括库存物资供应率、库存物资循环率、物资收发正确率、仓容利用率。

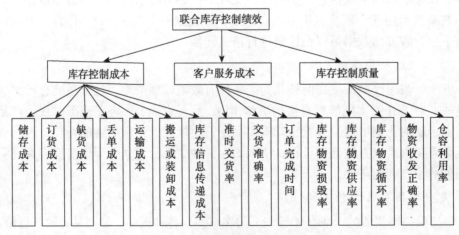

图 7-1　联合库存绩效评价指标体系

| 即测即练 |

第八章

供应链管理环境下的采购管理

> **学习重点**
>
> （1）供应链管理对采购的要求；
> （2）传统采购模式存在的问题；
> （3）供应链管理环境下采购的特点；
> （4）多源组合采购、第三方采购和准时采购模式的优劣势；
> （5）全球采购的影响因素与决策应用。

第一节 采购管理概述

采购作为供应链的重要环节，搭建起了企业与供应商之间的桥梁，随着经济全球化的发展，企业采购范围得到了较大的拓展，全球采购给供应链管理带来了巨大的挑战。采购管理作为供应链管理的上游活动，是一个动态、持续性的过程，对企业降低成本、提高效益和提升企业竞争力具有重要作用。随着大数据、云存储和数据挖掘技术的发展，高效的采购管理不仅能够降低成本、提高效益，更能提升企业的全球竞争实力。因此，在供应链管理环境下，企业有必要根据供应链采购特点，制定合理的供应链采购计划，实施有效的供应商管理方法，以提升企业供应链的竞争实力。

一、采购与采购管理

采购是一个复杂的过程，目前还很难对它进行统一的定义，根据环境的不同它可以有不同的定义。狭义地说，采购是企业购买货物和服务的行为；广义地说，采购是企业取得货物和服务的过程。然而，马士华认为采购的过程并不仅仅是各种活动的简单叠加，它是对一系列跨越组织边界活动的成功实施。[1]因此，采购可以定义为：用户为取得与自身需求相吻合的货物和服务而必须进行的所有活动。

---

[1] 马士华，林勇. 供应链管理[M]. 6版. 北京：机械工业出版社，2020.06.

采购管理指采购过程的计划、组织、协调和控制等全过程,包括管理供应商关系所必需的所有活动。徐杰认为采购管理着眼于组织内部、组织及其供应商之间构建关系和持续改进采购过程。[①]著名管理学家迈克尔·波特发现了采购在价值链理论中的战略重要性,认为采购管理包括了新供应商的资质认定、各种投入物资的采购和供应商表现的监督,因而采购在供应链管理中起着重要的作用。

采购活动在供应链中起到连接制造商与供应商的纽带作用,如图 8-1 所示。制造商根据客户订单制定生产计划,根据生产计划产生物料需求计划,再根据物料需求计划制定采购计划。采购部门根据计划准备报价单、选择供应商、订货、接收等一系列活动。这些采购活动完成了供应商与制造商之间的供需匹配。

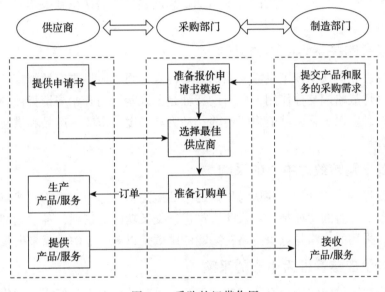

图 8-1　采购的纽带作用

二、采购管理的演变

购买是公司从供应商处获得原材料、零部件、产品、服务或其他资源的运作过程。采购并不是简单的购买,而是一整套购买产品和服务的商业流程。采购可以作为一个职能部门、一个过程、供应链或价值链的一个环节、一种关系,一门学科或一个职业,但更多是将其看成一种作业活动,是为完成指定采购任务而进行的具体操作活动,而采购管理则被看成是与之有关的一系列管理活动。

自从人类有了市场交易后,购买行为就出现了。尽管采购的历史悠久,但高效采购的重要性在 20 世纪中叶后才得到广泛认同,人们开始重视采购管理,注重产品本身的状况。把战略目标的重点放在采购过程、供需关系、供应绩效、系统效益上的现代采购管理是随后逐步形成和发展的,大体经历了以下阶段。[②]

---

① 徐杰,卞文良. 采购与供应管理[M]. 北京: 机械工业出版社, 2019.1.
② 张浩. 采购管理与库存控制[M]. 2 版. 北京: 北京大学出版社, 2018.8.

（一）以采购产品为中心的采购

这一阶段强调对具体产品的采购，注重采购产品的品质、价格等，是一个被动阶段，主要是对采购的需求做出初始反应。此时的特征是：大量时间用于解决日常事务工作；信息交互不畅，工作的透明度低。供应商的选择主要根据价格的高低和产品获取的方便程度而定。

（二）以运作过程为中心的采购

这一阶段开始关注采购的过程管理，采纳了新的采购技巧和方式，但其战略方向仍未与企业的整体竞争战略接轨，是一个相对独立的阶段。此时的特征是：以降低成本和提高效率来衡量绩效；加强采购的技术培训。高层领导开始认识到采购专业化的重要性并意识到采购中有许多创造利润的机会。

（三）以采购关系为中心的采购

这一阶段已充分认识到了供需关系的重要性并加强了对供应商的管理，采购战略开始对企业的整体战略起支撑作用。此时的特征是：采购计划开始与销售计划同步；供应商被看成是一种资源，强调其能力、经验、动力和态度；市场、产品和供应商的动向被时刻关注与分析。

（四）以采购绩效为中心的采购

这一阶段强调综合管理，并认为采购的绩效应是多目标的，采购的战略应与企业的整体战略一致。此时的特征是：对采购人员进行交叉功能的培训；各职能部门之间的信息交流通畅；采购的战略是竞争战略；采购的绩效是以对企业的贡献来衡量的。

（五）以供应链管理为中心的采购

这一阶段对于供应链管理有了足够的重视，采购的权力下放但能得到集中控制，能大幅降低采购成本和供应链管理成本。此时的特征是：多种新型采购模式得以应用；信息化程度和效率明显提高；采购呈现出杠杆效应；货源的组织全球化。

各企业对采购管理的认识和管理水平不同，但上述 5 个阶段是共同的发展里程，以供应链管理为中心的采购将成为发展的必由之路。

三、供应链管理对采购的要求

采购管理涉及的内容很多，包括制订采购计划、对采购人员的管理、采购资金的管理、对供应商的管理、谈判及合同的管理、采购成本管理、采购评价等。如果企业的战略以供应链管理为中心，为提高企业和整体供应链的竞争力，对采购管理提出了新的要求，通常体现在以下几个方面。

（一）提高反应速度和准确性

供应链管理的方法有很多，但其核心还是资源的整合及如何提高供应链的反应速度和准确性。例如，快速反应系统能够对消费者的需求做出快速的反应，要求供应链上各环节的信息共享，缩短需求的预测周期，提高预测的准确性，提高库存周转率，从而降低库存。这对采购管理提出了新的要求，互联网的普及及 ERP 的使用有助于反应速度和准确性的提高，并有助于采用 JIT。另外，各种预测方法和技术的应用可以提高需求预测的准确性，从而在制订采购计划时更加有效。

（二）加强成本管理

有效客户响应（efficient consumer response，ECR）是供应链管理的另一个重要理念或方法，该方法强调消除系统中不必要的成本和费用，给客户带来更大的利益，通过改善业务流程，采用连续补货等技术来提高效率。成本管理是供应链管理的重点问题，如何降低采购成本则是采购管理中的研究热点，也是管理实践的焦点内容，但在实际应用中要坚持系统的观点，即系统的总成本最低而不是某一环节上的成本最低。

（三）加强对供应商的管理

传统的采购管理中，供应商的选择主要侧重于采购价格，在竞标条件下，最终中标的应是报价最低的一家。价格是需要关注的，但这容易造成只注重价格的短视行为，不利于企业的长期发展。因此现代供应链管理强调从战略的角度选择合适的供应商，并将其看成是一种资源，加强管理和培养，形成长期的合作伙伴关系，让供应商参与到需求预测、新产品开发、质量管理、物流管理等管理活动中，并且许多管理活动是相互渗透的。

第二节　供应链管理环境下的采购模式

一、供应链管理环境下的采购

（一）传统采购及其存在的问题

传统的采购主要是"交易性采购"。在这种思想的影响下，采购就是一种普通的买卖活动。随着供应链管理理念的发展及市场竞争的加剧，传统的采购思维模式越来越不适应时代的发展，采购管理开始向供应链采购模式发展。

传统采购具有一定的局限性，其采购管理的重点是与供应商进行的商业交易活动，比较重视交易过程中与供应商的讨价还价。因此，传统采购模式主要存在以下几方面的问题。

1. 传统的采购过程是信息不对称的博弈过程

选择供应商在传统的采购活动中是一个首要的任务。在采购过程中，采购方为了能够从多个竞争性的供应商中选择一个最佳供应商，往往会保留私有信息。由于给供应商提供的信息越多，供应商的竞争筹码就越大，这样对采购方不利，因此采购方尽量保留私有信息，而供应商也会在和其他供应商的竞争中隐瞒自己的信息。这样，采购与供应双方都没有进行有效的信息沟通，这就是信息不对称的博弈过程。

2. 采购物品质量控制难度大

质量与交货期是采购方要考虑的两个重要因素，但在传统的采购模式下，要有效控制质量和交货期只能通过事后把关的办法，因为采购方很难参与供应商的生产组织过程和质量控制活动，相互的工作是不透明的。在质量控制上，主要依靠到货后的检查验收，即所谓的事后把关。这种缺乏合作的质量控制导致了采购部门对采购物品质量控制的难度增加。一旦出现不合格产品，即使能够检验出来，也可能会影响整个后续工作流程。

3. 供需关系是临时或短期的交易关系

在传统的采购模式中，企业通常将供应商看作竞争对手，是一种"零和竞争"模式。因此，供应与需求之间的关系是临时性的，或者短时期的合作，而且竞争多于合作。由于缺乏合作与协调，采购过程中各种抱怨和扯皮的事情比较多，很多时间消耗在解决日常问题上，没有更多的时间用来做长期性的计划工作。供需之间存在的这种缺乏合作的气氛加剧了运作不确定性。

4. 响应用户需求能力弱

由于供应与采购双方在信息沟通方面缺乏及时的信息反馈，在市场需求发生变化的情况下，采购方也不能改变与供应方已有的订货合同，因此采购方可能在需求减少时库存增加，需求增加时供不应求。重新订货需要增加谈判过程，供需之间对用户需求的响应没有同步进行，缺乏应对需求变化的能力。

（二）供应链管理环境下的采购管理

采购管理作为供应链管理中的重要环节，是实施供应链管理的基础，图 8-2 为基于供应链的采购管理模型。

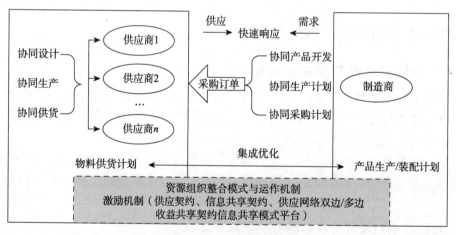

图 8-2 基于供应链的采购管理模型

在该模型中，整个采购过程的组织、控制、协调都是站在供应链集成优化的角度进行的。企业与供应商首先要建立起战略性合作伙伴关系，在产品开发、生产和供货方面形成协同运作的机制。生产和技术部门通过企业内部的管理信息系统根据订单编制生产计划和物料需求计划。供应商通过信息共享平台和协同采购机制，可以随时获得用户企业的采购信息，根据用户企业的信息预测企业需求以便备货，当订单到达时可以迅速组织生产和发货，货物质量由供应商自己控制。这个模型的要点是通过协同运作和信息共享降低供应链的不确定性,从而降低不必要的库存,提高采购工作质量。

实现基于供应链管理理念的采购管理,关键是本企业与供应商之间建立长期的合作伙伴关系,双方能够畅通无阻地进行供需信息的交流和共享。因此,设计一个适合于企业供应链管理及采购管理的信息处理系统是实现畅通的信息交流的关键。根据信息的来源及处理的走向不同,一般可将信息系统分成内部信息交流系统和对外信息共享系统。

(1) 内部信息交流系统。关于信息处理系统的解决方案有很多,但它们对采购管理的关注很少,有的系统甚至不支持采购管理信息的处理。现有的 MRP 或 MRP II 及 ERP 系统都不能很好地支持基于供应链的采购管理,甚至缺乏专门为采购管理设置的数据库。因为它们只考虑如何合理地应用企业内部的资源来提高效率、降低成本,而极少考虑应用企业外部资源来创造价值。也有一些专用的采购管理信息处理系统,但它们大多是独立于其他系统之外的一个系统,没有很好地和企业系统集成起来。因此,建立基于供应链的采购系统,要将企业的采购信息与企业管理信息系统集成,为采购管理提供物料需求信息和库存信息。

(2) 对外信息共享系统。信息技术的发展为企业与供应商的信息交流提供了很多平台,互联网、EDI 等已被广泛应用于商业信息传递中,其中 EDI 就是一种应用较为广泛的模式。EDI 是一种电子数据交换规范,双方使用同一种规范进行数据编辑和传递,利用企业之间的计算机网络来传递信息。它的特点是传递信息快、种类多、保密性好,但其费用昂贵,不适合中小型企业使用。目前,通过互联网与供应商共享信息是一种越来越普遍的选择。从效果来看,这种途径可以满足信息共享的需要,而价格要比 EDI 低很多,基于 B/S 结构比较适合小型供应商使用。随着信息技术的进一步发展,将会有更好的技术平台用于供应链合作伙伴之间的信息共享。

为供应商提供信息技术支持是必要的,因为信息平台的使用要双方同时进行才可实现,而且平台的兼容性也是不得不考虑的内容。因此,要为供应商提供良好的信息技术支持,并保持在此领域的交流,以求整个系统的稳定。

(三) 供应链管理环境下的采购特点

在供应链管理的环境下,企业的采购方式和传统的采购方式有所不同。在供应链管理理念的指导下,采购活动的组织与管理更多地从整个供应链最优的目标出发,对待供应商的态度也从压榨的对象转换为合作伙伴,供应链管理下的采购管理与传统的采购管理存在很大的差异性,这些差异主要体现在以下几个方面。

1. 从为库存而采购到为订单而采购的转变

在传统的采购模式中,采购的目的很简单,就是为了补充库存,即为库存而采购。采购部门并不关心企业的生产过程,不了解生产进度和产品需求的变化,采购过程缺乏主动性,采购部门制订的采购计划很难适应制造需求的变化。而在供应链管理模式下,采购活动是以订单驱动方式进行的,制造订单是在用户需求订单的驱动下产生的,然后制造订单驱动采购订单,采购订单再驱动供应商。供应商在接到采购订单后准备货物并按期交货。制造部门接收货物后通知采购部门,最后通知财务部门付款。这种准时制的订单驱动模式,使供应链系统能够即时响应用户的需求,从而降低了库存成本,提高了物流的速度和库存周转率。

2. 从一般的交易管理向外部资源整合管理转变

传统的采购管理缺乏战略性合作的意识。而供应链管理视角下的采购是一种外部资源整合（sourcing integration）管理。那么，为什么要进行外部资源整合管理，以及如何进行有效的外部资源整合管理？正如前面所指出的，对于传统采购管理而言，企业与供应商之间缺乏合作、柔性和快速响应需求的能力。供应链采购向外部资源管理转变，就是将采购活动渗透到供应商的产品设计和产品质量控制过程中。由于外部环境的快速变动，以及企业对核心竞争力地位的重视，企业管理的重心不再局限于内部资源整合，而是强调与外部合作伙伴的资源整合，强调与供应链伙伴的合作，以快速、有效地满足不断变化的顾客需求和应对日趋激烈的市场竞争。实施外部资源管理也是实施精细化生产、零库存生产的要求。

要实现有效的外部资源整合管理，制造商的采购活动应从以下几个方面着手改进。

（1）与供应商建立一种长期的、互惠互利的战略性合作伙伴关系。这种合作伙伴关系保证了供需双方有合作的诚意及参与双方共同解决问题的积极性。

（2）及时给予供应商产品质量反馈信息，并提供相应技术培训，确保产品质量的持续改善。传统采购管理的不足在于没有给予供应商在有关产品质量保证方面的技术支持和信息反馈。在定制化的需求越来越强的情况下，产品的质量是由顾客的需求决定的，而不是简单地通过事后把关所能解决的。在这样的情况下，质量管理的工作需要下游企业在提出相关质量要求的同时，及时把产品质量问题反馈给供应商，以便及时改进。对个性化产品的质量要提供有关技术培训工作，使供应商能够按照要求提供合格的产品和服务。

（3）供应商参与产品设计和产品质量控制过程。同步化运营（同步性）是供应链管理的一个重要思想。通过同步化的供应链计划，供应链上的各企业在响应需求方面取得一致性的行动，增加供应链的敏捷性。实现同步化运营的措施是并行工程。制造商应该积极组织供应商参与到产品设计和质量控制过程中来，共同设计产品、共同制定有关产品质量标准等，使最终客户的需求及时传递给供应商。

（4）协调供应商的计划。一个供应商有可能同时参与多条供应链的业务活动，在资源有限的情况下必然会造成多方争夺供应商资源的局面。在这种情况下，下游企业的采购部门应主动参与供应商的计划协调。在资源共享的前提下，避免供应商资源分配不公或与企业之间产生矛盾的情况，保证供应链能够正常运行，维护企业的利益。

（5）建立一种新的有不同层次的供应商网络，并逐步减少供应商的数量，与供应商建立合作伙伴关系。在供应商的数量方面，一般而言，供应商越少越有利于双方的合作。企业应该根据自己的情况选择适当数量的供应商，建立供应商网络，并逐步减少供应商的数量，致力于和少数供应商建立战略伙伴关系。

3. 从一般买卖关系向战略合作伙伴关系转变

在传统的采购模式中，供应商与需求企业之间是一种简单的买卖关系，因此无法解决一些涉及全局性、战略性的供应链问题，企业与企业之间无法共享库存信息，企业间所获取的信息就会出现偏差，失真导致信用、产品质量、库存资金积压等风险。而基于战略合作伙伴关系的采购方式为解决这些问题创造了条件。在供应链管理环境下，供应商与制造商从一般的短期买卖关系发展成长期合作伙伴关系，直至战略合作伙伴关系，采购决策变得透明，双方为达成长远的战略性采购供应计划而共同协商，从而避免了因信息不对称造成的成本损失。

战略合作伙伴关系的优越性主要表现在如下几个方面。

（1）采购效率提高。建立了战略合作伙伴关系的供应商和制造商之间的订货和供货主要是一些标准的、常规化的货物，避免了一些没有增值作用的烦琐环节，使采购效率得到了提高。

（2）库存成本减少。在供应链管理模式下，通过供应商与制造商之间的合作，供应与需求双方可以共享库存数据，减少了需求信息的失真现象。

（3）风险降低。供需双方通过战略合作关系，可以降低不可预测的需求变化带来的风险，如信用风险、产品质量风险等。

（4）组织障碍降低。战略性的伙伴关系消除了双方信息交流的组织障碍和信任问题，实现了信息的同步共享，为实现准时采购创造了条件。

（5）沟通程度加深。通过战略合作伙伴关系，双方可以为制订战略性的采购供应计划而共同协商。

4. 从交易买卖型采购向战略采购转变

供应链管理模式下采购管理的理念升级，采购活动从交易买卖型采购转为战略采购。传统的采购模式将战略采购和操作采购混合在一起，缺乏良好的监督机制（组织上的保障），管理资源得不到优化配置。采购部门认为将材料买回来就完成了任务，很少考虑生产环节与采购的联系，生产与采购的协调难度较大，容易出现扯皮现象。此外，采购部门对待供应商的态度过于狭隘，将供应商看作盘剥的对象，供应商的优化工作更无从谈起，容易陷入日常的琐碎业务。采购活动与技术开发的协调也容易出现脱节，使得企业中的采购、生产、技术开发等方面存在着不少的问题。随着供应链管理的理念不断深化，采购活动的组织方式出现了从一般操作式的采购向战略采购发展的趋势。

所谓战略采购，是指为使供应链稳健运营及提高自身的竞争力，通过与行业领先或对市场有重要影响力的供应商建立长期、稳定的合作伙伴关系，实现供需双方互惠共赢的一种新的采购业务模式。战略采购已成为全球领先企业降低成本和提升企业持续竞争优势的一个新兴而有效的工具。战略采购以降低供应链的总成本、提高供应链竞争力为目的，而不是片面追求最低采购价格。战略采购的关键是与供应商保持密切的合作伙伴关系，特别是重要的供应商和转换成本高的供应商。

推进战略采购、建立双赢理念是战略采购中不可或缺的因素。战略采购强调在事实和信息共享的基础上进行协商，基于对市场的充分了解和企业自身的长远规划，与供应商在双赢理念指导下进行沟通。实施战略采购必须遵守4个原则：供应链的总成本最低、供应链双赢的战略合作关系、基于价值链的协作关系、持续性改进。从企业战略的实施角度来说，战略采购是支持企业战略、供应链战略实施及提高供应链的协调一致性和适应性的重要举措。

二、基本采购模式的比较

（一）分散采购与集中采购

从企业的采购职能设置来看，当企业需要界定其采购部门的采购职能时，往往面临着选择集中采购还是分散采购的问题，这主要取决于企业的组织结构与发展战略以及集中采购与分散采购各自的优势和应用条件。

1. 集中采购

集中采购是指企业在核心管理层建立专门的采购机构，负责统一组织企业所需物料的采购业务。集中采购的主要优势包括以下几个方面。

（1）采购规模的杠杆效应。集中采购的规模可以帮助企业获得数量折扣、低成本运输和其他更有利的采购条款。

（2）避免重复采购。集中采购避免了企业内部不同分支机构的重复性采购工作。采购部门研究并下达包括所有需要的相同物料在内的大额采购订单，从而消除重复性活动，以减少采购人员的浪费、降低劳动成本。

（3）专业化采购。集中采购可使采购部门专注于一些特别的物料而不是负责所有需要采购的物料和服务，从而使采购人员花费更多的时间和资源研究他们各自负责的采购物料。

（4）降低运输成本。集中采购可以进行大批量运输，充分利用装载量；小批量运输也可以被安排用来将产品直接从供应商处配送到顾客处。

（5）减少内部竞争。集中采购能够克服分散系统下不同单位部门采购相同物料时所产生的部门之间相互竞争的问题。

（6）共同的供给库。具有相同采购需求的不同单位部门使用共同的供给库，将会使其变得更加容易管理，有利于合同谈判。

尽管集中采购有利于稳定本企业与供应商之间的关系，是降低进货及物流成本，保护产权、技术和商业机密，提高效益的战略手段，但是，由于采购流程过长，因而时效性差，难以适应小额采购、地域采购及紧急采购。同时，因采购与需求单位分离，有时可能难以准确了解内部需求，从而在一定程度上降低了采购的绩效。

2. 分散采购

分散采购是指由企业下属各单位（如子公司、分公司、车间或分店）为满足自身生产经营需要所实施的采购活动。这种采购模式适用于采购主体为二级法人单位、子公司、分厂、车间；申请采购的部门离主厂区或集团供应基地较远，其采购成本低于集中采购成本；产品开发研制、试验所需的物料及采购部门具有相应的采购与检测能力等情况。在这种模式下，采购的物料具有小批量、价值低、市场资源有保证、易于送达等特点。

分散采购的优势主要有以下几点。

（1）能够准确把握需求。每个单独的采购者通常会比总部集中的采购部门更容易把握自己所在单位的真实需求。

（2）有助于实施当地采购。当地的采购人员对地方供应商了解得更多。当地供应商

应用案例 8-1 A 速递公司集中采购模式运用

提供的便利使物料小规模频繁的运输更容易实现，也有助于与供应商建立密切的合作关系。

（3）能够快速响应需求。由于采购程序简洁，供应商与采购商联系密切，因此分散采购有利于快速响应，及时补货。

分散采购也会因各采购部门的各自为政，容易出现交叉采购，人员费用较高的问题；因采购权力下放，采购控制较难，采购过程中容易出现舞弊现象；因各部门或分店的采购数量有限，难以获得大量采购的规模效应。

（二）交易型采购与合作型采购

交易型采购是企业与供应商通过讨价还价直接交易并获得所需物料；而合作型采购是通过与供应商建立密切合作关系，以有效利用供应商资源来提高企业供应链的竞争能力。交易型与合作型采购的特点比较如表 8-1 所示。

表 8-1 交易型采购与合作型采购的特点比较

比较项目	采购依据	采购批量	供货方式	库存管理	双方关系	合同时效	信息沟通	争端解决	供方数量
交易型采购	价格	大	批量	防止缺货	对立	短期	极少	单方	多
合作型采购	协作计划	小	准时	准时化	合作	长期	经常	协商	少

从采购商与供应商的关系来看，当企业要采购其生产经营所需的物料时，面临着交易型采购和合作型采购的选择问题，这主要取决于企业战略是关注成本领先还是关注顾客响应性，以及采购项目的数量规模和重要性。

（三）提前采购与即时采购

从采购的时机看，当企业需要采购其生产经营所需的物料时，面临着提前采购还是即时采购的问题，这主要取决于采购项目的需求特征。

1. 即时采购

即时采购是指当企业生产部门有采购需求时就开始执行采购程序，物料到达时恰好就是需要使用物料的时间。即时采购有利于消除浪费，实现零库存。主要适用于重复性采购工作，并且企业与供应商已经建立起长期合作的伙伴关系。

2. 提前采购

提前采购是指在有需求之前就大批量地对物料进行采购，即在需要和使用之前的采购。提前采购的主要原因是预测到产品价格有上涨趋势、预测到供应市场将出现缺货的情况或者供应商为促销其产品提供一次性价格折扣等。提前采购的优势主要来自两个方面，一方面是通过提前采购可以在一定程度上避免企业受市场价格上涨的影响；另一方面是通过提前采购可以预防供应市场的不确定性因素。

虽然提前采购具有减小价格变动对企业成本的影响和避免缺货等优势，但提前采购会导致存货较多、库存成本较高，有较高的库存淘汰风险，以及很多企业通常都是在预期价格上涨的情况下进行采购，然而有时产品价格实际上反而会下跌或者不变，这时，企业就将承担为提前采购支付不必要的更高费用的风险。

三、多源组合采购模式

多源组合采购模式是基于多源采购策略对同一种物料或者具有不同需求特征的产品，将全球化采购策略和本地化采购策略两种不同类型的供应源组合，来实现供应链的效率性与响应性的均衡。在这种采购模式中，按全球采购策略选择低成本供应源，注重产品成本，但应对需求不确定性的能力较差；而按本地采购策略选择的响应性供应源，用于低成本供应源缺货时的后备供应源，能够灵活应对产品需求的不确定性，但具有较高的产品成本。

（一）低成本供应源与响应性供应源的选择

通常，低成本供应源关注经济性并只用于满足可预测的产品需求；响应性供应源关注快速响应性并只用于满足不确定部分的产品需求。影响低成本供应源和响应性供应源选择的因素不仅限于采购产品的需求特征，还有其他因素，如表8-2所示。

表8-2 低成本供应源和响应性供应源选择的影响因素

影响因素	生命周期	需求稳定性	需求数量	产品价格	陈旧化速度	质量要求	服务支持
低成本供应源	成熟阶段	高	多	低	慢	低到中	低
响应性供应源	早期阶段	低	少	高	快	高	高

由表8-2可知，低成本供应源应被分配给需求量大而稳定、不需要较多技术支持的成熟、低价值的产品。而响应性供应源应负责处于生命周期初期和需要较多技术支持的高价值、不稳定的产品供应。一般情况下，响应性供应源倾向于在本地选择以便快速响应需求变化；低成本供应源可以全球选择，但倾向于在海外选择低成本地区。

（二）本地供应源与海外供应源的选择

当基于产量时，海外低成本供应源因有较长提前期可用于补充需求稳定的周转库存，而将本地响应性资源作为后备资源，用于满足超过现有库存量的情形；当基于产品时，需求量小且需求不稳定的产品从响应性供应商处获得，需求量大且需求稳定的产品从低成本供应商处获得。供应源选择本地还是海外需要考虑的因素如表8-3所示。

表8-3 本地供应源和海外供应源选择的影响因素

影响因素	产品创新速度	需求稳定性	产品劳动含量	产品需求数量	价值重量比	供应中断影响	库存持有成本	所需服务支持
本地供应源	高	低	低	少	高	高	高	高
海外供应源	低	高	高	多	低	低	低	低

由表8-3可知，像冰箱这样大型、笨重的产品最好在本地生产，因为相对于其价值来说，它们的运输成本很高。相反，像电子类消费品的小型产品，尤其是那些需求量大的产品，可以在海外生产，但当运输成本增加时，在本地选择供应商更具吸引力。对于

需求波动大、库存成本高和需要大量技术服务支持的高价值产品，应该在本地选择供应商。相反，对于设计稳定和需求稳定的低价值产品应该在海外选择低成本供应商。

多源组合采购模式通过科学选择供应源组合可增加供应链收益，平衡供应链的效率性与响应性，其价值主要取决于面对稳定需求的供应源所实现的成本下降程度。

四、第三方采购模式

第三方采购模式是指供方和需方为专注于其核心竞争能力，将产品和服务的采购业务以契约方式外包给专业采购商的采购模式。该模式通过采购外包充分利用第三方采购商的顾客资源、经营网络、信息技术、专业知识和采购经验等来降低采购成本、改善采购质量、提高采购效率，进而增强供应链的获利能力和竞争优势。第三方采购模式的主要优势包括以下几点。

（1）有利于减少企业在采购业务上的资源投入（如管理成本和人力资本等），从而巩固核心业务，提高竞争能力。

（2）有利于整合采购资源，实现规模效应，减少企业和供应商之间的交易次数和环节，降低采购成本，提高产品质量，保证交货期。

（3）通过集中多家企业的采购批量获取采购优势，可以形成一定的买方垄断优势，促使供应商之间展开价格和质量竞争。

（4）第三方采购商利用自身物流能力可有效协调和调配顾客间的需求和库存，解决最小订货批量和最小包装批量等库存管理问题，协调顾客，增强采购反应能力，减少不必要的库存。

（5）第三方采购商拥有丰富的采购经验和市场专业知识、成熟的采购流程和众多的供应商资料、先进的技术设备和各种专业资源，可为顾客提供一流的专业化采购技术和采购解决方案。

第三方采购主要有招标代理、代理网站、采购联盟、3PL、采购公司和贸易公司等形式，它们的特点、优势和不足如表8-4所示。

表8-4 第三方采购的不同代理形式的比较

代理形式	特 点	优 势	不 足
招标代理	将采购业务委托给招标代理机构	招标经验丰富，拥有强大的信息和专家支持，竞争机制公平	缺乏诚信，短期合作，信息公开度不够
代理网站	由B2B采购代理网站代理采购	市场透明度高、拥有海量信息、询价（比价）范围广、采购效率高、可以保证供应商的综合实力	不理智竞标使合同签订受挫，供应商有投机行为，与供应商关系恶化
采购联盟	需要购买同一产品的企业联合起来形成数量规模，向供应商提出采购	降低采购价格，增强谈判能力，获得高质量服务，减少管理费用，实现资源共享	泄露核心机密，降低采购效率，遭到有实力的供应商的抵制
3PL	将采购业务委托给3PL	减少固定资产投资，有效利用其资源，提高经营灵活性	采购能力不足
采购公司	使企业的采购组织成为独立的专业采购公司	基于行业优势，采购特色突出，行业供应商资源丰富，人力资源丰富，采购高效	容易泄露核心机密，受到行业限制

续表

代理形式	特　点	优　势	不　足
贸易公司	由贸易公司代理采购	有国际采购网络，减少采购成本，熟悉贸易条例，拥有进出口经营权，可提供增值服务	大多数贸易公司的服务领域狭窄

五、准时采购模式

JIT 的基本思想是在恰当的时间和恰当的地点，以恰当的数量和恰当的质量提供恰当的物料。对于 JIT 采购模式而言，在采购时机上，要求做到顾客什么时候需要就什么时候采购；在供应商选择上，要求为一种或几种物料选择单一可靠的供应商；在供货模式上，要求做到顾客需要什么就送什么，需要多少就送多少，什么时候需要就什么时候送货，什么地点需要就直送到什么地点；在双方关系上，要求建立长期的合作伙伴关系。

（一）准时采购模式的特点

（1）采取单源供应。采取单源供应有利于供应商管理，有利于获得规模效益和质量保证，有利于供需双方之间建立长期稳定的合作关系。但可能会因意外而产生中断供货的风险，以及使企业不能得到竞争性的采购价格，并对供应商产生依赖性等。

（2）采取小批量采购。当企业需要采购的零部件具有小批量和较高不确定性的特点时，为保证准时交付和按质按量供货，采购批量必然是小批量的。但小批量采购必然增加运输次数和运输成本，实施 JIT 就有很大难度。为此，其需要选择在地理位置上靠近的供应商、在企业附近建立仓库的供应商或由 3PL 企业负责送货的供应商。

（3）选择供应商的标准发生变化。在 JIT 模式中，由于制造商和供应商之间是长期合作关系，供应商的合作能力将影响到企业长期经济利益，因此，在选择供应商时，需要按照质量优先、交货期与价格均衡、价格与批量均衡、技术能力与应变能力均衡、重视地理位置等标准对供应商进行综合评价。

（4）对交货准时性要求更加严格。JIT 要求准时交货，这是实施 JIT 生产的前提条件。为保证准时交货，需要不断改善供应商的生产条件，提高生产连续性和稳定性，减少生产过程的不稳定而导致的延迟交货或误点现象。同时，要求企业和供应商共同对运输或配送问题进行有效的计划和管理，使运输过程准确无误。

（5）从根源上保证采购质量。由于实施 JIT 将使企业的原材料和外购件库存很少甚至为零。因此，为保障企业生产经营过程的顺利进行，所采购的物料质量必须由供应商负责，而不是由企业的采购部门负责。JIT 就是要把质量责任返还给供应商，从根源上保证采购质量。为此，供应商必须参与企业的产品设计过程，企业也应帮助供应商提高技术能力和管理水平。

（6）双方信息高度共享。JIT 要求供应与需求双方在生产计划、产品设计、工程数据、库存、质量、交货期等信息方面进行及时交流，以便在出现问题时能够及时处理。只有供需双方进行可靠而快速的双向信息交流，才能保证所需的原材料和外购件准时按量供应。同时，充分的信息交换可以增强供应商的应变能力。

（7）可靠配送与特定包装。由于 JIT 消除了原材料和外购件的缓冲库存，供应商交货的失误和送货的延迟必将导致企业生产线停工待料。因此，送货可靠性是实施 JIT 采购的前提条件。而送货的可靠性常取决于供应商的生产能力和运输条件，如交通堵塞、运输工具故障等都可能导致送货延迟。此外，JIT 采购要求对每一种原材料和外购件都采用标准规格且可重复使用的容器包装，这样，既可提高运输效率，又能保证交货的准确性。

（二）准时采购模式的优势

JIT 是一种直接面向需求的采购模式，它能够较好地满足顾客需要，提高物料采购的效率和质量，可以最大限度地消除库存和浪费，从而降低企业的采购成本和经营成本，提高企业的竞争力。主要优势包括以下几个方面。

（1）暴露生产过程隐藏的问题。库存的基本职能是用来缓冲相邻两个环节之间由于供需时间或供需速率不一致所产生的矛盾。因此，JIT 通过不断减少外购件和原材料的库存可暴露生产过程中不协调、不同步等问题，而解决这些深层次问题就是提高生产效率的有效途径。

（2）消除生产过程中不增值的过程。在企业采购中存在大量不增加产品价值的活动，如订货、修改订货、收货、装卸、开票、质量检验、点数、入库及运转等。而 JIT 精简了采购作业流程，消除了这些不增值活动所产生的浪费，极大地提高了工作效率。

（3）减少并最终消除原材料和外购件库存。JIT 要求供应商在恰当的时间和恰当的地点，以恰当的产品数量满足顾客需求。这样的严格要求在客观上将在企业和供应商之间建立一种新的管理模式，有利于提高企业和供应商的科学管理水平。

（4）使企业真正实现柔性生产。JIT 实现了企业需要什么物料供应商就能供给什么物料，什么时间要就能什么时间供应，需要多少就能供给多少，通过同步运作使企业具有真正的柔性来适应市场需求的变化。

（5）提高采购物料的质量。JIT 要求供应商以恰当的质量提供恰当的物料，因此，实施 JIT 可以提高所采购的原材料和外购件的质量。

（6）降低采购价格。制造商和供应商的密切合作、采购规模效益和长期订货，再加上消除了采购过程中的一些浪费，就使得购买的原材料和外购件的价格得以降低。

第三节　供应链管理环境下的全球采购

应用案例 8-2　福特公司的全球采购

全球采购（global sourcing）起源于西方跨国企业将标准化的中间品生产环节外包给低成本国家的供应商或者在海外直接投资建厂生产。当前全球经济深度调整，中国全方位实施对外开放，中国不仅是世界的采购来源地，同时也面向全球采购。企业在全球范围内寻找供应商，能够获得一流的质量、最低的成本和最先进的技术，以提升其供应链的竞争优势。

一、全球采购的产生与发展

全球经济一体化呈现出加速发展的趋势,这对世界各国的经济生活都产生了非常重要的影响,经济的发展从过去依靠本国的能力、知识、人力资源、基础设施、国内商品市场和消费者偏好,转向超越一个国家的地理边界,在全球范围内重新配置资源,追求最佳的配置效果。同时,产业组织从过去单一的在一个国家内部的组织安排转向了全球的组织安排。以往产业组织是以国内企业为主进行分工合作,而在全球经济一体化的趋势下,跨国公司利用他们的全球发展战略在全球范围内实现了投资、开发、生产、采购和销售的最优化,并且形成了以这些企业为核心和先导的全球化的供应链。这就形成了以企业为核心,把上下游企业联系在一起,分工合理、运作有序、管理有序的供应链网络。在经济全球化和供应链网络发展的背景下,竞争从企业与企业之间的竞争转向了企业供应链之间的竞争,竞争的范围从局限于国内市场转向了全球市场。

(一)全球采购的动因

在机会与风险并存的全球市场中,企业进行全球采购的动因主要体现在以下几个方面。

(1)低成本是全球采购的原始驱动力。国外供应商提供产品的总成本低于国内供应商,这是进行全球采购的原始驱动力。发展中国家的劳动力成本往往低于发达国家,成本的优势成了该地区供应商在市场竞争中的比较优势。采购商通过在发展中国家采购低价格的产品,而在市场上获得更大的价格竞争优势,为企业创造更大的利润空间。

(2)在降低成本、质量改进和提升技术等方面获得并保持持续的竞争优势。在全球采购的初期,跨国企业为了保住市场份额,在全球范围内从事对原材料、零部件、产品的采购活动,以便充分利用其他地方、地区、国家的比较优势,尤其是低成本优势。随着全球采购经验的积累和全球竞争的压力的加剧,企业需要获取并保持持续的竞争优势。企业开始有组织和有规划地进行全球采购,把全球采购当作快速获得短期成本优势的手段,期望获得成本、质量和技术方面的竞争优势,此时,全球采购战略已经成为企业全球竞争战略的一部分。

(二)全球采购的发展历程

1. 国际采购阶段

国际采购是指位于不同国家的买方和供应商之间的商业采购交易。这种类型的采购通常比国内购买更复杂。组织必须考虑国际物流成本和风险、国际规则和惯例、汇率波动等复杂因素。国际采购强调买卖双方处于不同国家,而全球采购的含义则更为广泛和复杂,包括对全球范围内共同项目、过程、设计、技术的供应商、工程和运作地点进行前瞻性的整合和协调。

20世纪80年代,由于西方国家许多公司的竞争力下降,而国际采购被公认为是扭转下降趋势的重要手段,因此,国际采购成为这一时期学术界关注的重点。此时,国际采购的特点表现为以下特点。

(1)这一时期国际采购的目标是降低采购价格,专注于寻找最低价格的产品供应商。

国际采购被认为是快速实现短期成本优势的重要手段，但并未考虑长期的可持续竞争优势。

（2）国际采购决策更加注重操作性，而不是整合与协调性。

（3）技术和组织的进步促进了国际采购的发展，但物流问题仍然是国际采购发展的重大障碍，往往导致国际采购的真实成本被低估。

（4）大多数公司关注采购的国际化，而缺乏战略采购的意识。

2. 全球采购阶段

全球采购是指利用全球的资源，在全世界范围内寻找供应商，寻求质量最好、价格合理的产品。虽然研究人员和从业者经常互换术语，但国际采购和全球采购之间存在根本差异。全球采购在内容和复杂性上不同于国际采购，全球采购涉及主动整合和协调全球采购、工程和运作地点的常见项目和材料、流程、设计、技术和供应商。此外，全球采购需要产品设计与开发团队之间，以及供需计划活动之间的横向整合，甚至可能需要与供应商的供应商集成。

全球采购不仅仅是采购活动的国际化，更强调采购活动的战略性。全球采购能够为企业带来战略利益，如降低成本、改善交付、提高质量、加快上市速度和开拓研发能力等，使企业获得可持续发展的竞争力，其特点是整合与协调。

全球采购的特点主要表现在以下两个方面。

（1）全球采购地点的整合与协调。企业为实现全球采购地点的整合与协调，需要具备全球信息系统、先进知识和技能人员、广泛的协调与沟通机制、集中协调全球活动的组织结构等方面的要求。

（2）主动整合与协调全球采购战略与其他职能部门的资源（包括项目、流程、设计、技术和供应商）。只有具备全球设计、开发、生产和采购能力的公司才能够完成采购战略与其他职能部门的横向协调。

二、全球采购能力的构建

全球采购能够为企业带来战略利益，如降低成本、改善交付、提高质量、加快上市速度和开拓研发能力等，使企业获得可持续发展的竞争力，其特点是整合与协调。随着我国国际化发展不断深入，企业不仅面向全球市场进行销售，也在全球市场寻求中间品的供应，我国企业已经具备了全球采购的战略意识和提升全球采购能力的迫切需求。然而，如何构建企业全球采购能力、提高全球采购绩效已经成为跨国企业越来越需要关注、思考和实践的战略问题。

周英将资源基础理论中提高企业竞争力的两条机制（资源挑选机制和能力建设机制）运用于全球采购效力的机制研究。[①] 分别从运作和战略两个层面构建了影响全球采购能力建设的概念性模型，如图8-3所示。企业的全球采购能力主要受资源挑选机制、必要的资源支持和能力建设机制的影响。

企业需要从以下几个方面构建全球采购能力。

[①] 周英. 制造业企业全球采购能力建设的概念性模型和指标体系[J]. 供应链管理，2020, 1(5):11.

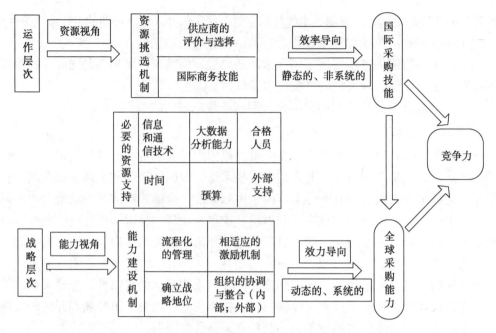

图 8-3 全球采购能力建设的概念性模型

（一）供应商评价与选择的能力

全球采购是企业竞争优势的来源。如果企业追求创新方面的优势，全球采购的战略要点就在于识别和发展具有设计能力、技术支持，具有柔性和定制化生产能力的供应商。如果企业追求交付、灵活性和质量方面的竞争优势，全球采购的战略要点就应该放在识别和发展能够快速、连续交付，能够保障质量、提供全部产能，具有快速响应能力的供应商。如果企业追求低成本战略，全球采购的战略要点就在于识别和发展生产效率较高，提供低价格，具有规模经济和范围经济，能够提供批量折扣的供应商。

（二）全球采购组织的协调与整合能力

全球采购组织的协调与整合包括组织内部和外部的整合与协调。

1. 组织内部的协调与整合

在数字经济的新时代，企业应当被看作一条扩展的价值链，竞争不再只存在于企业之间，更存在于企业间协调的网络中。采购应该以跨职能部门的团队来进行，而不应只是采购部门的工作。在采购工作中应该以企业这个系统的利益最大化为前提，在研发、生产、营销、物流等部门的要求中进行权衡。

2. 组织外部的协调与整合

企业组织外部的协调与整合着眼于优化整个供应链，而供应链中合作的企业众多，需要衔接的环节众多，因此面临的挑战更大。而全球采购涉及供应链上的不同国家和地区的企业，更容易导致各自为政、冗余和冲突，地区间的协调与整合就更为必要。全球采购的协调与整合需要重新考虑企业之间的战略关系，突破企业与供应商两者的成对关系的限制，将整个供应链或网络视为一个竞争主体，在实践中注意与供应商的合作，并进行地区间的协调与整合。

（三）全球采购流程化的管理条件

全球采购需要流程化的管理，供应链管理的基础是流程管理，每一个流程都由一系列可识别的流和增值活动组成。采购工作必然是流程管理的重点，因为这一工作集中了供应链的所有流程——工作流、信息流、实物流和资金流。

（四）与全球采购相适应的评价机制

相适应的评价机制是实现全球采购战略的保障。部门和组织之间的衔接，不是靠命令完成的，而是通过相应的激励机制促成的。成本节约是全球采购的基本利益，也是全球采购绩效评价的效率型指标，可以对实施全球采购前后的实际采购价格进行对比，也可以将实际采购价格的变动与市场价格的变动作对比。当采购和供应管理从以交易为重心转到以主动性为重心时，工作绩效的衡量也从以高效率为主转到以有效性为主。效率是对资源如何充分地或高产出地被利用来达到某一目标的度量。而有效性是对组织机构采购目标的合适程度和这些目标达到程度的衡量。

（五）具备国际采购技能

国际采购技能是全球采购能力的一部分，是建设全球采购能力的基础。根据资源基础理论，国际采购技能包括两方面：一是收集信息和识别信息的技能；二是国际商务运作技能。国际采购技能不仅仅是指人员所具有的技能，还包括组织（企业）所具有的技能。国际采购的技能主要体现在两个方面，一方面是能够选择有价值的资源，另一方面是通过优秀的商务运作技能节约了信息成本和交易成本。

（六）必要的资源支持

企业要想形成全球采购能力必须有相应的资源支持，包括人员、资金、信息、法律、技术等外部资源支持。信息技术及人员是其中尤为重要的资源支持。随着信息技术和数字经济的深化发展，很多流程都可以在信息系统上完成，极大地提高了协同效率。此外，企业还应该具有沉淀大数据、对大数据进行归集和分析的能力以发现更多协同机会。

三、全球采购的决策分析

全球化为企业提供了增加收入和降低成本的机会。在消费电子产品的全球采购中，集中运输体积小、重量轻、价值高的产品，能够显著降低消费电子产品的采购成本。服装制造具有很高的劳动量，许多企业利用全球化将大量的服装生产转移到劳动力成本较低的国家。消费电子产品和服装两个产业在全球采购中获得了成本效益。然而，全球采购在为企业带来降低成本的机会的同时，也伴随着巨大的风险。部分企业未能从离岸外包中获益主要有两方面原因：一方面是在离岸外包决策时仅仅专注于单位成本，而不是总成本；另一方面是忽略了关键的风险因素。因此，企业做出全球采购的影响决策应主要源于总成本和风险的权衡。

（一）全球采购的总成本因素

降低总成本是全球采购的主要驱动力。苏尼尔·乔普拉认为可以从离岸外包的采购流程中识别总成本的影响因素。[①]离岸外包增加了全球供应链中信息流、产品流和资金流的长度和持续时间。因此，全球采购增加了管理供应链的复杂性和成本。全球采购对总成本和产品可得性的影响，如表 8-5 所示。

表 8-5 评估全球采购的总成本时需考虑的维度

绩效维度	影响绩效的活动	全球采购的影响
订单沟通	下订单	使沟通更加困难
供应链可视性	作业计划的编制	使供应链可视性变差
原材料成本	原材料采购	可能增加成本也可能降低成本
单位成本	生产、质量（生产和运输方面）	劳动力和固定成本下降，质量可能会受影响
运费	运输方式和数量	运输成本增加
税收和关税	过境	可能增加也可能减少，受政策影响
供货提前期	订单沟通、供应商生产计划、生产时间、海关、运输和收货	提前期变长导致预测更加困难和库存量更高
准时交付/提前期不确定	生产、质量、海关、运输和收货	按时交货能力变差、不确定性增加会导致更多的库存和更低的产品可得性
最低订货量	生产、运输	最低订货量变大，导致库存增加
产品退货	质量	退货可能性增加
库存	提前期、在途库存和生产库存	库存增加
流动资金	库存和财务	流动资金增加
隐性成本	订单沟通、发票错误、汇率风险	更高的隐性成本
缺货	订货、生产、运输	供应链可视性差会导致缺货损失增加

弗雷德和普罗科佩茨（Ferreira and Prokopet）建议企业在评估离岸外包的总成本时，应考虑以下关键影响因素。

（1）供应商价格：与直接材料、直接劳动力、间接劳动力、管理、间接费用、资本摊销、地方税、制造成本和当地监管成本有关。

（2）条款：成本会受付款期限和批量折扣的影响。

（3）交付成本：包括国内运输、国际运输、目的地运输及包装。

（4）库存和仓储：包括厂内库存、厂内搬运、工厂仓储成本、供应链库存，以及供应链仓储成本。

（5）质量成本：包括验收成本、不良质量导致性能下降的成本，以及为应对质量下降所采取补救措施的成本。

（6）关税、增值税、地方税收优惠政策。

（7）风险成本、采购人员成本、代理费、基础设施（信息技术和设施）及工装和模具成本。

[①] 苏尼尔·乔普拉著. 供应链管理[M]. 北京：中国人民大学出版社，2021.7.

（8）汇率变化趋势及其对成本的影响。

在进行全球采购决策时要充分考虑各类成本和产品可得性因素。如表 8-5 所示，全球采购由于其较低的劳动力和固定成本，能够带来单位成本的降低。全球采购可能会获得税收优惠，这些是离岸带来的好处，但全球采购对表 8-5 中的其他绩效起到消极作用。

在制定全球采购决策时考虑其对总成本的影响至关重要。除了单位成本，总成本还包括全球采购对运费、库存、提前期、质量、准时交付、最小订货量、流动资金及缺货等的影响。离岸通常可以降低劳动和固定成本，但会导致风险、货运成本和流动资金的增加。

（二）全球采购的风险因素

全球采购往往比国内采购面临更多的风险因素。这些风险因素包括供应中断、供应延迟、需求波动、价格波动及汇率波动等，如表 8-6 所示。

表 8-6 全球采购中的风险因素

风险类别	风险的成因
中断	自然灾害、战争、恐怖主义；劳资纠纷；供应商破产
延迟	供应源的产能利用率高；供应源缺乏柔性；供应源质量差或产量低
系统风险	信息基础设施故障；系统集成或系统联网范围限制
预测风险	补货提前期长、季节性、产品多样性、生命周期短、顾客基数小等导致的预测不准确；信息失真
知识产权风险	供应链的纵向一体化；全球化外包
采购风险	汇率风险；投入资源的价格；部分零部件的单一供应源采购；整个行业的产能利用情况
应收账款风险	顾客数量；顾客的财务实力
库存风险	产品过时的速度；库存持有成本；产品价值；需求和供给的不确定性
产能风险	产能的成本；产能的柔性

具有全球采购的风险意识和制定适当的风险缓解策略，对于全球供应链来说至关重要，可以通过增加产能、寻找备选供应商、提高响应性、增加库存、提高柔性、集中需求、增加供应源的能力等策略缓解全球采购风险。

（三）全球采购的决策树分析方法

决策树（decision tree）是一种在不确定性环境下评价决策的图形工具。贴现现金流的决策树可以用来评估当需求、价格、汇率及通货膨胀等存在不确定性时的全球采购决策。

构建决策树步骤如下。

（1）确定每个时期的长度（月、季度等）及要评估决策的时期数 T。每个时期的长度应是影响供应链决策的因素可能发生大幅变化的最小时间范围。

（2）确定未来 T 期需要考虑的波动因素，如需求、价格和汇率等。

（3）确定每种因素的不确定性的表述，即每个波动因素从一个时期到下一个时期的波动的概率分布。

（4）确定每一时期的贴现率 k。每一个时期乃至一个时期内的每个节点不一定要使用相同的贴现率。贴现率的确定应该考虑与投资相关的内在风险。一般来说，风险较高的投资具有较高的贴现率。

（5）用每一时期所定义的状态及两个相邻时期的状态之间的转换概率来描述决策树。

（6）从周期 T 开始，并逐步返回到第 0 期，确定每一步的最优决策及期望现金流。给定时期的每种状态的期望现金流在并入前一时期时应进行折现。

（四）决策树在全球采购中的应用

应用案例——德国一家太阳能电池板制造商 D-Solar 的全球采购决策

D-Solar 公司需要在一个面临汇率波动和需求不确定性的全球网络中做出工厂选址的决策。D-Solar 公司的产品主要在欧洲销售，目前欧洲市场的需求是每年 100 000 块电池板，每块售价 70 欧元。虽然预计电池板的需求将增长，但如果经济下滑，需求也会有下降的风险。从某一年到下一年，需求上升 20%的概率为 0.8，下降 20%的概率为 0.2。D-Solar 公司必须决定到底是在欧洲建厂还是在中国建厂。无论在哪里建厂，D-Solar 公司都计划建一个额定产能为 120 000 块电池板的工厂。D-Solar 公司在欧洲和中国建厂的固定成本和可变成本如表 8-7 所示。由此可见，固定成本是按年支付的，而不是作为一次性投资。欧洲工厂的固定成本更高，但具有更大的产量柔性，产量可以在 60 000～150 000 块之间任意浮动，且在此产量范围内可变成本保持不变。相反，在中国建厂的固定成本较低（当前汇率为 1 欧元兑换 9 元人民币），但只拥有有限的产量柔性，产量只能在 100 000～130 000 块范围内浮动。如果在中国建厂，即使需求下降到 100 000 块以下，D-Solar 公司也将必须承担 100 000 块的可变成本。如果需求上升至超过 130 000 块，D-Solar 公司则将会失去销售机会。汇率波动很大，预计每年人民币升值 10%的概率为 0.7，下 10%的概率为 0.3。假设这一全球采购决策将在未来三年内有效，D-Solar 公司使用的贴现率为 $k=0.1$。假设所有的成本和收入发生在每年年初，因此我们可以将第一年视为时期 0（基期），将接下来的两年视为时期 1 和时期 2。

表 8-7　D-Solar 公司在欧洲和中国建厂的固定成本和可变成本

欧洲工厂		中国工厂	
年固定成本	可变成本	年固定成本	可变成本
100 万欧元	40 欧元/块	800 万元人民币	340 元人民币/块

案例来源：苏尼尔·乔普拉著. 供应链管理[M]. 北京：中国人民大学出版社，2021.7.

使用决策树分析方法评估 D-Solar 公司的全球建厂选址方案。我们构建了如图 8-4 所示的决策树。给定时期的每个节点都会引出下一个时期中的 4 个可能节点，因为需求和汇率既可能上升也可能下降。需求用 D 标识，以千单位计量。汇率用 E 表示，表示用 1 欧元兑换人民币的数量。例如，从时期 0 的节点（$D=100$，$E=9.00$）开始，可以转移到时期 1 中的 4 个节点中的任何一个。如果需求上升（概率为 0.8）且人民币贬值（概率为 0.3），那么转移到时期 1 的节点（$D=120$，$E=9.9$）的概率为 $0.8 \times 0.3 = 0.24$。那么比较离岸（中国）建厂和在岸（欧洲）建厂的收益？

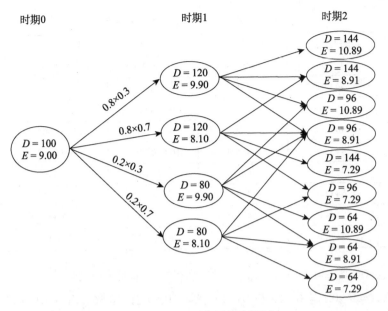

图 8-4 D-Solar 公司的决策树

1. 现金流的净现值

我们通过比较离岸（中国）建厂和在岸（欧洲）建厂在未来 3 年内的净现值，以评估两种方案的收益。

假设投资回报率是 k（贴现率），则贴现因子 $= 1/(1+k)$，未来 T 时期的一串现金流为 $C_0, C_1, \cdots, C_T$，则该串现金流的净现值（net present value，NPV）为

$$\mathrm{NPV} = C_0 + \sum_{t=1}^{T} \left(\frac{1}{1+k}\right)^t C_t$$

2. 评估在岸（欧洲）建厂的收益

在下面的分析中，将计算决策树中每个节点的期望利润，首先从时期 2 开始，然后逆向返回到现在（时期 0）。对于在岸方案，因为收入和成本都以欧元为单位，所以汇率对利润没有影响。

（1）评估时期 2 的利润。以节点（$D=144, E=10.89$）为例，详细分析利润的计算过程。因为在岸建厂的产量柔性为 60 000～150 000 块，所以能够以 40 欧元的单位可变成本满足全部的需求 144 000 块电池板，每块电池板的销售收入为 70 欧元，则在时期 2，D-Solar 公司在节点（$D=144, E=10.89$）的利润为

$$P(D=144, E=10.89) = (70-40) \times 144\,000 = 3\,320\,000 \text{（欧元）}$$

用相同的方法可以分别计算出时期 2 中 9 种状态的下的利润，如表 8-8 所示。

（2）评估时期 1 的利润。时期 1 有 4 个节点需要分析，我们以其中一个节点（$D=120, E=9.90$）为例进行详细分析，除了该节点的收入和成本，还需要考虑从这个节点引出的时期 2 中的 4 个节点的期望利润的现值。

①时期 2 的期望利润。时期 1 的节点（$D=120, E=9.90$）到其引出的时期 2 的 4 个

表 8-8 在岸建厂方案时期 2 的利润

D	E	销售量/块	生产数量/块	收入/欧元	成本/欧元	利润/欧元
144	10.89	144 000	144 000	10 080 000	6 760 000	3 320 000
144	8.91	144 000	144 000	10 080 000	6 760 000	3 320 000
96	10.89	96 000	96 000	6 720 000	4 840 000	1 880 000
96	8.91	96 000	96 000	6 720 000	4 840 000	1 880 000
144	7.29	144 000	144 000	10 080 000	6 760 000	3 320 000
96	7.29	96 000	96 000	6 720 000	4 840 000	1 880 000
64	10.89	64 000	64 000	4 480 000	3 560 000	920 000
64	8.91	64 000	64 000	4 480 000	3 560 000	920 000
64	7.29	64 000	64 000	4 480 000	3 560 000	920 000

节点的转移概率如图 8-4 所示。因此，时期 2 的期望利润计算如下

$$\text{EP}(D=120, E=9.90, 1) = 0.24 \times P(D=144, E=10.89, 2) + 0.56 \times P(D=144, E=8.91, 2) +$$
$$0.06 \times P(D=96, E=10.89, 2) + 0.14 \times P(D=96, E=8.91, 2) =$$
$$3\,032\,000 (\text{欧元})$$

②时期 2 的期望利润在时期 1 的节点（$D=120, E=9.90$）的现值为

$$\text{PVEP}(D=120, E=9.90, 1) = \frac{\text{EP}(D=120, E=9.90, 1)}{1+k} =$$
$$3\,032\,000 / 1.1 = 2\,756\,364 (\text{欧元})$$

接下来，计算在岸工厂通过时期 1 的运作在节点（$D=120, E=9.90$）获得的利润。在这种情况下，在岸工厂生产 120,000 块电池板，可变成本为 40 欧元/块，每块电池板可获得 70 欧元的收入。

③时期 1 节点（$D=120, E=9.90$）的运作利润：

$$120\,000 \times (70-40) - 1\,000\,000 = 2\,600\,000 (\text{欧元})$$

④时期 1 节点（$D=120, E=9.90$）的利润：时期 1 节点（$D=120, E=9.90$）的运作利润+时期 2 的 4 个节点的期望利润在时期 1 的现值。

$$P(D=120, E=9.90, 1) = 2,600,000 + \text{PVEP}(D=120, E=9.90, 1) =$$
$$5\,356\,364 (\text{欧元})$$

时期 1 中所有节点的期望利润类似进行计算，结果如表 8-9 所示。

表 8-9 在岸建厂方案时期 1 的利润

D	E	销售量/块	生产量/块	收入/欧元	成本/欧元	期望利润/欧元
120	9.90	120 000	120 000	8 400 000	5 800 000	5 356 364
120	8.10	120 000	120 000	8 400 000	5 800 000	5 356 364
80	9.90	80 000	80 000	5 600 000	4 200 000	2 934 545
80	8.10	80 000	80 000	5 600 000	4 200 000	2 934 545

（3）评估时期 0 的净现值。在时期 0，需求和汇率给定为 $D=100, E=9.00$。除了该点的运作利润，还需要考虑时期 1 中 4 个节点的贴现期望利润。

①时期 1 的 4 个节点的期望利润：

$$\text{EP}(D=100, E=9.00, 0) = 0.24 \times P(D=120, E=9.90, 1) + 0.56 \times P(D=120, E=8.10, 1) + \\ 0.06 \times P(D=80, E=9.90, 1) + 0.14 \times P(D=80, E=8.10, 1) = \\ 4\,872\,000 \text{（欧元）}$$

②时期 1 的期望利润贴现到时期 0 的利润：

$$\text{PVEP}(D=100, E=9.00, 0) = \frac{\text{EP}(D=100, E=9.00, 0)}{1+k} = \frac{4\,872\,000}{1.1} = 4\,429\,091 \text{（欧元）}$$

③时期 0 的运作利润

$$100\,000 \times (70-40) - 1\,000\,000 = 2\,000\,000 \text{（欧元）}$$

④时期 0 节点（$D=100, E=9.00$）的利润：时期 0 的运作利润+时期 1 的 4 个节点的期望利润在时期 0 的现值。

$$P(D=100, E=9.00, 0) = 2\,000\,000 + \text{PVEP}(D=100, E=9.00, 0) = 6\,429\,091 \text{（欧元）}$$

因此，在评估期内，在岸建厂方案的预期收益为 6 429 091 欧元。这一数值考虑了需求和汇率的不确定性，以及具有柔性的在岸设施对这些波动做出的应能力。

3. 评估离岸（中国）建厂的收益

与在岸建厂方案的评估一样，也是从评估时期 2 的每个节点的利润开始，然后评估时期 1、时期 0 的利润。离岸方案具有有限柔性，只能在 100 000～130 000 块之间改变生产能力（从而改变可变成本）。因而，即使需求降到 100 000 块以下，D-Solar 公司仍然要承担 100 000 块的可变生产成本。即使求增长到 130 000 块以上，离岸设施也最多满足 130 000 块电池板的需求。在每一个节点，需要计算给定需求，并考虑到汇率波动的情况下（汇率波动影响以欧元计算的离岸成本）的期望利润。

（1）评估时期 2 的利润。以节点（$D=144, E=10.89$）为例，即太阳能电池板的需求量为 144 000 块，1 欧元兑换 10.89 元人民币。尽管太阳能电池板的需求量为 144 000 块，但离岸设施的最大产能为 130 000 块，所以只能满足 130 000 块的需求，生产每块电池板的可变成本为 340 元人民币，销售每块电池板的收入为 70 欧元。

销售 130 000 块电池板的收入 = 130 000 × 70 = 9 100 000（欧元）

离岸工厂的固定成本+可变成本 = 8 000 000 + 130 000 × 340 = 52 200 000（元）

在时期 2，D-Solar 公司在节点（$D=144, E=10.89$）的利润为

$$P(D=144, E=10.89) = 9\,100\,000 - \frac{52\,200\,000}{10.89} = 4\,306\,612 \text{（欧元）}$$

利用相同的方法，可以分别计算出时期 2 中 9 个状态的利润，如表 8-10 所示。注意：由于离岸设施缺乏柔性，当需求超过 130 000 块或低于 100 000 块时都会影响 D-Solar 公司的利润。例如，当需求下降到 64 000 块时，离岸设施仍然要承担 100 000 块电池的可变生产成本。当人民币升值超过预期时，企业利润也会受到影响。

表 8-10 离岸建厂方案时期 2 的利润

D	E	销售量/块	生产量/块	收入/欧元	成本/元	利润/欧元
144	10.89	130 000	130 000	9 100 000	52 200 000	4 306 612
144	8.91	130 000	130 000	9 100 000	52 200 000	3 241 414
96	10.89	96 000	100 000	6 720 000	42 000 000	2 863 251
96	8.91	96 000	100 000	6 720 000	42 000 000	2 006 195
144	7.29	130 000	130 000	9100 000	52 200 000	1 939 506
96	7.29	96 000	100 000	6 720 000	42 000 000	958 683
64	10.89	64 000	100 000	4 480 000	42 000 000	623 251
64	8.91	64 000	100 000	4 480 000	42 000 000	−233 805
64	7.29	64 000	100 000	4 480 000	42 000 000	−1 281 317

（2）评估时期 1 的利润。在时期 1，有 4 个可能状态点需要分析。与在岸建厂方案的分析一样，这里对其中一个节点（$D=120, E=9.90$）进行详细分析。除了该节点的运作利润外，还需要考虑节点引出的时期 2 的 4 个节点的期望利润的现值。

①时期 2 的期望利润。时期 1 的节点（$D=120, E=9.90$）到其引出的时期 2 的 4 个节点的转移概率如图 8-4 所示。因此，时期 2 的期望利润计算如下：

$$\mathrm{EP}(D=120, E=9.90, 1) = 0.24 \times P(D=144, E=10.89, 2) + 0.56 \times P(D=144, E=8.91, 2) + 0.06 \times P(D=96, E=10.89, 2) + 0.14 \times P(D=96, E=8.91, 2) = 3\,301\,441 (欧元)$$

②时期 2 的期望利润在时期 1 的节点（$D=120, E=9.90$）的现值为

$$\mathrm{PVEP}(D=120, E=9.90, 1) = \frac{\mathrm{EP}(D=120, E=9.90, 1)}{1+k} = \frac{3\,301\,441}{1.1} = 3\,001\,310 (欧元)$$

接下来，计算离岸工厂通过时期 1 的运作，在节点（$D=120, E=9.90$）获得的利润。离岸工厂生产了 120 000 块电池板，可变成本为 340 元/块，每块电池板可获得 70 欧元的收入。

③时期 1 节点（$D=120, E=9.90$）的运作利润：

$$120\,000 \times 70 - (800\,000 + 120\,000 \times 340)/9.90 = 3\,470\,707 （欧元）$$

④时期 1 节点（$D=120, E=9.90$）的利润：时期 1 节点（$D=120, E=9.90$）的运作利润+时期 2 的 4 个节点的期望利润在时期 1 的现值。

$$P(D=120, E=9.90, 1) = 3\,470\,707 + \mathrm{PVEP}(D=120, E=9.90, 1) = 6\,472\,017 (欧元)$$

对于离岸方案，时期 1 所有节点的期望利润如表 8-11 所示。

表 8-11 离岸建厂方案时期 1 的利润

D	E	销售量/块	生产量/块	收入/欧元	成本/元	期望利润/欧元
120	9.90	120 000	120 000	8 400 000	48 800 000	6 472 017
120	8.10	120 000	120 000	8 400 000	48 800 000	4 301 354
80	9.90	80 000	100 000	5 600 000	42 000 000	3 007 859
80	8.10	80 000	100 000	5 600 000	42 000 000	1 164 757

（3）评估时期 0 的净现值。

在时期 0，需求和汇率给定为 $D=100$, $E=9.00$。除了该点的运作利润，还需要考虑时期 1 中 4 个节点的贴现期望利润。

①时期 1 的 4 个节点的期望利润：

$$\begin{aligned}\mathrm{EP}(D=100,E=9.00,0)=&0.24\times P(D=120,E=9.90,1)+\\&0.56\times P(D=120,E=8.10,1)+0.06\times P(D=80,E=9.90,1)+\\&0.14\times P(D=80,E=8.10,1)=4\,305\,580\,(\text{欧元})\end{aligned}$$

②时期 1 的期望利润贴现到时期 0 的利润：

$$\mathrm{PVEP}(D=100,E=9.00,0)=\frac{\mathrm{EP}(D=100,E=9.00,0)}{1+k}=\frac{4\,305\,580}{1.1}=3\,914\,164\,(\text{欧元})$$

③时期 0 的运作利润：

$$100\,000\times 70-(8\,000\,000+100\,000\times 340)/9.00=2\,333\,333\,（\text{欧元}）$$

④时期 0 节点（$D=100$, $E=9.00$）的利润：时期 0 的运作利润+时期 1 的 4 个节点的期望利润在时期 0 的现值。

$$P(D=100,E=9.00,0)=2\,333\,333+\mathrm{PVEP}(D=100,E=9.00,0)=6\,247\,497\,(\text{欧元})$$

因此，离岸建厂在评估期内的期望收益为 6 247 497 欧元。

利用考虑需求和汇率波动的决策树法，计算得出，柔性能力较强的在岸建厂方案（期望利润 6 429 091 欧元）比柔性能力较弱的离岸方案（期望利润 6 247 497 欧元）的价值更高。

在不确定的全球采购决策中，决策树可以在不确定未来的每一种可能结果的情况下，对不同柔性的选择方案进行评估，从而评估离岸采购的价值。一般来说，柔性、离岸等的价值随着不确定性的增加而增加，而不具柔性的选择方案的价值随着不确定性的增加而减少。

即测即练

第九章

供应链的未来趋势

> **学习重点**
>
> （1）未来供应链的挑战和趋势；
> （2）可持续供应链；
> （3）供应链韧性与安全；
> （4）数字化供应链。

随着技术的快速发展，市场竞争不断加剧，国际地缘政治的复杂变化，国际上单边主义和贸易保护主义的抬头，特别是一些西方国家鼓动"脱钩断链"和炮制所谓"去风险化"，未来供应链面临的挑战是多方面的，需要从多个方面进行改进和优化。只有不断地完善和提高供应链管理水平，才能更好地满足市场需求，提高企业的竞争力。供应链管理正面临一系列新的挑战和机遇。

（1）供应链复杂性：随着全球化和物流技术的不断进步，供应链变得越来越复杂，涉及不同的国家、文化、法规和语言，管理难度显著增加。

（2）需求不确定性：消费者需求的不确定性增加了供应链的风险，由于无法准确预测未来需求，供应链难以及时调整生产和库存，导致产能浪费和资金占用。

（3）供应商关系：供应商管理一直是供应链管理中的关键问题。过度依赖某个供应商，或与某个供应商的合作出现问题，都会对供应链产生不利影响。

（4）可持续性问题：对环境的影响、社会责任和道德要求的增加使得可持续性问题成为供应链管理的重要议题。

（5）数据分析能力：随着供应链数据量的不断增加，管理者需要具备更强的数据分析能力，以便更好地预测需求、优化库存和降低风险。

（6）技术应用：供应链管理需要应用大量的技术手段，包括物联网、人工智能和区块链等。如何将这些技术应用到实际操作中，是当前供应链管理所面临的挑战之一。

一、未来供应链的趋势

未来供应链的主要发展趋势是数字化、智能化、绿色化、全球化和协同化。数字化和智能化是未来供应链管理的重要趋势之一。通过物联网技术和人工智能，企业可以收集和分析大量数据，优化供应链各个环节，提高效率、降低成本，实现精益生产。

绿色化是未来供应链管理的另一个重要趋势。企业需要采取环保措施，减少碳排放和废物产生，提高资源利用率，实现可持续发展。

全球化是未来供应链管理的不可忽视的趋势之一。企业需要处理来自不同国家和地区的贸易壁垒和法规，同时也需要利用全球市场的机遇，实现更高的收益和更广泛的市场份额。

协同化也是未来供应链管理的趋势之一。企业需要与供应商、合作伙伴和客户进行密切的合作，实现信息共享、协同创新、风险共担和共同发展。

总之，未来供应链管理的趋势是多元化、复杂化和不断变化的。企业需要紧跟时代的步伐，适应新的挑战和机遇，实现可持续发展。

二、可持续供应链

可持续供应链将道德规范和环保实践全面整合到具有竞争力的成功的供应链模式中。可持续供应链是未来供应链的重要方向，其前沿趋势主要表现包括以下几个方面。

（1）环境友好型物流和运输：将环境因素融入供应链管理中，包括减少运输中的碳排放、使用可再生能源和开发更环保的交通工具等。

（2）透明度和可追溯性：随着消费者对产品来源和制造过程的关注不断增加，供应链透明度和可追溯性越来越重要。供应链公司需要采用新的技术，如区块链、物联网等，来实现更高水平的透明度和可追溯性。

（3）社会责任：企业的社会责任包括对员工、供应商和客户的负责任承诺。越来越多的企业将社会责任纳入供应链管理中，确保供应商和分包商的行为符合人权、劳工、健康和安全等方面的标准。

（4）循环经济：循环经济的理念是将废弃物转化为新的资源，以减少对有限资源的消耗和环境的影响。循环经济在未来的供应链中将扮演越来越重要的角色。

新技术的应用：随着科技的不断发展，新技术如人工智能、机器学习和大数据分析等将在未来的可持续供应链中得到广泛应用，提高供应链的效率和灵活性，以及减少资源的浪费。

总之，未来的可持续供应链将越来越注重环境、社会和经济的可持续性，注重全生命周期成本、合规性和合作伙伴关系的发展，实现可持续性和业务成功的双赢。

三、供应链韧性与安全

1. 供应链韧性

供应链韧性是指企业在面临不确定性和风险时能够快速适应并保持稳定的能力。供应链韧性可从供应链网络演化机理考察，从吸收能力、适应能力、恢复能力、弹性和柔性等方面进行度量，并可通过提升稳健性和敏捷性来加强。在当前复杂多变的市场环境中，提高供应链韧性已成为企业发展的重要目标之一。具体分析供应链韧性的影响因素主要包括以下几方面。

（1）数字化和智能化的应用：通过使用物联网、大数据、人工智能等先进技术，企业可以实时监控供应链中的各个环节，减少不确定性和风险，提高韧性。

（2）资源多元化：企业可以选择不同的供应商、物流方式、交通线路等来保证供应链的稳定性。通过多元化的方式，企业可以降低单一供应链环节的风险，提高整个供应链的韧性。

（3）灵活性和速度：企业需要通过灵活性和快速反应的能力，及时适应市场的变化和需求的变化。采用快速响应和快速适应的策略，可以大大提高企业的供应链韧性。

（4）合作伙伴关系：企业需要与供应商、合作伙伴、客户等建立紧密的合作伙伴关系。在面对市场风险和变化时，可以依靠合作伙伴的帮助和支持来保证供应链的稳定性。

（5）智能风险管理：企业需要实施有效的风险管理策略，预测并应对可能出现的风险。通过使用智能风险管理工具，企业可以快速响应风险并降低损失，提高供应链的韧性。

总体来看，供应链韧性的提升趋势是数字化、多元化、灵活性、合作伙伴关系和智能风险管理。这些趋势可以帮助企业在面对不确定性和风险时保持稳定和可持续发展。

2. 供应链安全

安全因素纳入供应链战略、组织和运营已成为供应链管理面临的新挑战。供应链安全作为供应链管理的一个组成部分，正在成为学术界、产业界和政府高度关注的主要议题，甚至上升成为许多国家战略高度，并推动引入新的供应链安全举措、标准和措施。从现有研究文献分析来看，主要影响供应链安全的有以下方面。

（1）数字化安全防御：随着供应链的数字化转型，网络安全威胁也在不断增加。数字化安全防御将成为供应链安全的重要组成部分，包括实施网络安全技术、保护供应链数据隐私、加强身份认证和访问控制等。

（2）多方参与的合作安全：供应链是一个多方参与的系统，其安全性需要所有参与方共同维护。因此，合作安全将成为未来供应链安全的重要趋势，包括通过信息共享、联合演练和协同应对等方式提高供应链整体的安全水平。

（3）供应链可视化和预警：通过使用物联网、大数据、云计算等技术，将供应链各环节的数据进行整合、分析和可视化，以及建立实时监控和预警系统，可以更加及时地发现和处理供应链安全事件，提高供应链的安全性。

（4）精益化安全管理：精益化安全管理是指通过流程优化、标准化、规范化等手段，实现供应链安全管理的高效、快速和精准。通过实施供应链风险评估、制定安全标准和流程等，可以提高供应链安全管理的水平。

（5）风险管理和应急响应：未来供应链安全将更加注重风险管理和应急响应能力的建设，包括预测和评估潜在风险、制订应急响应计划、建立危机管理体系等。

四、数字化供应链

数字化供应链是一种智能的最适合的技术系统，它基于海量数据处理能力及数字硬件、软件和网络的良好合作和通信能力，通过使服务更具价值、可访问性和可负担性，以一致、敏捷和有效的结果来支持和同步组织之间的互动。数字化进程影响到当今组织的几乎所有方面，包括供应链管理和给组织带来了巨大的变革压力。供应链包括了大量复杂的活动，所有这些都需要协调和跟踪。因此，数字化能够促进下一代供应链的发展，提供灵活性和效率。由于数字解决方案正在颠覆传统的供应链，因此几乎每个数字化供应链都有一些独特的功能，数字化技术正在迅速改变供应链管理方式和业务模式，供应链数字化通常从数字化战略开始，然后扩展到另外3个数字化领域：组织、数字化运营、数字化产品和服务，以及数字化的客户验。以下是数字化供应链前沿趋势的一些趋势。

（1）智能化物流：通过智能化物流系统和技术，实现物流网络的优化管理和协同，包括物流调度、路线规划、运输跟踪、库存管理等。

（2）供应链数字化建设：通过数字化技术，将供应链信息化、智能化、可视化，实现供应链各环节的高效协作和管理，包括供应商管理、采购管理、生产计划、物流管理等。

（3）数据驱动的供应链管理：通过大数据、人工智能等技术，实现对供应链各环节数据的实时监测、分析和优化，促进供应链管理的智能化和自动化。

（4）区块链技术的应用：区块链技术可以实现供应链信息的安全、透明、去中心化，解决信息不对称和可信度问题，提高供应链的运作效率和可靠性。

（5）供应链可视化：通过虚拟现实、增强现实等技术，实现对供应链各环节的可视化和模拟，使供应链管理者能够更直观地了解和管理供应链。

这些趋势表明，数字化技术将会在供应链领域带来更高效、更智能、更可靠的供应链管理方式，同时也将促进供应链各方之间的协作和合作，实现供应链的协同优化。

即测即练

参 考 文 献

[1] LIU J, HSU Y S, WANG K, et al. 2021. Supply chain cybersecurity: a review and research agenda[J]. International Journal of Production Research, 59(12): 3908-3927.

[2] FENG Q, LU Y, ZHANG Y. 2020. Supply chain security risk assessment based on entropy weight method and grey relational analysis[J]. Journal of Ambient Intelligence and Humanized Computing, 11(5): 2121-2130.

[3] SU C T, CHANG S W, LU H C. 2020. A real-time monitoring and early warning system for supply chain security based on blockchain and IoT[J]. IEEE Transactions on Industrial Informatics, 16(7): 4662-4672.

[4] ZHANG J, WANG X. 2020. A supply chain risk assessment method based on grey system theory and evidence theory[J]. Journal of Intelligent & Fuzzy Systems, 39(6): 8459-8472.

[5] LI Y, WANG J, ZENG Q. 2020. The application of blockchain in supply chain management: an overview[J]. Sustainability, 12(19): 7974.

[6] PRAUSE S, MÜLLER S. 2018. Supply chain visibility and digitalization: a conceptual framework[J]. International Journal of Physical Distribution & Logistics Management, 48(5): 505-532.

[7] SEURING S, MÜLLER M. 2008. From a literature review to a conceptual framework for sustainable supply chain management[J]. Journal of Cleaner Production, 16(15): 1699-1710.

[8] GOLD S, SEURING S, BESKE P. 2010. Sustainable supply chain management and inter-organizational resources: a literature review[J]. Corporate Social Responsibility and Environmental Management, 17(4): 230-245.

[9] PAGELL M, SHEVCHENKO A. 2014. Why research in sustainable supply chain management should have no future[J]. Journal of Supply Chain Management, 50(1): 44-55.

[10] WALKER H, DI SISTO L, MCBAIN D. 2008. Drivers and barriers to environmental supply chain management practices: lessons from the public and private sectors[J]. Journal of Purchasing and Supply Management, 14(1): 69-85.

[11] ELLRAM L M, COOPER M C. 2014. Supply chain management: It's all about the journey, not the destination[J]. Journal of Supply Chain Management, 50(1): 8-20.

[12] GHOLAMI R, SAGHIRI S. 2018. An integrated fuzzy expert system for supply chain risk assessment and management[J]. Journal of Manufacturing Systems, 48: 87-99.

[13] IVANOV D, DOLGUI A. 2019. A digital supply chain twin for managing the complexity and identifying the opportunities in the supply chain[J]. International Journal of Production Research, 57(15-16): 4719-4738.

[14] WANG L, LIU X, LIANG L. 2016. Internet of things in industries: a survey[J]. IEEE Transactions on Industrial Informatics, 12(5), 2233-2243.

[15] SRIVASTAVA S K, SRIVASTAVA R K. 2018. Big data analytics in supply chain management: a state-of-the-art literature review[J]. International Journal of Production Research, 56(1-2): 414-441.

[16] KANNAN V R, TAN K C. 2019. Green supply chain management: a review and research direction [J]. International Journal of Production Economics, 210: 1-22.

[17] PETTIT T J, CROXTON K L, FIKSEL J. 2010. Ensuring supply chain resilience: development and implementation of an assessment tool[J]. Journal of Business Logistics, 31(1): 1-21.

[18] TANG C S, TOMLIN B. 2018. The power of flexibility for mitigating supply chain risks[J]. MIT Sloan Management Review, 59(3): 61-68.

[19] MANUJ I, MENTZER J T. 2008. Global supply chain risk management strategies[J]. International Journal of Physical Distribution & Logistics Management, 38(3): 192-223.

教师服务

感谢您选用清华大学出版社的教材！为了更好地服务教学，我们为授课教师提供本书的教学辅助资源，以及本学科重点教材信息。请您扫码获取。

≫ 教辅获取

本书教辅资源，授课教师扫码获取

≫ 样书赠送

物流与供应链管理类重点教材，教师扫码获取样书

 清华大学出版社

E-mail: tupfuwu@163.com
电话：010-83470332 / 83470142
地址：北京市海淀区双清路学研大厦 B 座 509

网址：https://www.tup.com.cn/
传真：8610-83470107
邮编：100084